U0555138

碧海初心

叶瑾和她的弟子们

周玉甫　周欣　沈轶伦　著

文汇出版社

口述人：叶瑾

　　部队文职一级／技术二级，国家级游泳教练，享受国务院特殊津贴专家。曾任南京军区游泳队总教练、海军游泳队队长兼总教练、国家游泳队奥运备战组组长等职，培养了以齐晖、宁泽涛和覃海洋等为代表的一批有影响力的世界冠军运动员；所带运动员破世界纪录3次，破世界青年纪录3次，破亚洲纪录18次，破全国纪录41次，获各类国际比赛冠军97次，国内比赛冠军163次。曾荣立一等功四次（其中一次由军委主席签署嘉奖令），二等功五次，三等功七次；1983年荣获全国三八红旗手，两次被评为全军英模代表，两次获得"CCTV体坛风云人物"最佳教练提名奖。

引言

时代是一列奔驰的高速列车，不曾有少许停留，而当你在恋恋不舍中走下列车时，已是皓首苍颜，万水千山走过。

2016 年 8 月，当里约奥运会结束后，我终于有了三个星期的假期。在我的人生征途中，除了四个月产假，这是我最长的假期了。

这三个星期，我完全放空自己：远离手机，远离社交圈，真正进入宅的状态——每天睡到自然醒，上午去菜市场买菜做饭，中午睡个午觉，有空接小外孙来家玩玩，过起了居家日子，尽享天伦之乐。小外孙乐乐正在学游泳，我偶尔会指点一下，没想到，有一天乐乐奶声奶气地提醒："外婆，老师说脚尖要绷直打腿！"我哈哈大笑，告诉他：你的脚尖要放松打腿。假期最后一周，我让 91 岁的母亲住过来，我们腻在一起，整天唠家常，述说如烟往事。时间，仿佛就此停顿。

在妈妈那中气十足、富有节奏的上海语调中，往事如胶片般一幕幕放映……

7 岁的我，迎着清晨的寒风，头发结着冰碴儿，在巨鹿路和长乐路上穿行；10 岁时，我在瑟瑟寒风中横渡黄浦江，还在上海跳水池里表演朗诵、跳忠字舞；16 岁时，我穿上军装，来到南京军区体工队，成为一名专业运动员；20 岁时，由于命运的安排，让我在那么稚嫩的年龄执起了教鞭，接续我的梦想；34 岁时，我来到海军队，重执教鞭，开始新的征程；44 岁时，正是中国游泳处于低谷的 2000 年，我带着齐晖三破世界纪录；59 岁时，我率宁泽涛登上世界游泳锦标赛男子 100 米自由泳冠军领奖台……

时光荏苒，人生匆匆。长期的漂泊，年已六旬的自己，理应是解甲归田的时候。我也跟我家先生唠叨：

"真的不想去上班了，这些天放假多好，与家人在一起多好，没有人比我更幸福了！"

"我是求之不得啊，就怕你一踏进游泳馆，就啥都忘记了。"我家先生微笑着答道。

是啊，戎装在身，总觉得一份使命未曾完成，我必须回到我的泳池去，那里，孩子们正在等着我呢。

海军体工队场地不足 10 亩地，游泳馆也只是 25 米的袖珍小池，但我乐意画地为牢，因为这是我们海军游泳队的家。一走进游泳馆，那熟悉的 6 条水线，那奔放燃情的标语，即便是那湿热的氯气味道，也那么亲切。何况，那些哗啦啦涌过来满眼放光的孩子——他们是我为之奋斗的不竭动力。

2018 年，我已 62 岁。那一年，覃海洋在布达佩斯游泳世锦赛上改写了两项世界青年纪录，并且在当年短池游泳世锦赛上打破 200 米蛙泳亚洲纪录，我的梦想在延续……

回首来路，时光带走了青春和容颜，但我的田野里稻谷飘香、硕果累累。

1978—1987 年，我在南京部队当教练、总教练所带运动员成绩：

全国冠军：13 次

女子团体总分冠军：2 次

1990—2019 年，在海军游泳队当教练、总教练兼队长所带运动员成绩：

破世界纪录：3 次

破世界青年纪录：3 次

破亚洲纪录：18 次

破全国纪录：41 次

获世界冠军：5 次

各类国际比赛冠军：97 次（其中亚运会冠军 10 次，世界军人运动会冠军 24 次）

各类国内比赛冠军：163 次（含全运会冠军 12 次，城运会、青运会冠军 11 次，其他全国冠军 140 次）。其中，两次全国比赛成绩堪称完美。2006 年杭州全国游泳锦标赛勇夺七枚金牌：齐晖（女子 200 米蛙泳、200 米混合泳、400 米混合泳）、赵涛（400 米混合泳）、曲敬宇（200 米混合泳）、赖忠坚（200 米蛙泳），以及男子 4×100 米混合泳接力。2007 年重庆全国游泳锦标赛再创奇迹，再次豪取七项冠军：赵涛（200 米仰泳）、曲敬宇（200 米混合泳、50 米蛙泳）、赖忠坚（100 米蛙泳）、海军队男子 4×100 米混合泳接力，孙晓磊（50 米仰泳，代表上海队）、薛瑞鹏（200 米蛙泳，代表山西队）。

截至 2022 年，还保持的纪录：

两项世界青年纪录（覃海洋男子 200 米蛙泳、200 米混合泳）

两项亚洲纪录（宁泽涛男子 100 米自由泳，覃海洋短池男子 200 米蛙泳）

七项全国纪录：（齐晖女子 200 米蛙泳，宁泽涛男子 50 米自由泳、100 米自由泳、短池男子 50 米、100 米自由泳，覃海洋男子 200 米蛙泳、短池 200 米蛙泳）

叶瑾荣获的勋章和证书

作为国家队教练，我参加过四届奥运会（2000年悉尼、2004年雅典、2008年北京、2016年里约热内卢）和五届亚运会。

我带训的8名弟子，共计13人次代表中国队参加奥运会，其中：

海军队：齐晖、曲敬宇、赖忠坚、赵涛、宁泽涛、覃海洋

地方队：孙晓磊、薛瑞鹏

在我的执教生涯中，以蛙泳和混合泳见长。蛙泳从20世纪80年代初的夏月花开始，后面依次是承浩、齐晖、曲敬宇、赖忠坚、薛瑞鹏、索冉和覃海洋，前后跨越了40年；我所带的混合泳运动员也不少，有齐晖、赵涛、曲敬宇、覃海洋等。以上这些运动员，他们全都是全国冠军和全国纪录保持者。其中，200米蛙泳男女两项全国纪录依然由我的弟子齐晖和覃海洋保持，而能够在男女两个同距离项目同时保持全国纪录，我是国内教练第一人。另外，宁泽涛在自由泳项目的突破，也证明了我在执教自由泳短距离项目上也有自己的训练理念。

作为一名军人，部队培养了我，从青春少艾到进入耳顺之年，我的一切都是部队给我的。在国内一线队伍中，我是游泳界最年长、军衔最高的国家级教练，享受部队文职一级、技术二级的最高待遇。在我的职业生涯中，也享受过诸多荣誉：27岁荣获全国三八红旗手的光荣称号；28岁作为南京军区英模代表站上了国庆观礼台；46岁被评为享受国务院政府特殊津贴专

家；51 岁参加建军 80 周年英模代表大会。我曾四次荣立一等功（其中一次由军委主席签署嘉奖令），五次荣立二等功，七次荣立三等功，还两次获得 CCTV 体坛风云人物最佳教练提名奖……

叶瑾获"CCTV 体坛风云人物"最佳教练提名奖

有人夸我是"神奇教练"，在泳池里掌握着"魔法棒"，以致在那么漫长的岁月中，总可以点石成金，培养出一拨又一拨的人才。其实，我觉得我更像是一个"潜水者""夜行人"，只是有一颗初心，耐得住寂寞，才在中国游泳走向世界的洪波大潮中泛起一束浪花。

感谢新中国在曲折探索中为体育健儿提供了广阔舞台，是时代将一个听到发令枪也感到害怕的小女孩，培养成为一个敢于在祖国的大江大河中击楫中流的弄潮儿。1972 年，是我穿上戎装的那一年，"乒乓外交"使中国体育从沉寂中酝酿改变并持续积蓄力量，随着改革开放的滚滚洪流，中国体育迎来了惊天逆袭，半个多世纪斗转星移，半个多世纪矢志不渝，才有了今日中国体育的辉煌成就。作为体育人，幸哉，福哉！

我也要感谢和我一起，在同一片天空下追梦的领导和同人。无论在南京军区游泳队，还是在海军游泳队，领导的支持永远是我前进的动力，而同人的相互帮助、无私奉献，是成就这份事业的重要基础。我们始终把中国军人忠于职守、吃苦耐劳、不怕牺牲、敢于胜利的精神和"为国争光、无私奉献、科学求实、遵纪守法、团结协作、顽强拼搏"的中华体育精神融为一体。我们能够取得胜利，能够把五星红旗升到体育舞台的最高处，那是因为我们有信念，我们很执着，我们能牺牲，我们有一往无前的精神力量。

我要感谢我的孩子们，他们是最能吃苦的钢铁战士。他们少小离家，在异常艰苦的条件下，每天坚持大运动量的训练，还有伤病的困扰，他们吃了最多的苦，把人生最美好的年华献给了游泳事业。值得庆幸的是，他们走上了最能体现个人价值的体育舞台。每当他们在比赛中收获金牌，尤其是当部队嘉奖的勋章挂在他们脖子上时，我为他们感到由衷的骄傲！

当然，我更要感谢我的家人。"家是最小国，国是最大家"，在我们每一个中华儿女心中，家和国一样重要，一样有沉甸甸的分量。说实话，我是不称职的女儿，也是不称职的妻子和母亲。由于长年在外，女儿一直由外婆带大，女儿对我一直有疏离感。女儿在作文中是这样写的：

"在我的童年记忆里，妈妈的形象是模糊的，她没有完整地给我烧过一桌菜、一次饭。她从来不知道我喜欢吃什么，喜欢玩什么？我人生的每一次关键时刻和重要节点，她几乎都没有时间参与和陪伴。有人问我：'你恨她吗？'小时候的我可能会恨，有哪个孩子从小没妈妈的陪伴呢？"

一直到女儿结婚时，她才当着我的面，说出内心最真实的感受："妈妈，其实我一直很爱你的。我知道你有自己热爱的事业和军人的使命，我的妈妈是伟大的妈妈。"

为了我的事业，我的父母、哥哥和丈夫承揽了所有的一切，不让我有一丁点儿分心，即使家人住院、亲人过世，也只是轻描淡写地事后通报。

最后，我还要特别感谢沈轶伦、周欣、周玉甫三位作者。由于种种原因，三位作者对我的采访和写作时断时续，历时九年。他们用真诚的付出，接力奔跑，让我感受到遇见的珍贵；他们还原了一个真实的我，让我能够有机会用文字的方式，与大家面对面。这是一件非常有意义的事情，读者朋友们一定会想象：在时代的大潮中，叶瑾和她的弟子们是如何勇敢追梦，为国争光？他们风光的背后又有着怎样不为人知的辛酸和付出？事实上，当这本书的出版被我的弟子和朋友们知道后，他们比我还激动，希望先睹为快。在这里，我想说的是，金无足赤，人无完人，三位作者对我多有溢美，而我只是一个专注于游泳事业的体育老兵，可能我比别人多一份幸运吧！

半世芳华育桃李，一池碧水映初心。其实，一个人的芳华至多只有一二十年，但我觉得，因为那一份热爱和执着，我把自己的芳华延伸到了60年。我愿意永远在孩子们身边，续写碧海军魂的梦想。

目录

第一章　青葱年代

巨鹿路 180 弄

在 16 岁之前，我属于上海巨鹿路 180 弄。

巨鹿路是一条具有百余年历史的老马路，始建于 1907 年，由驻沪法国领事馆出资兴建，因时任法国驻沪领事名叫巨籁达，故这条马路就被命名为巨籁达路 (Rue Ratard)。民国三十二年（1943 年），汪精卫政权接收租界时改名钜鹿路；1966 年，再次更名为巨鹿路。

巨鹿路之所以有名，是因为它有着深厚的历史文化底蕴，那一幢幢造型各异、气派精致的洋房公馆，不仅呈现建筑之美，还无声地诉说着中国近现代史上许多风起云涌的传奇故事。这里有天主教会的善导堂，有德国驻沪领馆人员居住的蓝宝石公寓，有国民党行政院长兼财政部长孔祥熙的产业，有享有民族化学之父盛誉的范旭东的别墅，还有众多文化名人的故居——贺友直、谢稚柳、吴青霞、胡蝶、朱屺瞻、沙文汉……

巨鹿路还有一处非常特别的花园洋房，也让这条马路增添了更多的浪漫气息，那就是 675 号的刘家花园。刘家花园属于意大利文艺复兴时期的建筑风格，由著名的匈牙利建筑师邬达克设计。据传，花园主人刘吉生，是 20 世纪 20 年代有名的"煤炭大王"，在当时，富人娶妻纳妾，是非常普遍的社会现象，但刘吉生是一股清流，终身只爱青梅竹马的发小陈定贞。刘吉生在爱妻 40 岁生日时，送给她这套 4000 ㎡的花园别墅作为礼物。因为这幢建筑主人的爱情故事，这幢别墅被称为"爱神花园"。1952 年后，"爱神花园"一直是上海作家协会所在地，是文艺青年梦中的"伊甸园"。

巨鹿路不仅高大上,是魔都上只角的代表,还是一条非常有烟火气的马路。在我小时候,这条路上有一个菜场,在上海可谓家喻户晓,号称"上海第一菜场"。菜场沿街而设,占地8000多平方米,绵延800米。每天早上,靠近那一片的居民都到这个菜场买菜,街上摩肩接踵、人声鼎沸。据说,这个马路市场从解放前就已形成。1972年,尼克松总统访华来沪时,就曾参观了巨鹿路菜场。据报道,尼克松总统访华阵容强大,光美国记者就有90多位,巨鹿路菜场也因此声名远播。

我们叶家就在这条马路东头的180弄内,位于马路菜场的北侧,一条长长的弄堂径直向里延伸,我家就在最深处的石库门建筑内。

1956年4月16日,我降生在巨鹿路180弄的叶家,爷爷为我取名瑾,希望我能像美玉一样祥瑞、温润、精美。六年之前,在这个房子里,叶家还降生过一个男孩,他就是我的哥哥,爷爷为他取名为瑜。爷爷是读书人,对取名很讲究。瑾和瑜出典于屈原《楚辞》中"怀瑾握瑜兮,穷不知所示"。我们兄妹俩的姓名,显示了爷爷的才学,他希望我们能成为具有美玉品性的人,为世人所赏识,闻达于社会,寄托了老人家对我们兄妹俩的美好祝愿。

孩童时代天真无邪的叶瑾

我家的石库门房子,坐南朝北,两扇大门又黑又亮,大门上有一个大大的铁环。推开门,是一个二十来平方米的院子,地面铺着青石板,院子居住着五户人家。每当黄昏时,大人们陆续回家,在公用厨房里生火、烧菜、煮饭,上演锅碗瓢盆进行曲,而我们小孩子,则在院子里和弄堂口玩耍、造房子、打弹子、踢毽子、跳橡皮筋等，玩得不亦乐乎。

爷爷为我取名瑾，原本希望我温和内敛、有修养吧？但没想到的是，猴年出生的我，其实更接近一个称号——小猢狲。

在学校里、弄堂口，到处留下了我这个假小子的身影。我喜欢在房间里翻上跳下，从木楼梯扶手上滑下来，跳橡皮筋、踢毽子、扔沙包等弄堂孩子的游戏，早已满足不了我的胃口，我喜欢在不同的体育项目中享受乐趣。比如下象棋，一般是男孩子的智力游戏，但我都很着迷，在同龄人中，从一开始的胜少负多，到后来的几无对手。水平提高了，我就跟大人比试，到最后，大人也成了我的手下败将。偶尔有大人赢了我，我会缠着他继续下，直到我赢了为止。故每次下完棋，他们都摇摇头，对我的死缠滥打的劲头，既是无奈，也是赞许。棋牌类运动有某种共性，后来我也玩陆战棋、扑克牌等。我对 24 点扑克牌游戏情有独钟。游戏的规则是：从 10 以下的扑克牌中随意抽取 4 张，然后用四则运算法，在最短的时间内算出 24 点。整个弄堂，我又是天下无敌。

游戏是我童年生活的一部分，我也为自己是常胜将军而自豪。等我成为

孩提时代的弄堂游戏

教练后，我意识到，这些看似简单的小游戏，实则非常锻炼人的大脑，反映一个人的敏捷程度，也能考验人的意志品质，看出一个人的脾气秉性，我也经常用这些小游戏来观察队员。

可以说，我的才艺和能力，多半是在弄堂生活中锻炼出来的。弄堂文化是一种共享文化——狭窄的空间里不知住着多少户人家，房前屋后的共享资源虽然有限，但那种安全感和人情味，让我觉得是生活在一个特殊的大家庭中，邻里之间那种互通共享、和谐温馨，始终是我美好的回忆。或许，这种生活氛围也养成了我们这一代人善良、为他人着想的品性特点。

记得我们家斜对面住着一户人家，女主人是杨家姆妈。杨家姆妈双目失明，终日卧床，但性格乐观，给我留下了深刻印象。她家人丁兴旺，生了四个孩子，年龄和我差不了几岁，我们经常一起玩耍。有时候，我坐在杨家姆妈的床边和她聊天，听她唱儿歌《小燕子》，听她讲不同年代的故事。有一回，她特别认真地拉着我的手，对我说："小叶瑾，你长大后一定会有出息。人说三岁看到老，我虽不是测字先生，但凭我的直觉，你是人中之凤，将来一定是'革命事业的接班人'！"

其实，我并不了解什么是"人中之凤"，但对一个有点虚荣心的小女孩来说，这也算是一种鼓励吧。现在想来，或许我的活泼、乖巧、上进和谦虚，让杨家姆妈对我有这么一番评价。

当然，在我的成长过程中，父母的教育至关重要。

母亲是长乐路第三小学（以下简称"长三小学"）的语文老师，从小对我严格要求，培养我自主独立的精神和认真严谨的处事态度，积极地去做好每一件事，而这些教育，往往是在一件件小事中慢慢渗透的。记得11岁时，妈妈教我织毛衣，怎样起头、收袖口、收领子……对那个年龄段的孩子来说，做事情虎头蛇尾、半途而废是难免的，更何况是织毛衣那样复杂的事情。一般孩子能织一截子毛衣、一条窄围巾就算不易了，我却完成整件毛衣的编织，这让我和母亲特别有成就感。后来，我自己琢磨做衣服、裤子，还绣花、钩桌布、钩包包，一发而不可收。如果任我发展的话，我很有可能变成优秀的裁缝师傅——用时髦的话来说，就是"时装设计师"。

我还曾尝试过做布鞋——这活连我妈都没做过，我完全是自学成才。看着邻居阿姨纳鞋子，我就跑到上海城隍庙，买来鞋子的纸质图样，自己一边研究，一边找来破布和报纸，一层层刷上糨糊，再晒干、封边。我买的是36码纸样，先剪出鞋底，然后穿针引线；先纳鞋底，再缝合鞋帮和鞋底，足足花了我三个星期的时间。做成一双完整的布鞋后，我得意地穿给家人和邻居看，街坊邻里都夸我心灵手巧，我心里美滋滋的，干劲倍增。

因为"文化大革命"的缘故，学校教育理念发生根本改变，学校并不重视知识教育，而把劳动作为人生教育的重要手段。记得小学六年级时，我参加了学校组织的"学工"活动——推粪车。我们全班同学被编成若干个小组，凌晨两三点钟在指定地点集合，随环卫工人运粪。具体步骤是：工人师傅在前面拉粪车，我们小朋友在后面推；来到居民家门口，我们同学就将居民隔夜放在家门口的马桶，用手提到粪车边，再由环卫工人将马桶里的粪屎倒入粪车内；接下来，我们再把倒空的马桶拎到居民家门口。就这样一家挨一家，直到装满一车为止，我们再把粪车推到集中清理点。然后，按这个流程，循环往复。一个早晨下来，我们已被粪屎熏得不觉其臭，有的同学的衣服上甚至都沾上了粪便。但我们还有些骄傲，更像是打了胜仗似的，脸上充满了自豪。

我们那一代人，被称为"失去的一代""迷茫的一代"，但"失之东隅，收之桑榆"，我们在劳动中磨砺意志，也收获成长。每当看到一代代成长起来的青少年，我心里默默为他们庆幸，但也为他们的娇嫩而担忧。

母亲总是鼓励我去尝试，要我学会生活中的方方面面。我学习做饭，琢磨把干面条制成炒面的流程，最终做出可口面食；我学习擀面条，尝试包饺子，包得有模有样；当我在食品店的橱窗里看师傅们把糯米包在粽叶里，自己回家后就学着包粽子……每次，看着家人面带微笑、津津有味地吃着我亲手做的饭食的样子时，小小年纪的我有了大大的成就感。就这样，生活的点点滴滴虽然微不足道，却培养了我善于在单一枯燥的小事中开动脑筋、寻找乐趣的好习惯。

"做人要善良，不能太自私。"这是母亲对我为人处世方面的要求。

母亲是我们长三小学的语文老师，但我很少去办公室黏她，在学习中遇到问题，我也总是想办法自己解决，并尽最大努力帮助同学。

上海人早餐的习惯是吃泡饭，即把前一晚的剩饭用热水烧开，就着咸菜、酱菜或腐乳之类的吃。此外，作为上海人的早点，还有传统的"四大金刚"，也就是大饼、油条、粢饭和豆浆。其中，我尤其喜爱泡饭过油条，总觉得那是绝配的美味，而且要每天一早去买新出锅的油条才最好吃。当时，菜场就在我家弄堂口，早上5点左右，天蒙蒙亮，摊贩就会来开市，一个个蔬菜、禽肉、点心摊位摆出来，昭示着一天生活的开始。有一段时间，我承包了为家人和邻居买早餐的任务。早上，只要菜场一开门，摊贩们会发现，有一个剪短发的小姑娘，拎着篮子，蹦蹦跳跳地跑过来，好像去游乐场一样快活。那便是我。我走进菜场，找到熟悉的油条摊位，踮起脚，眼睛一眨不眨地盯着师傅。师傅熟练地用擀面杖把揉好的面粉压实、剁成小块，再将小块面粉条拉成长条，绞一下，再放进油锅炸……我提着热气腾腾的油条、大饼走回家，冲着弄堂口大喊一声：早饭来啦！原本还在沉睡中的弄堂顿时有了生机，邻居们会依次开出门来，迎接我捎带的早点。

我以为，那是世上最富生机的画面，氤氲着烟火气，带着晨光中的相互问候。

或许是因为有买早点的经历，等到后来我去游泳池训练，每天早上必须5点半起床时，并不觉得早起是件苦差事。我早就习惯了这样的生活：每天在天色蒙蒙亮时自觉地起床，洗漱，吃泡饭，然后背上书包出发，进入我一天的日程。

20 世纪 90 年代，因为延安路绿地改造需要，巨鹿路东段北侧靠近延安路的那一片老房子悉数拆迁了。对曾经在那里度过了童年和少年的我来说，巨鹿路 180 弄已成为一段尘封记忆，那里融合着喧嚣与宁静，是市井生活和雅致奢华的完美结合。

时隔 30 多年后，有时间的话，我还是喜欢去巨鹿路走走。巨鹿路 180 弄消失了，但巨鹿路南侧的 179 弄还在那儿，像一个慈祥的老者。我走进 179 弄，端详那里的石库门民居，似有回家的感觉。我不自觉地举手敲门时，手停在那里——我知道，那是回不去的童年。

"冰碴儿女孩"

我走上游泳之路，是从长三小学开始的。

我原本可以在巨鹿路上小学，但母亲在长三小学当老师，自然而然，我成了这所学校的学生。当时，谁都不会知道，地处长乐路 202 弄 1 号的长三小学，以后会是全国驰名的体育特色学校。

据统计，从 1960 年到 1982 年间，这里共有 55 名校友先后进入国家队、省（市）级体工队和各类专业体育学校，其中包括羽毛球世界冠军张爱玲等。1983 年，在参加过第五届全运会的返校校友阵容中，就有六位是游泳运动员，除了我，还有潘佳章、岑楚云、屈欣松、魏健和褚红。我想，长三小学能够成为全国重点体育特色学校，肯定和当时办学的指导思想密切相关，学校重视学生的全面发展，重视学生的身体素质培养，把游泳项目列为重点发展项目之一，依托社会体育俱乐部资源，开展联合培养，学校的体育优势渐渐凸显出来。

我第一次接触游泳是在 6 岁那年夏天的周末。当时，长三小学有选手参加卢湾区小学生游泳比赛，母亲就带我一起去看比赛，为运动员加油。进入游泳馆，声音特别嘈杂，看台上黑压压坐满了人，我有些莫名地兴奋。但比赛开始，发令枪一响，我就发蒙，那遽然响起的尖锐声音吓得我汗毛竖起。我紧紧捂住耳朵，心怦怦直跳，久久不能平息。

在我进入长三小学的那一年，上海游泳俱乐部（现在的花园饭店）的汤老师来学校招生，因为我能跑善跳，性格活泼不怯场，所以学校老师就推荐我。或许是第一次看游泳比赛感受不好，在我开始学习游泳后，并没有显示出与水的亲

学习游泳后，始终不变的短发造型

近和天赋，依然对水有不小的恐惧。记得我第一次接触水的情形，我们一批小朋友站成一排，汤教练站着训话，手上还拿着一根长长的竹竿。训完话，汤教练要我们自己下水，有的胆小，磨蹭着不敢下，就被他一个个推到水里，像下饺子一样。我们下水后，只能靠本能拼命划水。汤指导在边上观察，看我们挣扎，看到哪个不行了，就把手上的长竹竿递过来，让小朋友拉着竹竿往边靠。我在水里也扑腾不了几分钟，汤指导的竹竿救了我。这种笨拙而狼狈的惨状，虽然有些恐怖，但也是我们克服恐惧最快、最有效的方式。我逐渐学会了游泳，掌握了各种泳姿，也慢慢体会到了游泳的乐趣。

在上海游泳俱乐部游了一年多之后，因为成绩比较突出，我转到上海跳水池游泳俱乐部，跟随名师诸达乐指导训练。诸指导后来培养了一批包括世界冠军、亚洲冠军和全国冠军在内的众多优秀运动员，也担任过上海游泳协会秘书长、副主席等职，是上海体育界的老法师。

学习游泳必须吃得了苦。每天凌晨 5 点，父母都会准时叫我起床。刷牙、

洗脸、烧泡饭、煮一个鸡蛋，一点都不能浪费时间。简单地吃点东西后，我就挎着书包去跳水池。从家到跳水池大约有 20 分钟到半小时的路程，我都是自己走路过去。训练时间是 6 点到 7 点半，近一个半小时的游泳训练课结束后，是我难得的开心时刻，我和小伙伴一路小跑去学校。在路上，我们像一群喜鹊叽叽喳喳，说说笑笑；有时，我们一路放歌，引来路上大人的目光；有同伴还喜欢边跑边讲故事，有趣极了。有时肚子饿了，我们跑到小吃店，买一碗馄饨或者阳春面，随着暖暖的汤汤水水在胃里升腾，感觉到那种愉悦舒坦，不仅仅是口腹之欲的满足，更是美好的精神享受，仿佛一天的学习生活，全凭着这碗馄饨或阳春面变得有滋有味。早上 8 点，我们准时来到教室。

运动员的童年异于常人，你必须吃得了苦。因为有对游泳的坚持，我们小伙伴之间的友谊也与日俱增；也正是有了小伙伴们的陪伴，那些看起来非常艰苦的日子，其实异常甜蜜。

报纸上曾经刊登过云南昭通一个头顶风霜上学的男孩子，同学们对他的"冰花"发型忍俊不禁，这个孩子被称为"冰花男孩"，让全国网友心疼不已。由此，我也不禁回想自己，当年曾经也是"冰花"一族。

上海的冬季漫长阴冷，早上，从热气腾腾的游泳馆里出来，刺骨的寒风迎面扑来，头发瞬间从湿漉漉变成了冷冰冰，从俱乐部到学校这一段路程，足以让我的湿发结成冰，摸上去硬邦邦的，像一根根小冰棍，等到了教室里坐定好一会儿后，满头的冰棍儿才会慢慢融化。

后来，回想起那段岁月，尽管我的身体不算强壮，但我基本上没有生过病。游泳训练提高了我的身体素质，也非常磨炼意志。我想，如果我后来能够有所成就，那是体育运动赐予的；在体育运动中，我学会了坚持、坚韧和拼搏，也学会了乐观豁达和团结互助。

由于是"文革"时期，学校的文化课氛围非常松懈。学校课程很特殊，记得有一门"工业基础知识"课程，我并不喜欢。我喜欢语文、音乐和体育课。语文老师非常有亲和力，娓娓道来，还讲一些有趣的故事吸引我们；音乐课总是生机盎然，优美的旋律、清新的歌词，让幼小的心灵变得纯净；体育是我的特长，我可以和男孩子比试，而且，我往往比他们更胜一筹。那时，坐位置比较随意，喜欢听的课，我就坐到第一排，遇到不喜欢的课，我就坐到最后一排。这种情形，在今天看来有些不可思议，但却是我真实的记忆。

女孩子爱美是天性。班里，有的女孩子每天都会佩戴一些奇特的东西来显得与众不同，头发上的发饰、花边、蝴蝶结、头绳等都是展示自己的物件，但我总是千篇一律，运动装加一头短发——这是体育特长生的标配，不也显得干练、明亮吗？那个年代，毛主席有一首《七绝·为女民兵题照》："飒爽英姿五尺枪，曙光初照演兵场。中华儿女多奇志，不爱红装爱武装。"我觉得，我就爱武装，飒爽英姿，多好！

其实，人生的剧本在很大程度上也是时代写就的，时代把你抛到浪尖，你就是弄潮儿。谁能知道，这个当初捂着耳朵害怕发令枪响、满头冰碴儿的小女孩，日后会在游泳运动中一展身手呢？

邓鹏里老师

邓鹏里老师是我在长三小学的体育老师，也是我的游泳启蒙教练，他是我们心目中的传奇。

邓老师对我的影响，从小学二年级开始，一直到2013年底他离开这个世界。他是影响我一生、令我崇敬的人。

在我的印象中，邓老师瘦瘦的、高高的，非常和气。他认真、好学、聪明、精力充沛，似乎无所不能，是我们学生心目中的全能偶像老师。因为出身不好，他并没有上过大学，他也不是专业游泳运动员出身，但是邓老师有无限的活力，对事业有执着的追求。除了在学校担任体育老师之外，他还是校游泳队教练和篮球队教练。他还自学手风琴、小提琴、二胡，抵得上大半个音乐老师。我想，即使是现在的音乐老师，也不一定都有他的多才多艺。因为我们游泳队要参加冬泳表演，所以，他要负责学校冬泳小分队的动作编排和音乐选配。他善于把游泳的孩子们凝聚在一起，持续性地开展各种水上活动。在今天来看，横渡黄浦江和参加冬泳活动，对小学生来说，那是想都不敢想的事情，但在邓老师的引导下，我们非常愉快地投入训练，并完成了不可能完成的壮举。

我记得，我们在寒冬腊月进行冬泳活动，曾跑到郊区的杨驰大队的田埂上、河道边，或者从桥上飞跃而下……我还记得，我们在零度以下的严寒天气下参加横渡黄浦江活动，邓老师在我们小学生方阵的前头，不断鼓励、引导我们，那个珍贵的镜头被摄影记者拍摄下来，今天回想依然历历在目。

邓老师说："凡是能够完成冬泳的学生，都是意志坚强的好学生！"

可以这样说，小学期间，邓老师教会我们的，不仅是游泳技能，更是顽强的意志和良好的品质；凭着这种人生磨炼，我们学会了在风浪中逆流而上，学会了在人生的道路上不怕挫折、一路向前。

小学毕业后，我升入市重点中学——向明中学。无巧不成书，我的体育启蒙老师邓鹏里，恰好也来到向明中学担任体育老师。邓老师积极践行学校"创造教育"理念，关注学生个性和特长的发展，以自己的聪明智慧和实干精神，在学校体育工作中大显身手，为向明中学学生素质的全面提升做出了贡献。

对我个人而言，初中阶段的几年中，邓老师对我的帮助非常关键。只有在他的帮助下，我才可能继续我的游泳梦想。

那时，"文革"表面上轰轰烈烈，全国河山一片红，但在经历了赤诚的狂热之后，也是一代青年空前迷茫的时期。当无忧无虑的时光倏然而过，我们这些城市的中学生无法独善其身。因为"文革"，全国大学停招，造成了大批中学生滞留学校，为解决困境，1968年，六届初、高中学生(即"老三届")一起毕业。上大学成为奢望，只能等待统一分配，选择有二：一是留在城市，进入工矿企业；二是响应毛主席的号召，上山下乡，到农村、到边疆、到祖国最需要的地方插队落户。由于我哥叶瑜已被分配到上海水泵厂工作，按规定，我的去向是去农村插队落户。

母亲为我的前途焦虑不安，她找到了邓老师：

"邓老师，我女儿游泳训练停了那么久了，以前练的，都交还给老师了。你说，我女儿有没有潜力在游泳方面更进一步，以后走专业运动员的道路？"母亲试探性地问。

"这孩子水感好，训练刻苦，有一点天赋。这样吧，我在卢湾区体校有熟悉的游泳教练刘伍铭，可以让你女儿去刘指导那儿试试。"邓老师这样说。

多亏了邓老师指点迷津，让我和家人重燃希望。在邓老师的帮助下，我得到了继续游泳训练的机会。随后的日子里，我一边忐忑地等待命运的判决，一边前往卢湾区体校加紧训练。那时，我虽然只是初一初二的学生，但我分明感受到巨大而无形的压力。我开始玩命训练，从来没有缺席过训练课。在认真完成教练布置的训练计划之外，我经常给自己"开小灶"——在家里拉着门框做引体向上，求爸爸帮我按住脚，在席子上做仰卧起坐，抓住一切机会加强力量练习……没有专业训练器材，邓老师借给我一副橡皮拉力带，拉力带很快就被我拉得"伤痕累累"。

弄堂的环境狭小逼仄，我每每在家弄出动静，邻居们都会好奇地过来张望询问。我把门关上，不让他们看到我到底在干什么。那时，我心里只有一个目标：我要在有限的条件下，尽量利用有限的资源，提高游泳成绩，争取成为一名专业游泳运动员。

对我来说，游泳不仅仅是一项爱好和技能，更是决定我未来命运的一把钥匙。若干年后，因为我的游泳专长，我有幸被南京军区体工队征召，开启了一段属于自己和这个时代的光辉岁月。

感谢我的游泳启蒙老师邓鹏里，他是我人生和事业的领路人，正是由于他的引导，我走上了游泳之路，让我有机会参军入伍，并成为专业运动员，后又成为一名教练。我就像是一支箭，因为开弓精准，瞄准努力的目标，我才能发射得这么远。对邓老师，我始终心存感激。那么多年来，逢年过节回到上海，我都会第一时间看望恩师；我不在上海的时候，也会委托家人去看望他。现在，虽然他已仙逝，但我始终心怀感恩，每年春节还会去看望师母。

其实，在那个懵懂年月，对邓老师谈不上有多少深刻的认知，唯有在岁月的长河中，我们才看到师恩如山高、似水长。

2010年12月11日，我在上海举办了"感恩的心，感谢有你"的谢师宴，邀请了130位40多年前的老师、同窗、部队战友和我的学生欢聚一堂，感谢各位老师和教练给我的指导和帮助。席间，我致辞时，尤其感谢邓老师对我的关爱和帮助。当时，身患绝症的邓老师开心极了，他虽然消瘦虚弱，但站起来说话依然响亮，他打趣道："叶瑾和同学们对我的夸奖，让我有点飘飘然，这相当于给我开了一个活着的追悼会……"他还对我的同学们说："叶瑾有今天的成就，不是偶然，她从小就是一个特别有进取心的孩子，勇敢、不怕苦、有恒心，有这样的品质，她才会有这样的高度。当然，更令我感动的是，她的心目中有师长，懂得感恩，她坚持每年过年都来看望我。我为她骄傲！"

2011年4月，邓老师被查出肝癌转移。自知时日不多，邓老师非常坦然，5月份，他办理了遗体捐献的公证，这是他最后、也是最无私的选择。

2012年10月，向明中学举办了规模盛大的建校110周年庆典，邓老师因病未能前往。学校特意为他录制了视频《邓鹏里的"孩子们"》，邓鹏里在视频中说："虽然我没有孩子，他们（学生）比孩子还要好，比孩子还要亲。如果有来生，我还愿做老师。"

2013年底，邓老师永远告别了我们。2013年11月20日的《新民晚报》上，刊登了一篇回忆邓老师的文章，以下是摘录：

"人生旅程七十载，顽强抗魔十五年。"这是上海女子手球队教练成涛在微信中给舅舅邓鹏里的留言。

四十多年前，邓老师作为向明中学的游泳教练带领学生横渡黄浦江。自从1998年罹患贲门肿瘤，邓鹏里开始了抗击病魔的历程。他在病床上练习自己起床吃饭。他对照顾他的成涛说："我可以自己来！"

与恩师邓鹏里及师母合影

邓鹏里是条铮铮铁汉。他17岁当上游泳教练，从1966年到1973年，带领比他小不了多少的学生进行冬泳练习，每年平均有50人参与，年龄最小的仅8岁。1969年1月10日，邓鹏里带领55位学生在江南造船厂附近横渡黄浦江，当时气温为零下7摄氏度，水温4摄氏度。他们共游了20多分钟，其中就有当时只有12岁的叶瑾。

邓鹏里的学生还有众多优秀运动员和教练员，如奥运冠军庄泳、乐静宜、世界冠军朱颖文，还有叶瑾（世界冠军齐晖的教练）、蒋丞稷（中国首位进入奥运会决赛的男子游泳运动员）、严伟利（奥运冠军杨文意教练）、熊国鸣（亚洲冠军）、潘佳章（上海游泳队原总教练）等泳坛名流；世界羽毛球冠军张爱玲；水球国家队运动员吴伟、李谋时、郑宪民、褚健康；滑水国家队运动员、后任国家队滑水教练的薛殷；国家队花样游泳教练李晓凤、运动员潘乐；现代五项国家队运动员、教练员张斌……

邓鹏里惦记着每一位教过的学生。78届毕业生连辉自认为当年是个"拉尾凑数的"，让他没想到的是："三十多年未见，邓老师不光记得我，也记得我姐姐，他能说出我们孩提时代的模样，让我惊讶不已。"邓鹏里对他说："凡是能够完成冬泳的学生都是意志坚强的好学生，不管时间长短，成绩好坏。"

15年前，邓鹏里切除了贲门……面对长期缠身的病魔，邓鹏里的铁汉本色依然没有改变。当病情稍有好转，邓鹏里就重新投身体育教学工作。他创编了中学篮球操等体育科研教材，还自学起了吉他、电子琴、舞蹈等，他至今仍是上海市体育舞蹈拉丁舞的编委。

最近，邓老师迷上了微信，学生为他在病床边装上了无线路由器，邓鹏里开始在"朋友圈"里发出"抗癌宣言"……11月初的一天下午，邓鹏里昔日的学生、成涛的同窗岳红来探望邓老师。邓老师肝部的顽症虽已向脑部转移，但他对待病魔坚强乐观、对待生死坦然直面的精神令岳红敬佩不已。岳红感叹说："邓老师不仅指导我们掌握游泳技能，使我们多次在全市和全国比赛中获得佳绩，他更教会了我们如何面对困难和挫折，培养了我们坚韧不拔的毅力，使我们受益终身。邓老师，谢谢您！谢谢您给了我们很多的精神财富，使我们更懂得珍惜今天的一切，健康快乐地活在当下。"

……

文章中还有许多感人的细节，都是学生们的美好回忆。这些令人难忘的回忆，让我们较为完整地看到了邓老师教学生涯的成就，以及他的伟大人格——积极乐观、不计得失、勇敢进取、热爱事业、热爱学生、无私奉献。邓老师没有孩子，但让他欣慰的是，他又有那么多的孩子。

横渡黄浦江

在今天看来，让一个不到 10 岁的小女孩，花四五个小时去横渡黄浦江，那似乎有些荒诞不经，但这的确是我的亲身经历。更为奇特的是，这样"荒诞"的事，我还经历过多次——不管是酷夏，还是严冬。

提起横渡黄浦江，那要从领袖毛主席的倡导说起。

我国群众性游泳运动始于 20 世纪 50 年代后期。毛主席喜欢游泳，是群众性游泳运动的倡导者和实践者，据统计，从 1956 年到 1966 年的 10 年间，他老人家畅游长江达 17 次之多。1966 年 7 月 16 日，武汉市举行第十一届横渡长江活动，73 岁高龄的毛主席兴致勃勃参加畅游活动，游程 15 公里，历时 1 小时 05 分。陪同参加活动的各界群众代表达 5000 人之多，场面壮阔。

在这样的时代背景下，上海青少年游泳运动蓬勃开展，我所在的长三小学也将游泳运动列入优先开展的体育项目，在学生中组织游泳队，积极利用社会资源，开展游泳训练。

从我 8 岁开始，邓鹏里老师率领我们一群小学生——长三小学游泳宣传小分队的孩子们一次次出击，在乡间河流中接受大自然的洗礼，在露天泳池训练和表演，在每年 7 月 16 日毛主席畅游长江纪念日举行横渡长江或黄浦江的活动，我们还会在冬季开展横渡黄浦江活动。

在我看来，我参加过的"游泳大事件"，头等大事是横渡黄浦江。

1966 年 8 月 7 日，上海 7000 多名游泳爱好者会聚黄浦江畔，在"毛主席再次畅游长江"喜讯的鼓舞下，"到江河湖海去游泳，在大风大浪中前进"。

我记得，那天活动在上午 8 点举行，锣鼓喧天、鞭炮齐鸣、红旗招展、人山人海。"大海航行靠舵手，万物生长靠太阳，雨露滋润禾苗壮，干革命靠的是毛泽东思想。鱼儿离不开水呀，瓜儿离不开秧，革命群众离不开共产党，毛泽东思想是不落的太阳。"伴随着雄壮的歌声，由 230 名工、农、兵、学生和优秀运动员组成的仪仗队，从龙华港口下水。热烈的场面至今历历在目：第一梯队由 12 名游泳健儿组成，簇拥着伟大领袖毛主席的巨幅画像在前面引路；第二梯队是工人、农民、好八连战士，他们护送着"在大风大浪中前进""中国共产党万岁"两块巨幅标语牌；第三梯队是 100 名健儿，高举红旗，迎风破浪；最后由数不清的游泳爱好者，跟随仪仗队，浩浩荡荡，蔚为壮观。

我们小学生也和大人一起参加横渡黄浦江活动。当时，南市区人民路第二小学、淮海东路小学等 6 个学校学生组成的队伍，推着星星火炬的队徽和

"好好学习，天天向上"的大标语牌，高喊着口号，整队过江。我所在的长乐路第三小学和长乐路第一小学的100名少先队员佩戴着红领巾，背着小木枪，高唱着少先队队歌《我们是共产主义接班人》，在黄浦江中奋勇前进。顷刻间，黄浦江上浪花飞舞，场面壮观，我们在水里游得非常开心。

让我终生难忘的经历是，我11岁那年，在邓老师的精心策划下，经过数次测试准备，挑选了40名合格的小朋友，准备参加一次特别有纪念意义的畅游黄浦江活动。年龄最大的孩子13岁，最小的才9岁，目标游程25000米（25公里），地点：闵行米市渡口——划船俱乐部。那天清晨，我们一行4点半在校门口集合，乘上两辆江南造船厂派出的由黄色卡车改装成的客车。大约在一个半小时之后，到达了闵行米市渡口。那时，天才蒙蒙亮，但下水区域已有好多人聚集了。这些参与者分别来自解放军、工人、干部和学生，唯一的小学生队伍就是我们了。由于要赶在顺风顺水的时候安全完成这次畅游活动，组织者快速地分发给每位参加者两个温热的粢饭团作为早餐。糯米饭裹油条是我的最爱，当我们吃到一半时，组织方通知全体人员马上准备下水。当时，按水流速度测算，游25公里大概需要4.5～5个小时，必须准点下水，不然水流方向改变，就无法游到终点了。这时小学生们不约而同地把剩余的粢饭团塞进了头上的红帽子里。别看我们年龄小，但在江河湖海里游泳还是很有经验的，懂得若游到半程，肚子饿了，体力不支，就有可能游不完全程。当时，许多工人叔叔把剩余的饭团都留在岸上，看到我们的举动，觉得很可笑，不可思议，开玩笑地说："小赤佬，你们在瞎搞吧。放在帽子里

横渡黄浦江（第一排左一为叶瑾）

的粢饭怎么能吃？"而我们则成竹在胸，没有与大人们做太多的解释，只是对他们付之一笑。

下水后，各路人马都快速排成了方队。我们小学生队伍被安排在中间的位置，沿着黄浦江的上游往下游逶迤而去。刚下水不久，一个一个大浪扑面而来，把我们抛到浪尖，大家禁不住兴奋得高声尖叫。然而，随着起伏的浪潮不断地忽上忽下，最初的兴奋很快消失了，我开始害怕，心里发慌："这么大的浪头，什么时候才能结束啊？"幸好经过一阵翻滚的浪潮，江水总算平静下来了，顿时心里一阵轻松，我对自己说："大风大浪没有什么可怕的，继续前进！"途中，我们和黄浦江上的各种船只并行，也看到江猪在水里翻腾，甚是兴奋。

大约游了 3 个多小时后，大家开始感觉肚子饿了，各自拿出藏在帽子里的饭团啃，其实根本吃不出什么味道，只是觉得特别有安全感。这时，游在前面的叔叔不断有人因体力不支而被拉上救生船，真不知他们看到我们在水里小心翼翼地托举着享用饭团是怎样的感受？没准会后悔没有向小朋友取经吧。

12 岁横渡黄浦江合影（第一排左四为叶瑾）

最值得骄傲的是，我们小学生方队在长达 25 公里的畅游过程中，没有一人半途而废而被拉上救生船，而是全部顺利游到终点。

当我们用了 4 个半小时到达终点的时候，正是烈日当空的正午，我们一个个跟跟跄跄、歪歪斜斜，互相搀扶着走上岸。迎接我们的叔叔阿姨、老师和家长们都为我们胜利完成目标而鼓掌，家长们心疼得直抹眼泪。小朋友们脸上倒是有一种胜利后的喜悦，剩下的一点力气都用来嬉笑了。有趣的是，因为黄浦江非常混浊，我们每个人的脸上都被泥水杂物包裹着，嘴边形成一圈圈的"胡子"。我的直觉是脖子发硬，似乎不能低头和转动了；脚底的皮肤泡软了，上岸后踩在砂石路上特别痛；肚子也在抗议，饿得咕咕叫。但是，我心里却是从未有过的快乐，因为我们战胜了自然，战胜了恐惧，战胜了自我！

回想起来，我们从小受到的教育和历练，就是现实版的"钢铁是这样炼成的"。

我不但参加过夏季横渡黄浦江活动，还参加过横渡黄浦江冬泳活动。

1969 年 1 月 10 日，为庆祝毛主席视察江南造船厂 13 周年，该厂组织了横渡黄浦江冬泳活动。这一天是阴天，寒风凛冽，滴水成冰。我记得气温是零下 7℃，黄浦江的水温有 4℃。五六十名冬泳健儿从江南造船厂码头出发，队伍中有中年冬泳爱好者，还有我们这些应邀而来的上海长乐路第三小学冬泳队的队员们，其中就包括我。不记得在冷得刺骨的江水里游泳是什么滋味了，只知道当我们在江里游了 30 分钟后，全部登岸，成千上万的人簇拥在码头，为我们鼓掌喝彩。

作为一名游泳特色学校的重点学生，我很荣幸地参与了春夏秋冬每一次横渡黄浦江活动。因此，我也算是见过世面的人——这在小朋友中是值得骄傲自豪的事情，即使在大人的眼中，那也是了不起的事情。

除了参加横渡黄浦江活动，我们长三小学游泳小分队还经常在上海跳水池进行冬泳表演。

上海跳水池是露天泳池，所以我们的表演是在露天举行的。记得有一次，天寒地冻，天上飘着雪花，泳池水面结着薄冰，水温零下 4 摄氏度。看台上，观众身裹棉袄，头戴厚厚的帽子，而我们头戴统一的红泳帽、身着黑色泳衣，昂首挺胸，像骄傲的战士一样，从容走进泳池。在"敬爱的毛主席，我们心中的红太阳"的伴奏音乐中，我和另外一位男同学站在前排领诵，后面横列两排少先队员，齐声朗诵《日自韶山出，日出东方红》的雄伟诗篇。

朗诵完毕后，在深水区，有人推着毛主席像出来，我们高喊着："毛主席来了！"然后，一个个扑通扑通跳下水，一边游，一边高喊"毛主席万岁"。游到 25 米处泳池中央，我们在水中变换队形，组合排列成方阵，高喊"无限忠于毛主席，无限忠于共产党，无限忠于祖国"，然后在水里跳"忠"字舞，整个过程大约 20 分钟。在水里跳舞是很累的，阻力大不说，最主要的是我们的脚踩不到池底，必须在水里使劲用脚踩水，露出头，前后左右要排好队形，一会儿摆出"鸡心形"，一会儿摆出"忠"字的阵容和个人造型。水有多冷、天气有多冷，我根本感觉不到，只觉得一颗心怦怦的，浑身充满了力量。观众在看台上的喝彩声也让我们激情倍增，忘却了寒冷。

类似的活动，我参加过很多次：在市区的河道上开展冬泳训练，在近郊的杨驰大队的田埂里一路欢笑，然后从桥上飞跃而下……

邓老师曾经说过："凡是能够完成冬泳的学生都是意志坚强的好学生。"

感谢那段岁月的磨炼，让我在真正的风浪中学会翱翔。

感谢那段岁月洗礼，把原本一个胆小怕水的女孩，锻造成为一个坚毅顽强、敢于拼搏、勇于追梦的自己！

十字路口

作家柳青说："人生的道路虽然漫长，但紧要处常常只有几步，特别是当人年轻的时候。"

1971 年，"乒乓外交"成为热点，为一度沉寂的中国体育带来了重要机遇，各省市体校、体工队陆续恢复招生。因为看不到希望，像我这样能够断断续续坚持训练的并不多，而前期离开的大部分运动员，早已随着时代的洪流，被冲刷到社会的各个地方。人们都说"机会总是给有准备的人"，我觉得我就是那命运垂青的人——这份幸运的背后，是母亲的坚持，是邓鹏里老师的帮助，是卢湾区体校教练的培养，是时代开启的一扇门……

1972 年 12 月，16 岁的我接到两份录取通知：一份来自上海市青少年体育学校（简称"市少体"），一份来自中国人民解放军南京军区体工队。

被市少体校录取在我的意料之中。由于刻苦训练，我在比赛中取得了突出的成绩，少体校好几位游泳教练都留意过我的训练和比赛，认为我是一名有潜力的运动员。那一年，被上海市少体录取的，还有沈富麟、孙海平、史美琴等一批后来为上海体育做出卓越贡献的优秀运动员。

至于南京军区体工队向我抛来橄榄枝，完全在我和家人的意料之外。"文革"开始后的一个阶段，部队体工队都解散了，为了解决专业人才奇缺问题，部队开始重建体工队，他们派人到各地，观看运动员的训练和比赛，在基层体校中选拔优秀苗子。当时，我也和其他队友一起，接受了一些简单的游泳测试，并回答了相关负责人的问题，包括思想、学习、家庭等基本情况。没想到，测试不久，我很快就收到了特招入伍的通知。

在当时的环境下，原本已陷入泥潭、试图挣扎而又无法自拔之际，突然同时伸过来两根救命绳索，我的惊喜是不言而喻的。这绝不是人生的小确幸，而是巨浪一般的幸福感，让我有点找不到方向。

20 世纪 60 年代，几乎每个青年都有一个军人梦：身穿军装，肩背钢枪，威风凛凛，为保卫祖国，甘洒热血。而成为一个女兵，更是多少女孩的梦想和骄傲，"中华儿女多奇志，不爱红装爱武装"，想象一下，穿上军装的自己，那一定是风光无敌。

经过多次家庭会议和冷静思考、反复斟酌后，父母最终拍板：去部队！原因有二：一是游泳是我的特长，去部队体工队直接圆了我的游泳梦；二是在"全民穿军装"的时代，一人当兵、全家光荣，尤其像我这样家庭成分不太"硬气"的学生，那完全是走了"狗屎运"。

几十年后的某一天，上海市少体游泳队原负责人徐均亨教练看到我，半开玩笑地说："叶瑾，当初你已被市少体录取，要不是我'放走'了你，你就穿不上军装，也没有现在的成就啦！"

可是，作为一个才上初二的16岁女孩，当离别的笙箫响起的时候，我突然感到忧伤像潮水漫过沙滩一般，无边无际。我真的不想离开巨鹿路180弄，离开我的家人、同学、老师和熟悉的环境！

我舍不得离开父母，尽管这么多年来，父母从来没有让我黏着腻着，他们教会了我独立自强，从容面对生活中的困难。从接到录取通知书到去部队报到，我只有一个星期的准备时间。当我以最快速度收拾好行李后，我便陷入了巨大的纠结和不舍中，整天红着眼睛，哭哭啼啼。

面对我过于情绪化而表现出来的柔弱，母亲显得非常理智和坚定，她有些半嗔半怒："又不是让你去受罪，好好的事情，哭什么？！南京离上海这么近，有什么事情，可以给家里写信。你马上会有新伙伴、新教练，一切都是新鲜事物。说不定，你去了三天，早把我们忘得干干净净！"

50年后，当我再次回味那个青涩岁月的告别时，我蓦然发现，人生有难以诉说的沧桑与况味。

2021年4月16日，是我65周岁的生日，也是我从军50周年的纪念日。由于职级较高，上级机关在给我办理退休手续时，专门派领导从北京飞往上海，陪同我去上海第二干休所报到，体现了部队对我的关怀。从16岁入伍，到65岁卸甲退出现役，一路风尘五十载，而我一直是一种身份，一种生活。

或许，人只有到了某个节点，才会想起一些事情，想去弥补那一份亏欠。可很多事情，我已经无法弥补，成为永久的遗憾和伤痛。

母亲是我生命中最重要的人。按理，母亲是我最亲近、最了解的人，但我却不能真正地走近；而当我有时间想走近她、陪伴她，想让她和我分享我的青春记忆、回味我小时候的那段岁月时，她已在病榻上茫然地看着我，她甚至已经认不得我了——母亲患了严重的阿尔茨海默病。当我离别时，我的眼前满是过往镜头的回闪：不管刮风下雨或寒冬烈日，她都会从沙发上站起来，努力支撑起已不太灵活的身体，然后从 13 楼陪我下来，看着我走远。这是我永远难以释怀的镜头，每一次想起，都潸然泪下。

关于她的记忆，我总是停留在她忙忙碌碌的身影里。

我上小学，她是学校的语文老师，但她并不教我们班，她一般也不允许我到她办公室去。她说，她自己班里有 40 多个学生，每个学生都需要她关注，你有什么问题，要学会自己解决。

印象最深刻的是，1968 年的冬天，我们长三小学的部分同学参加了横渡黄浦江的活动。由于我们年龄小、体脂少，再加上水温低，当我们出水后，就觉得特别冷，牙齿打战，浑身是僵冷麻木的感觉，非常难受。母亲作为学校老师，她在等待自己班的孩子们的到来。当其他老师抱着我、帮我穿衣服的时候，我的眼光到处搜索妈妈的身影。我看到妈妈忙碌的背影，正把她的学生揽在怀里。此时，我多么渴望妈妈能来抱抱我、安慰我，我真羡慕那些正在被妈妈照顾的孩子。不过，我没有向她抱怨过，也没有想过让她对我特别照顾。

叶瑾身着军装与父母合影（1974 年）

母亲曾对我说："叶瑾，你要学会无私和付出，去努力帮助别人。平时我们都说要向雷锋学习，那就要落实在行动上。"

我现在明白，当我穿着军装离开的那天起，母亲已经把我交出去了。

这是那个时代的教育，也是母亲对我的言传身教。

写到这里，我还想到我的哥哥——叶瑜。

在我的心目中，长兄若父。哥哥长我6岁，一直是我的保护伞，从小到大，我们没有拌过一次嘴。每当我有烦恼、困惑的时候，我都会在第一时间找他商量。记忆里，哥哥宠我，对我的保护甚至到了"包庇"的程度。有一次，我不小心把房门和抽屉的钥匙弄丢了，哥哥帮我到处找，比我还着急。无奈之下，他偷偷地帮我配钥匙，把抽屉撬开，还用红药水涂一涂，防止被父母发现责骂。最让我感动的是，在得知我参军的消息后，他一把塞给了我500元钱。他当时每月工资不足50元，可以想象，他好不容易省吃俭用才积攒了这笔钱，分明是哥哥的一片心意。在部队，当我每次取得进步时，他都鼓励我做得更好。当我问起爸爸妈妈的情况时，他总是一句：你放心，爸妈有我呢！

其实，从我离开的那一天起，无形之中我把照顾爸妈的职责都交到了哥哥的手上。近50年来，哥哥还是像小时候一样，爱着我，护着我，不让我有丝毫的分心。尤其是我在部队中一次次受到嘉奖和表彰之后，他更是以我这个妹妹为荣，不愿意让家里任何的烦恼事来影响我。譬如在这么长的岁月里，我几乎没有参加过亲属的葬礼，因为他从来不告诉我，也不让别人告诉我。还有，在他查出患有肺结节需要手术时，他也瞒着我，只说家里的开心事。

不幸的是，2019年9月1日晚上10点左右，我接到哥哥因病突然离世的电话。当天晚上，我处理有关事宜后，一直到深夜一点多才睡，可怎么也无法入眠。9月2日上午8点半，我依然准时出现在游泳馆。记得那天我整个人都是懵的，不知道这一天是怎样度过的。那时，正是武汉世界军运会前夕，覃海洋等人的训练正处在关键时候，我没有与领导、助理教练提及此事；连续两天的训练，我整个人都在浑浑噩噩的状态中，一点力气也没有。平时我在训练场指导运动员是站一会、坐一会，但那两天，我坐下去就站不起来了——并非不想站起来，而是心里的痛苦和身体的沉重压迫着我。9月4日，我请假去参加哥哥的葬礼，事后回到泳池馆，身边的教练半是安慰、半是嗔怪："叶练，怪不得前两天，你看起来难受、沮丧、心情不好，你为什么不早点告诉我们，我们也可以帮您搭把手？"我没有直接回答他们，只是苦笑了一下。说实在的，在那种特殊情况下，我想的是我必须挺住，这是我的职责所在，赛前的高强度训练，队员们更需要看到我；我必须克服失去亲人的沉痛，坚强地站在泳池边陪伴运动员。如果哥哥在天有灵，这也是他所希望看到的。

往事如梦，还记得16岁的远行，我和另一位练田径的女生，在部队领导的带领下登上前往南京的列车。火车汽笛声响起，父母和哥哥挥动的手臂在人群中渐渐模糊，我的泪水就像拧开的水龙头倾泻不止。那天列车上，凡是从我身边经过的乘客和列车员都不断回头，好奇地看着我，怎么这个小姑娘有这么多眼泪？带兵的部队领导甚为吃惊，一直在不停地看着手表，似在记录我哭泣的时间：从上海到南京5个多小时的车程，我哭了3个多小时。他不由得感叹："这丫头还真能哭！"

第二章　南部岁月

叶瑾的第一张军装照
（1973 年）

深夜训练

怀着对过往的不舍，对未来的忐忑，我一路哭到南京。

有道是"男儿有泪不轻弹，只是未到伤心处"，我想，我这个小猢狲终于到了伤心的时候。

我的行囊非常简单：一件卡其布两用衫，一个当时流行的"马桶包"，这是我的全部家当。到达南京火车站已是晚上，我们跳上了早已在那儿迎候的军用卡车，随后我们如同《平凡的世界》里前往大牙湾煤矿的孙少平和工友们一样，在惊呼声中驶过金碧辉煌的南京闹市区，又在惊呼声中经过六朝古都那巍巍的城墙。最后，我们被投送到位于汤山的部队营房。

南京汤山素以温泉驰名中外，是有着 1500 多年悠久历史的全国四大名泉之一。这里既是部队干部疗养地，也是部队游泳队的训练基地。然而，来不及做任何的思想和情绪转换，残酷的现实击碎了我

叶瑾与战友在汤山游泳馆前合影（左二为叶瑾）

所有美好的想象，梦幻般的汤山温泉，展示的并非它的温婉浪漫，而是与其名称极不相符的粗犷野性。我们的住所被安排在军营中长长的走廊两旁，简易

的上下铺，整齐划一。最难以忍受的是，房间上方彼此相通，隔壁制造的任何声响，都不用借助无线发射设备，直接传播过来。上厕所是最大的难题，因营房内没有厕所，简易厕所建在田畦上。我们需要踩着石子路摸索前行，大概要走 80 米远的距离。到了晚上，没路灯，漆黑一片，田野里蛙声一片，不时传来阵阵犬吠声。夏天，蚊蝇袭扰，臭气熏天；而冬天，冷风飕飕，侵入肌骨。那种古老原始的"一条龙"蹲坑，由于年久失修，没有水流冲洗，地面上都是白色的蛆虫在蠕动。白天看到那场面是又害怕、又恶心，更别提半夜上厕所了。

但是，住宿条件和当时的游泳训练条件相比，简直是小巫见大巫，算不上困难了。

1972 年，南京军区重建竞技体育专业队后的第一项重要任务，就是准备迎接 1975 年第三届中国人民解放军体育运动会。在那个特殊年代，为对抗西方世界和修正主义国家，国家提出了"备战备荒为人民"的口号，部队的体育竞技训练要让位于基层连队武装泅渡等科目的训练。为严格执行上级命令，我们的训练时间全部被安排在了凌晨两点进行。从此，我们过起了颠三倒四、不分昼夜的日子。

每至深夜，我们游泳队一行 30 多人，如同神秘的特工部队，穿着统一发放的老式棉质游泳衣，在游泳馆前集合，迎接两小时的高强度训练。相反，白天则是我们法定的休息时间。军营宿舍没有窗帘和遮

叶瑾在训练中（蝶泳）

光布，为了入睡，我只能将部队发的灰色绒毯挂起来，遮挡强烈的日照光线。这种经历也练就了我的"超能力"，后来做了教练，对各种复杂环境我可以从容应付。2014 年仁川亚运会期间，我被安排在两室一厅的套间里。为了保

证运动员的休息和恢复，我把床垫放到了没有窗帘的客厅里，无论是白天还是夜晚，队员进进出出，我都能戴着眼罩和耳塞酣然入梦。2016年里约奥运会，奥运村里的住宿条件也不好，我依然能够安之若素。

最神奇的是，游泳馆里的水是温泉。水温很高，我们训练前需要兑大量冷水，才可以下水训练，要不就得晕在水里。到了冬季，馆里没有暖气，室温低，水温高，形成烟雾缭绕的仙境，而我们就在其间穿梭，似有飘若仙人的感觉。在温泉里游泳，身上总是滑溜溜的，总也洗不干净。当时，还觉得这是很大的缺点，现在觉得挺好笑：这不是天天泡温泉、做美容的神仙日子嘛，哪儿来的多愁善感呢？

因为自己原本有较好的基础，再加上部队的正规训练，我的训练成绩得到了显著的提升，开始脱颖而出。1972年，我参加了全国少年游泳锦标赛，先后获得少年组50米自由泳、4×100米自由泳接力冠军。1973年，我第一次代表南京部队游泳队参加全军游泳比赛，取得佳绩。在上海赛区的比赛中，我们南京军区女子游泳队获得总分第一名，我和谷华、潘菊英、戴秀兰一起，刷新了全军女子4×100米混合泳纪录，我和戴秀兰、潘菊英还打破了全军女子400米混合泳纪录。在决赛阶段，我们南京部队女子游泳队发挥了应有的水平，我本人获4枚奖牌。

南京部队游泳队由于仓促组建，教练力量不够，部队从地方队借调来两

1973年全军游泳比赛获女子4×100米混合泳接力冠军，并打破全军纪录（左起：叶瑾、谷华、季明海、潘菊英、戴秀兰）

位教练，一位是江苏省游泳队的季明海教练，另一位是来自上海的吴奇三教练。面对后勤保障不足、训练时间不足、运动员生物钟紊乱的不利因素，两位教练从不怨天尤人，而是从现有条件出发，埋头苦干，深挖潜力，制订严格的训练计划，保质保量地完成各项训练任务。季明海教练认真、严谨的教学风格给我留下了深刻的印象；吴奇三教练的特点是耐心细致，同样让我们受益匪浅，她的爱人方老师是作家，特别喜欢我，经常给我们讲故事，逗我们开心。

训练是艰苦的，但我们以苦为乐。在岸上，纵有无穷烦恼，只要一下水，泳池就会神奇地消除你的不安，什么烦恼都抛到脑后。我甚至期盼每天凌晨2点的游泳——游泳馆内热气升腾，外面却是满天星斗，让你觉得你是一个星夜兼程追赶梦想的人。我有很多特殊的排解压力手段，让自己振奋起来。比如训练中，每次听说晚上可以看露天电影时，我就会兴奋不已，仿佛有使不完的劲，根本感觉不到累；又如在训练任务结束后，我会在更衣室里吼上几嗓子，高歌一曲，或者秀一下强健的肌肉。即使面对最怵的跑步和爬山，只要一想到能够看到远处连绵起伏的苍翠山峦，或看到附近山上那位长须飘飘、道骨仙风的老道士，我就有如神助，身轻如燕。

1974 年叶瑾在全国游泳比赛中获 200 米自由泳冠军

作为游泳运动员，我知道自己的身体条件不算好，个子不高，从纯业余选手选拔到部队运动队，基础不够扎实。但我有水感、有技术、对自己有要求，在教练的精心指导下，我一步一个脚印，从队伍中的后进生到佼佼者，逐渐成为全军的希望之星，再一跃成为全国女子游泳的尖子选手。

1974 年，我的运动成绩有了进一步的突破，在全国比赛中，我一鸣惊人，击败了众多国内高手，首次

1974 年叶瑾获全军游泳比赛 100 米自由泳冠军

1975 年全军运动会叶瑾获 7 枚奖牌

赢得 200 米自由泳冠军。"我还能游得更快、飞得更高。"我这样告诉自己。在全军游泳比赛中，我是 100 米、200 米自由泳和 400 米混合泳等项目名列前茅的队员，拿冠军就是我的任务。

1975 年 5 月，第三届解放军运动会在北京工人体育场隆重举行，参加本次盛会的有 20 个代表队共 5000 余名指战员。比赛中，我获得了 3 金 3 银 1 铜的优异成绩，为南京部队争得了荣誉。

1976 年，我有幸入选国家游泳队，在更高的平台上得到锻炼的机会。

在部队，我还是一个小通讯员，这个角色也挺能考验人。

全军游泳比赛结束后，各队都争分夺秒发回赛场报道，把前线指战员取得的佳绩，及时准确地传送到后方。所以，在这个节骨眼上，是各支队伍通讯员大显神通的时候。不过，当时部队没有派出专门的通讯员，随队的领导不知怎的一拍脑袋，居然把这个艰巨任务交给我，让我担任"特约报道员"。一开始，这活苦不堪言，我完全不知道怎么动笔，提笔似有千钧之重，我只能硬着头皮上。好在我的文化基础不错，还有，我能向书本知识学习，认真阅读体育类的新闻报道，很快就上手了，得到了领导的表扬，多篇新闻稿还上了军区的简报。

除了写，我还充当队里的"发言人"，队里每逢重要活动时，我总是被队友们推选为"发言人"，准备发言稿和现场发言。第一次发言时，我也是紧张得手心冒汗，心跳加速，不过，看到队友们鼓励和信任的眼神，我就平静下来，而那些鼓励的眼神和掌声，也塑造了我的另一面。

2005 年 10 月，第十届全运会在江苏南京举行，各路体育精英齐聚石头城，开展四年一度的巅峰争霸。让人难忘的是，我们南京部队游泳队的老战友们

2005 年，叶瑾与南京部队老战友在汤山游泳馆前合影

也得以在时隔 33 年后再次相聚汤山。昔日队友大都从事游泳教练工作，其中包括我在内，有 7 人在专业队，6 人在业余体校。这批游泳队老战友都怀着军人高度的责任感和使命感，辛勤耕耘，业绩卓著，培养的弟子在国内和国际比赛中取得优异成绩，也算是为中国游泳事业做出了自己应有的贡献。

令人感慨的是，当年我们天天深夜训练的游泳馆依然屹立不倒，作为一个历史遗迹，它是我们一代军人成长的共同见证。不过，这里已命名为"汤山温泉度假村"，成了江苏省的著名旅游景点。熟悉的队友，熟悉的场馆，还有游泳馆里飘来的熟悉的硫黄味，勾起了我们多少青春的回忆，那些苦中作乐的日子，恍若昨日……

果壳里的君王

《哈姆雷特》里有一句台词："即使把我关在一个果壳里，我也会把自己当作一个拥有着无限空间的君王。"

在南京部队体工队，我们生活条件和训练条件都异常艰苦，但我们是朝气蓬勃的一群，以苦为乐，苦中作乐。

拦军车

部队在南京城的远郊，生活非常单调无趣。我们这些 20 岁还不到的运动员精力旺盛，总是向往军营以外的地方，仿佛只要离开军营就是世外桃源。

于是，在休息日，我们经常找理由到附近溜达。军营外就是大片的农田，除了肃穆的冬天，到处是生机勃勃的景象。春天，我们走过田埂，在满是油菜花的田野上放歌；夏天，我们穿过树林，在茂密的浓荫中听蝉鸣蛙叫；秋天，我们登上山顶，对着遥远的大江呼喊……

最有意思的是，我们经常去 500 米外的八三医院——并不是为了看病，而是因为那里人来人往、热热闹闹。我们总能找到一个前往的理由：或是去看某个熟人，或是去看身上的小伤小病……

附近的地方都被我们走得烂熟了，我们就向往城市风情。每到周日，我们就早早起床，成群结队地站在马路边，等候路过的敞篷军车，目的地是南京市中心新街口。通常是女孩子打头阵，马路边站成一排，凡是过往的车辆都会放慢车速。一旦拦车成功，一群男队员一拥而上，各显神通，他们顺着敞篷卡车后面的架子，手脚并用，高个子帮忙托举小个子，小个子上去后再去拉大个子。好不容易爬上车，我们像打了胜仗凯旋一样，快活得不得了。尤其是夏天，坐在敞篷车上，风扑面而来，扬起你的头发，一路歌声，一路笑声，仿佛世界都是我们的。当然，冬天坐车就惨了，大家裹着棉大衣，抱成团缩在一起，像残兵败将，一个小时的车程显得特别难熬。

或许军营待久了，我们对城市生活陌生了吧。记得我们第一次坐军车到新街口时，看到街上车来车往，人群熙熙攘攘，一时间人都傻了，不知道该怎么过人行道，显得手足无措。路上行人看到我们傻呆呆的样子，都忍不住掩嘴而笑。

提干照相

1975 年，因为在全军运动会和全国比赛中多次取得突出成绩，我和其他几位战友有幸获得提干，由原来的学员转为干部。这可是我们人生的里程碑，第一次有强烈的成就感。最明显的变化就是着装——学员装是两个口袋，干部装上下有四个口袋。所以，你若是穿四个口袋的军装站在一群学员中的话，就显得鹤立鸡群，无形中把别人比下去了。

1976 年叶瑾提干后的着色冬装照

我穿上新发的干部军装，站在镜子前，觉得特别提气。到了休息日，我就迫不及待地奔向照相馆，把人生中的重要时刻记录下来。照片拍好几天后，我就寄给爸爸妈妈，显摆显摆，让他们为女儿骄傲一下。

提干后的那段日子，我们最喜欢做的事情就是到附近的八三医院去溜达，实际还是想显摆。八三医院的士兵看到我们穿的干部装，马上眼前一亮，显出惊诧的神情。估计他们一定在想：这娃娃脸的，居然是小干部，不会弄错吧。

提干除了服装的区别，我们每月有了非常可观的工资。当学员时，我们只有津贴，男兵 6 元，女兵 6.75 元；提干后，正式拿工资，月薪 52 元。两相比较，真是天壤之别，不亚于一个穷光蛋一下子变成了富翁，有一种一步登天的感觉。我们当然得在部队食堂破费庆祝一下，一方面是感谢领导和教练，另一方面也是安慰没有提干的队友。

半导体收音机

对来自大城市的青年来说，收音机并非新生事物，它早在 20 世纪二三十年代就进入中国，但是，六七十年代，我国经济发展缓慢，人民的物质生活都极其匮乏，电视机和收音机通常只有重要单位、高干和富裕家庭才有，寻常人家一般不敢问津。所以，在当时的环境下，谁拥有这玩意，谁就无形中有了优越感。

叶瑾提干后奖励自己的奢侈品——熊猫牌收音机

因为提干，有了工资，我那有点小小膨胀的虚荣心就有了物质基础。那时，部队吃住不用花钱，我的工资可以完全由自己支配，于是，我就谋划着去买一台收音机。我利用休息天，先去百货商店"侦察"一番，发现只有一个型号的熊猫牌收音机，售价是 120 元，我觉得价格烫手，不敢下手。有人说，旧货商店有二手的，价格便宜。于是我就去看看，发现也要 80 元，无奈之下，我就下决心买了。这是我提干后给自己买的第一件礼物，是积攒了两个月工资后才下手的。在家信中，我特意跟母亲说了这件"大事"，向来节俭的母亲批评我，说我不是过日子的人，太过奢侈。

有了这个宝贝疙瘩，我觉得生活品质和个人地位有了明显提升。每天早晨醒来或训练结束，我都在宿舍里小心翼翼地打开它，收听新闻，欣赏歌曲。室友们也都沾了我的光，成为消息灵通人士。更夸张的是，为了听收音机，隔壁宿舍的战友也常常过来串门，我们宿舍成为"南京军区游泳队新闻中心"。有时候，我关掉收音机，学着播音员的声音和腔调，来一段新闻播报，小伙伴们很捧场，安静地做听众，还给我鼓掌。

打猎、抓田鸡和帮厨

体工队的训练任务繁重，但我们始终充满"革命乐观主义"精神，有自己的解压办法。

我和战友们经常结伴去附近的山地丘陵"打猎"。其实，部队附近的山里并没有走兽出没，我们捕猎的对象只有麻雀。我们一般都埋伏在树荫下，不能发出大的动静，用猎枪的准星对准麻雀的肚皮，瞄准、扣动扳机，然后寻找掉在地上的战利品。但打一枪，鸟便四处逃散，我们就要换一个地方，然后故技重演。天色向晚，夕阳在山，我们把麻雀穿成一串，挑在枪杆上，哼着《铁道游击队》中的主题曲，把欢笑洒在起伏绵延的山峦。

晚上，我们还有秘密行动。按规定，我们是不能擅自外出的，但我们自有办法偷偷溜出去。夏天，捉田鸡（青蛙的别称）是我们最喜欢的。我们拿着手电筒在田埂上行走，寻觅田鸡。稻田里灌满水，有时一脚踩下去会踩到田里，鞋子会粘着湿漉漉的泥巴。青蛙有个习性，就是放开声音"呱呱"地叫，仿佛在说"来抓我、来抓我"。我们循声而进，你只要用手电筒扫射过去，很容易找到田鸡。黑暗中的青蛙最怕光，一旦被强光笼罩，像被施了法术，一动不动。这时，我们只要用最快的速度，用手一把按住它，再放进麻袋里。一般顶多个把小时，我们就打道回府，悄悄把捉来的田鸡交给食堂师傅，第二天，鲜美的红烧毛豆田鸡是我们的最爱，教练也假装糊涂，吃得津津有味。

因为凌晨训练，白天睡完觉后，我们经常去帮食堂大师傅择菜、洗菜、切菜、打下手，有时也尝试着学炒饭、下面条，从师傅那儿偷学几招。潜移默化中，我们也学到了一些烧饭做菜的技能。

当时，每个人的伙食费是每天1元2角，后来涨到1元5角。运动量上去了，我的饭量也上去了，满满的一大碗饭，三下五除二就干没了。由于当时伙食荤菜少，油水不足，一看到我最爱吃的皮蛋，我就控制不住，最多时一次居然吃了8个。大闸蟹是我的最爱，当时外面的价格是5角4分一斤，我们食堂足量供应，每人可领4个。来自北方的队员吃不惯，嫌麻烦，不愿花那绣花工夫，就都堆到了我的面前。我自然来者不拒，正中下怀。有一次，我从晚上6点吃到9点，把12个大闸蟹全都消灭，吃得舌头都麻了。过瘾！

看书和练字

虽然在那个年代，读书无用论思潮泛滥，但我喜欢读书，一方面是受家庭氛围的影响，另一方面，我觉得书中有另一个世界——眼睛不能到达，但心灵可以。

我喜欢《欧阳海之歌》《苦菜花》《英雄儿女》《钢铁是怎样炼成的》等畅销书，这些充满英雄主义色彩的人物，总是激励我在社会主义建设的伟大事业中建功立业。除此之外，我也几乎借阅了当时我所能借到的国内外的名著和名人传记，譬如四大名著《红楼梦》《水浒传》《三国演义》《西游记》等，又譬如《基督山伯爵》《复活》《斯巴达克斯》《福尔摩斯》等外国名著，再有《居里夫人传》《贝多芬传》等名人传记。时空的巨大转换、故事情节的跌宕起伏、人物的悲欢离合，对我来说，每一部小说，都是一次奇妙的游历和精神的洗礼。有人说，阅读大师，读懂读不懂都有收获。确实，许多书，我看得比较快，囫囵吞枣，不求甚解，但总让我有感而发。作为一名军人，我觉得，书涵养了我英雄主义的气概，又浸润了浪漫主义的情怀。

说来也怪，我不怎么看童话，觉得那是梦幻世界。或许，我们成长的年代，大都是具有宏大叙事背景的现实主义风格作品，对英雄人物的歌颂是主旋律。所以，我们总在现实生活中寻找支点，少了一些"不切实际"的幻想。如今上了年岁，我依然保持阅读的好习惯，喜欢下载手机软件来听书。

在部队，我还喜欢练书法。每天训练结束之后，回到营房，只要有空余时间，我就练习毛笔字、钢笔字。部队是革命的熔炉，鼓励我们学文化、提升文化修养，引导我们动静结合，把读书写字作为人生的一种修炼方式。

叶瑾在练习书法

随着年龄的增长，我至今还保持着习练书法的习惯，有空闲时就会摆弄一下笔墨纸砚，选一本名帖，挥毫泼墨。在方寸之间，总让人思接千载，心游古今，书有终而意无穷。

小叶教练

在 1975 年全军运动会上，我们南京部队大获成功。比赛结束后，刘宏队长问我们有什么愿望，队友们异口同声地说："爬长城！"

"不到长城非好汉"，长城是我们从小向往的地方。

看着我们渴望的眼神，队长满足了我们的愿望，安排了长城一日游。印象中，我们坐了很长时间的汽车才到达八达岭长城。一路上，我们饱览沿途风景，不时追问什么时候到长城，一心要当好汉。

叶瑾与南京部队游泳队战友在长城合影（左一为叶瑾，右一为刘宏队长）

终于，我们远远看到了长城，它犹如一条长龙，在崇山峻岭之间蜿蜒盘旋，延绵不绝。

我们拾级而上，山逐渐在我们的脚下。登高望远，我们马上联想到杜甫的诗句："会当凌绝顶，一览众山小。"

我们心潮澎湃，有人还高声朗诵起毛主席的《沁园春·雪》：

北国风光，

千里冰封，

万里雪飘。

望长城内外，

惟余莽莽；

大河上下，

顿失滔滔。

……

但是，这是热情似火的五月，并非雪落霜天的北国之冬，似乎意蕴不对季节，但欣赏那锦绣山川的雄浑壮美，真的让人心生豪迈，从心底发出对祖国的热爱。

走着走着，我不禁关注脚下的长城，这千古奇迹。我抚摸城墙上的青砖，思绪纷飞。我在想：每块青砖都承受过无数的风霜雨雪，孤立地看，它似乎不显眼，是长城的微不足道的一分子，但正因为无数的青砖并肩相连，才成就万里长城。长城是一个建筑奇迹，凝聚了中华民族的智慧，也象征了我们民族的伟大力量、坚定信念和顽强意志，中华民族历尽劫难而不倒，是因为有我们勤劳善良的人民团结一致，以默默的牺牲，写就了中华民族的巍巍史诗。

长城之游是一堂生动的爱国主义教育课，给我留下了难忘的印象。怀揣着军运会的金牌，我暗暗立下雄心壮志——中国游泳还远远落后于世界，我要用自己毕生的努力，去实现自己的梦想，为中国游泳赶上世界水平，做出一名中国军人应有的贡献。

就在我立志在游泳领域大干一番的时候，意外猝然而至。在一次体检中，医生在我的心电图报告中，写了"T波异常，冠心病风险"等字样，告诫我，我的身体已不适宜继续从事高强度的专业训练！

这真是晴天霹雳！我心里万分着急，怎么办？退役、离开游泳池？我又伤心又委屈，难道那么多年的努力都白费了？

很长一段时间里，我意志消沉，对未来充满了恐慌，毕竟自己只有20岁。

好在天无绝人之路，上天为你关上一扇窗，同时也为你打开了另一扇门。刚好部队缺少教练，有意从优秀运动员中物色选拔教练。基于我在各项比赛中的优异成绩和良好的人际关系，运动员们一致推荐我当教练，而游泳队队长刘宏也有意培养我，结合民意和领导两方面的因素，我成为南京部队首批从本队运动员转岗为教练的第一人！

我欣然接受挑战。全新的角色、全新的任务，我站在事业的起点，憧憬未来，但我也深知，无数考验在等待着我。

执教之初，没有任何一个教练给我指导和帮助，或许，教练这个行业就是要凭自己的经验和悟性，在不断的实践中积累经验吧。我不懂如何制订训练计划，只是凭着做运动员的经验，依葫芦画瓢，机械照搬教练的那一套，开始独当一面地工作。

叶瑾执教后的第一张照片

当运动员时，我的生活很简单，只要专注于训练、努力提高运动成绩就好了。可是，作为一名教练，我关注的对象是运动员，我要发现他们身上的优点，更要发现他们的缺点和短板，然后制订有针对性的训练计划，来不断提升运动成绩。这是一个从用力到用脑的变化，角色的变化太大了。我的全部心思都扎在了泳池里，要思考、摸索、总结队员在每堂课的表现和细微变化，每次测试或比赛后，我都会进行整理，自己琢磨、研究，回过头来反思自己的训练方法是否得当。我慢慢发现，自己乐在其中，运动员取得一点点的进步，对我都是莫大的鼓励。经过一段时间的磨合，我的工作赢得了大家的好评。

1976 年底，游泳队有一批新队员进队，分配规则是，一个成绩好的队员搭配一个成绩差的。由于我的资历浅，原本分配给我的好队员都被别的教练以各种理由要走。作为小教练，我人微言轻，别无选择，只能从"矮子里拔将军"。

于是，我有了两名正式队员：卢欣和杜枫。这是两个来自黑龙江的小运动员，我和她们同吃同住同行。我们选择在距离北京市区很远的北京体育学院（现北京体育大学）集训三个月，那时候北京体院的周边非常偏僻，我一头扎进游泳馆里，把全部心思都用在这两个队员身上，就连近在咫尺的圆明园遗址都没有去玩过。

刚做教练那会儿，我不知道如何制订训练计划，只能向书本学习知识。当时，我找到一本美国游泳传奇教练詹姆斯·康希尔曼写的《游泳新科学》，

登黄山时合影（右一为杜枫，右二为卢欣）

如获至宝。书中读到持续训练、任意变速训练、间隙性训练、目标敲定训练和短冲训练等方法，我的思路一下子被打开了。我在实践中尝试这几种方法，并结合两位运动员的优缺点，因材施教。每堂训练课后，我就在脑海里"放电影"，回顾整堂课，思考得失，再与运动员进行思想交流，帮助她们日有精进。

　　训练只是一个方面，如何处理好和队员的关系也是一门学问。作为教练，我和她们同吃同住，还要手把手去教她们做人做事，这个平衡点很难把握。卢欣和杜枫当时都在身体发育期间，体重飙升，力量却跟不上，因此我的首要任务就是控制她们的体重。当时学校伙食一般，只有稀饭、小米粥、大馍馍，正常情况下，她们一顿饭吃两个馒头，我只允许她们吃一个。我告诉她们："不要着急吃，要细细品，一口一口慢慢嚼。"结果，两个小女孩坐在食堂里，一人拿着一个馒头，与其说是在啃，不如说像是在研究馒头，引来旁边学生好奇的目光。由于两个丫头年龄小，只有十三四岁，不会料理自己的生活，我只好耐心帮助她们洗衣服，教她们整理房间。

"只要功夫深，铁杵磨成针"，我相信努力就会有回报。卢欣和杜枫虽然身材不高，不算是传统意义上的游泳好苗子，但是水感好。我注意到，卢欣的速度有优势，杜枫的耐力更突出，两人的特点不同，训练计划也要有所区别。从饮食到训练，我一点点地抠细节，她们也积极配合，成绩一点点提高。在我的精心打造下，她俩很快成了队伍中的顶梁柱，卢欣在 1979 年的军区运动会上获得 100 米自由泳亚军，战胜了那些公认的优苗，队伍中的教练员和运动员开始对小叶教练刮目相看。

1980 年，卢欣被调入其他教练组，杜枫则被八一队教练选走了。

黄山冬训

1977 年是新中国历史上重要的一年。在经历了"文革"十年后，各行各业百废待兴，中国正酝酿着惊天的改变。这一年，邓小平同志复出，开始拨乱反正，最大标志事件是恢复高考。当年 12 月，有 570 万名考生参加了"文革"后的首次高考。

大地回春，春江水暖。作为"文革"时期的一代青年，我们深知在中国这片古老土地上发生的深刻变化。围绕"解放思想、实事求是"大讨论，部队在组织思想上正本清源，我们南部体工队结合实际工作开展学习讨论，决心以训练工作的优异业绩，把被"四人帮"耽误的时间和造成的损失夺回来。

1977 年底，我们全队赴黄山冬训。全体人员坐着两辆敞篷大卡车从南京奔赴黄山。公路坑坑洼洼，卡车一路颠簸，我们坐都坐不住。开始时，大家还硬挺着保持坐姿，可是坐了一会儿，所有人都改为卧姿，躺在车斗里。天寒地冻，又是敞篷，我们把能穿的衣服都穿在身上，裹着棉大衣挤成一团，彼此汲取着那一点点温暖。在经过一段漫长的沉寂之后，不知是谁喊了一声：

"小叶教练唱首歌吧！"大家纷纷附和，表示赞同。于是，我清了清嗓子，唱起了《歌唱祖国》：

> 五星红旗迎风飘扬，
>
> 胜利歌声多么响亮；
>
> 歌唱我们亲爱的祖国，
>
> 从今走向繁荣富强。
>
> 越过高山，越过平原，
>
> 跨过奔腾的黄河长江；
>
> 宽广美丽的土地，
>
> 是我们亲爱的家乡，
>
> 英雄的人民站起来了！
>
> 我们团结友爱坚强如钢。
>
> ……

在嘹亮的歌声中，我想象着自己越过高山，越过平原，越过黄河长江，全然忘记了颠簸，忘记了寒冷。我的歌声让大家情不自禁地跟唱起来，跟唱的人由少变多，声音由弱变强，渐渐地全车的人一起放声高唱，声音激越，充满无比的自豪。原本那一个个落魄的灵魂，瞬间振作起来，俨然是大地的主宰。

伴随着歌声，我们终于在华灯初上后抵达黄山。

黄山的 25 米游泳馆也是温泉泳池，没有暖气，水温高、室温低，所以，泳池成天都是雾蒙蒙，我们自开玩笑：我们生来就高贵，原本就是仙女，现在不过是在另一地方下凡罢了。因为没有保温设备，泳池的水到晚上就要降温，所以我们要隔两天放掉一些泳池里的水，然后放入温泉水，手动调节到合适的水温。

有一次，我们接到临时通知，晚上可以看电影。看电影可是非常奢侈的娱乐活动，我们个个喜出望外，兴奋不已。于是，我们就想利用时间差，在电影开场前先放掉多余的水，看完电影后关掉水阀，到第二天训练前再注入些热水。可是，电影散场后，我们都沉浸在影片故事情节中，一路热聊，完全忘记了关闸的事情。结果第二天，当我们再次走进泳池时，发现一池子的温泉水都被放光了！我们几位教练面面相觑，而队员们则窃喜不已。要放满一池水，需要几个小时，还要等温泉降温。水上训练显然没法进行了，于是教练组临时决定：全体陆上训练——爬黄山。所有队员都欢呼雀跃，像过大年似的。

爬黄山可不比登长城，对我而言，那是历险。虽然我从小是个假小子，参加冬泳，横渡黄浦江，但爬山完全是另一种体验。当时，黄山只有土路，一路曲折蜿蜒，风景虽好，却让人步步惊心。沿着迎客松方向的小道，有一段特别陡峭的路，左边是山崖，右边是悬崖，走到那里时，我站在原地，再也挪不动脚步了，生怕脚一滑，掉入不测深渊。我手足无措，吓得哭了起来，

南京部队游泳队全体战友在迎客松前留影（一排左一应静莉教练、右一叶瑾教练、二排左一刘宏队长，三排左一侯远魁教练、左四罗惠明教练）

眼看着其他队员和教练都过去了，只有我还在那里抽噎，简直狼狈至极。后来，我都不记得是怎么走过去的，印象中似乎是一个男队员伸手拉着我，我一边哭，一边颤颤巍巍地走过了那段险路。

不过，黄山最险处还在后头，是天都峰上的"鲫鱼背"，两侧千仞悬崖，深邃莫测，刚才还是勇士的男队员都魂不附体，他们都是用双手、双腿、再加臀部的"五点式"贴地爬行法，我更是吓得喊爹哭娘，双腿像灌了铅，不敢移动。眼看着大伙都过去了，都是成功者，唯有我这个失败者。于是，在大家的鼓励下，男队员们左拉右接，我总算是渡过了这艰难的一关。

黄山冬训条件艰苦，生活方面就更别提了。按说队伍应该保证运动员必需的营养，可是，我们居然几个月都没有见过鸡蛋，不记得鸡蛋炒出来是什么颜色、什么味道了，吃肉更是奢谈。春节前夕，部队领导来慰问我们，带来几箱午餐肉罐头，我们自然都是眼睛放光。吃了那么久的青菜，一见到我最爱的午餐肉，我就连罐头铁皮盖上挂着的那层猪油，都小心翼翼地舔干净了！一顿饭没吃别的，眼里嘴里只有午餐肉。结果吃完后，我就因为急性肠胃炎发作，全都吐了。之后的这些年，我再也没有吃过午餐肉。

在那种条件下，我们除了训练，其余时间没有什么娱乐活动。为了消磨时间，我们玩起扑克牌。因为我是年轻教练，容易和大家打成一片，队员们都喜欢聚到我的房间来打牌。只是房间很小，只能放两张单人床和一张桌子，顶多10平方米。打牌的规则是，输掉的人要被刮鼻子。按理，输赢乃兵家常事，刮鼻子也没什么大不了。可有一次，轮到一个男孩子输牌，赢家是个女孩子，大家都在笑闹着惩罚他，而这男孩想要赖。他一个转身，脚踏在床上，想跳出窗户往外跑。这搁在他自己的房间，一点问题没有，因为他住的是一层，可这是在我的房间，是二楼，怎么也有将近三四米的层高吧。他这一跳，太吓人了，大家都傻了，目瞪口呆地看着他飞了出去。我们愣了一下，一起发出尖叫，挤到窗口往下看。那时外面还在下雪，他飞出去后，摔在雪地上，幸亏只是扭伤了腰。

　　意外是人生的一部分，但我不希望再有这样的意外。作为教练，抓训练是本职工作，但运动员的安全其实更为重要。运动员少小离家，父母把孩子交给部队，我们就要照顾好每一个孩子，这是教练的职责。

　　在我的教练生涯中，碰到过许多次紧急情况，其中半夜带队员看病的经历，至今记忆犹新。

　　当时，我们南京部队游泳队住在军区大院家属楼，有一天，深夜12点多，组里队员来敲门："叶练，不好了，周虹发高烧，你快去看一下！"我二话没说，心急火燎地往运动员宿舍跑。由于队里没有医生，也没有退烧药，我必须及时把她送到医院。事发突然，又是半夜，我不方便去找其他教练商量和帮忙，只能推出我的那辆26寸永久男款自行车。她烧得满脸通红，迷迷糊糊，人东倒西歪，站立不稳。我本想让她坐后座，但她身材高大，有一米七二，坐不稳，如半路摔下去就麻烦了。我只能艰难地搀扶，让她坐在自行车前面的横杠上。为了保护队员，只有一米六〇的我，必须身子前倾，胳膊和手要铆足劲去控制车把，同时又要用胳膊固定住孩子，努力去看清道路，脚还要使劲蹬车。

　　深更半夜，路上一片漆黑，寂静无声，看不见一个人影。我心里发慌，很是害怕，能听到自己打鼓一样的心跳和喘气的声音，但我必须镇定，尽量和队员说话，让她保持清醒，不要迷糊过去。路上没有路灯，天又特别黑，幸亏没有往来车辆，否则一不留神，可能造成险情。大概骑了20多分钟，胳臂和腿累得直打战，身上出了一身汗，终于来到了南京军区总院。

　　还有一次，也是在夜里，队员孙欣体温烧到了40摄氏度，我赶紧把她送到医院。没想到值班医生是个新手，没什么经验，一看到孩子高温，脸上露出了茫然的神色，有些不知所措。我气得火冒三丈，好像突然点燃的爆竹，对着他噼里啪啦地一顿训斥："我告诉你，你必须马上采取措施。这孩子父母不在身边，我是她的监护人，小孩子有什么三长两短，我就找你算账！"面对我的训斥，这个大夫居然去翻看医书，临时抱佛脚！我看他手忙脚乱翻书的样子，有点哭笑不得，心想：大概是遇到实习医生了，于是赶紧建议说："医生，你起码要给她降温处理吧，找个冰袋来也是好的。"在我的提醒下，医生让护士拿冰袋给孙欣敷上，体温慢慢降下来。另外，也吃了退烧药，孩子迷迷糊糊睡了一觉。早上醒来，孩子独自起来上厕所，我因忙碌了大半夜，睡着了。我突然听到"嘭"的一声，知道情况不好，急忙赶到卫生间，看到孩子倒在了地上。我费了九牛二虎之力才把她拽起来，搀扶她到了病床。到了早晨医生来了，重新调整了治疗方案，我悬着的心才算放了下来。

在我的记忆中，从军五十载，我没有在医院为家人陪过一次夜，但在部队，却有很多这样的无眠之夜，我就是运动员的"全职父母"。

缘来挡不住

如果青春是一首诗，那么，爱情就是诗篇中的高潮部分。

人们总说，爱情可遇而不可求。缘分是一种奇妙的东西，有时候，它可能是一封信件，一次邂逅，甚至是一个眼神。对于我，那是一次相亲的乌龙事件。

我和他的相识富有戏剧性。媒人是解放军八三医院的护士长，她人脉广，非常热心，最初打算是把我的闺密介绍给男方。没想到，我的闺密特仗义，说道："叶瑾，你也没有对象呢，男方比你年龄大，就给你先看得了。"有一天，护士长送来男方的照片，我故作神秘地在闺密面前扬了一下装照片的信封，闺密像被勾了魂一样，立马凑过来。我们悄悄地掩好宿舍的门，然后抽出信封里的照片：男子也是一身军装，一张帅气憨厚的脸，非常精神的小伙子！不知道出于什么心态，我俩看了一眼照片后就爆出一串笑声。当我俩冷静下来后，可能我的年龄稍大些，考虑得多一点，懂得女孩应该要"稳重"一点，当即对闺密说："我们双方介绍人都不相识，互相不了解，直接让我去见男方是不是有点唐突？我要不先见一下男方介绍人，让男方介绍人判断一下，我和男方是否合适？"经我俩商榷后，把想法告诉了护士长。护士长觉得有道理，同意先带我去拜访男方的介绍人。男方介绍人是南京部队后勤处的干部，问了我一些关于游泳训练比赛和家庭背景方面的情况，我从他对我投来赞许的目光推测，他应该

叶瑾与赵华新结婚照

对我非常满意。果然，男方介绍人当着护士长的面，夸我家庭背景好，工作出色，性格气质俱佳，是"打着灯笼也难找的好姑娘"！

于是，"历史性会面"就定在了男方介绍人家里。

一个周末的晚上，我和闺密如约来到男方介绍人家里。一位叫赵华新的男士已经提前到了，见到我们，他立马站起身问候，很有绅士风度地让出自己坐的沙发，然后就坐到高高的床沿上。为了打破初次见面的紧张和尴尬的局面，闺密主动对赵新华递过话去：

"你们文工团，挺有意思吧？"

没想到，对面的男士淡淡地说："没有什么意思。"

"你在文工团扮什么角色？"闺密紧接着问。

男士："不重要的角色。"

闺密："那你们待遇还可以吧？"

男士："一般般吧。"

……

两人的对话像白开水，品不出一点味道。

"会不会聊天啊，怎么这么无趣？"我嘴上没有言语，心里却在嘀咕。

在这种略显尴尬的氛围中，男士借故离开了一会儿。后来他跟我坦白说：

"我是有意离开，给你们时间先议论议论我。"其实，他是一个有心机的人！

这样沉闷的见面没有持续多久，闺密找了个理由，先行离开了。我和男士聊了一会儿，也提出要回营房，男士主动提出送我。

或许是离开了那个特定的环境吧，我突然发觉，刚才在介绍人家里有些沉闷的他，竟然非常健谈。他问了我一些熟悉的话题，比如体育运动，比如看书和最近的电影，我们相谈甚欢。送到军营门口，他目送我进门，过了一会儿，当我转身回望时，他向我摆摆手。

第二天，闺密打电话探我口风，她觉得男方没有照片吸引人，但我承认我和他聊得很投缘。闺密大笑着说："其实，我一眼就看出来了，他的眼神在你，不在我。还是你们俩谈吧。"

在部队，因为入伍早、成绩好、提干早，又来自大城市，人还算清纯吧，我当时也算小有名气，不乏追求者。但我有一个原则：不找圈内人。对于这个文工团的小伙子，我觉得可以先处着了解。

深入接触之后，我发现他有山东人的憨厚、坦诚和真心。记得第一次见面后，他主动提醒我："一般人对文艺兵有偏见，你也不用先做决定，回去先征求父母意见吧，如果他们同意，那就最好不过了。"

我想，或许他有过"一朝被蛇咬，三年怕井绳"的心理阴影吧，否则何出此言？但转念一想，我们之间也确实存在差距：我是正营级，他是副连级；我是党员，他是非党员；我算是体工队比较成功的教练，他是文工团的一名普通演员。

但是，正是他的低姿态，他那通情达理的话，一下子打动了我的心扉。我觉得他能开诚布公，又善解人意，很尊重对方的长辈，是一个有修养的人。

我们正式交往后，平时性格大大咧咧的我，总能感受到他对我的细心和爱。

我是一个慢性子的人，每次约会，我都会磨蹭几分钟，他总是和颜悦色。有一次见面，他手里拿着已经融化了的冰砖，我惊讶道："你怎么不吃？"他无奈说："这是专门给你买的！"

还有一次，他买了一包我最喜欢吃的南京鸭胗肝，塞给我。我自己吃一块，也递给他一块，这样的动作重复了很多遍。等我手里的鸭胗肝吃完了，他就有节奏地往我手里递。我纳闷：这包鸭胗肝的量怎么这么大呢？我误以为是两个人在吃，其实他根本没吃，只是替我留存而已。就这样，这一包鸭胗肝全都被我消灭了。

他第一次请我吃饭，特意选了一家西餐厅。他像煞有介事地点七成熟的牛排，可手里拿着的刀叉不听使唤，显得笨拙。他自己笑了，我也笑出声来。原来，他压根儿就没有吃过西餐，也从没到过西餐厅。而我从小身居大都市，家境不错，有机会在上海红房子之类的西餐厅开洋荤，自然能识破他的天机。

他解释说，第一次请女朋友吃饭，一定要正式，这样才显得有品位。

我父母在上海，他没有表现的机会，但他会"曲线救国"。

我的小姨妈住在南京，我会经常去看她。每次，他会备好礼物，跟我一起去。到了姨妈家，就抢着拖地搞卫生，他还帮着搭建阁楼、油漆地板，显示他的勤劳和能耐，小姨妈直夸他能干。他们文工团到苏州演出时，专门去我外公家，带去礼物，嘘寒问暖，还帮忙打井水，外公外婆喜欢得不得了。

那时，他还没有见过我的父母，但他已经把我周围的亲人都搞定了。大家一致的评价是："华新人真好！"

攻城之计，攻心为要。经过两年的交往，我终于认定了他。1983 年 2 月，我们南京军区游泳队在北京总政大院训练，一时回不了上海，他就来北京看我，我们就到北京东城区民政局领了结婚证。

同样戎装在身，同样经过部队熔炉的锤炼，同样是独立要强的性格，我们有着说不完的共同话题。日后相处的岁月证明，他是真正的男子汉——有责任心、能吃苦、重担当。在和我确定关系之后，由于部队整编，南空文工团被撤销，他选择到基层部队。

其实，他是一个相当有天赋的演员，在青岛时，他和唐国强等人师出同门，与倪萍是同一届的文艺骨干。在空政歌剧团时，他在第三代舞台剧《江姐》中扮演过角色。他擅长朗诵，声情并茂，能迷倒观众。记得他第一次在我面前朗诵的作品是高尔基的《海燕》，那带着磁性、激情、坚定、昂扬的声音，让我惊呆了。就是到现在，我也喜欢听他的朗诵，还是特别陶醉。

在基层连队，他不怨天尤人，从管理员干起。清晨，天还没亮就到食堂，炸油条、煮面条、做烧饼，样样能干；晚上，挂着军用挎包卖电影票。难能可贵的是，不管再忙再累，他都能把家里家外的事安排得妥妥当当，大到我们游泳队宿舍的装修、队员外训和比赛，小到七大姑八大姨的生日，他都能关心到。我经常开玩笑说："你真是一个不怕苦、不怕累的好男人。"

1983年9月27日，这是特殊的一天，我的婚礼就在这一天举行。因为全运会刚结束，母校长乐路第三小学举行了全运会选手载誉回母校活动。虽然百事缠身，但我欣然参加。学校举行了特别的仪式，少先队员代表为大哥哥、大姐姐们佩戴红领巾，还赠送绣着"拭汗思亲"字样的精制毛巾。在外拼搏十多年后，重返故地，自然心潮起伏，比站在游泳比赛领奖台上还激动。我想，我的一切荣誉都有母校、老师和亲人的功劳。

20世纪80年代初，物质生活还非常贫乏，结婚后很长一段时间，我们没有住房。多亏男方介绍人的父母是军区后勤部干部，他们家有一间空房，位于南京军区后勤部的一幢家属楼，让我们住过去。房子朝北，约12平方米，有一张床，一个小卫生间，冬天特别冷，没有暖气，更不可能有热水。我们就在这样的环境下度过了最初的婚后生活。体工队领导得知我婚后没有住房，为让我安心训练，免于路上奔波，想办法在女运动员宿舍楼上，找了一间房让我们住，但没有卫生间，也没有厨房。这些困难我们自然能够克服，不过最麻烦的是，丈夫部队在远郊，每天早上上班6点多必须出门，而运动员宿舍楼规定6点半才开门！每天早晨，他只能在铁门内等待，然后，在"哐啷"

的开门声中，第一个走出去。

由于全军有军人运动会的任务，我们一再推迟要孩子的计划。我女儿出生是在 1987 年，那时我已经 31 岁了，在当时绝对算是"高龄妈妈"了。

在以后的岁月里，因为我长期在八一队、国家队，和丈夫总是聚少离多。每次他来北京，走的时候总会留下厚厚的一摞钱，放在我的皮包里，提醒我照顾好自己，别舍不得花钱。女儿也基本是他和我父母一起带大，后来女儿去国外留学，他每次和我相聚的时候，都会给女儿打国际长途，让我们一家三口短暂地团圆。女儿由于长期不在我身边，对我有点疏离感，跟我话不投机。于是，他总是跟女儿说："你妈妈在身边，你和她多说说话啊……"

他支持我的工作，有时还会给我制造浪漫。我在北京国家队训练，只要有时间，他会利用节假日来北京探班，经常是到了我们公寓大门口，才给我打电话：

"你在哪里啊？"

"在公寓。"我说。

"你下来吧，我在门口！"没想到，他会突然出现在我的面前，给我意外的惊喜。

在我们的两人世界里，一个人在前线，一个人在后方；一个人看似荣誉等身，却是以另一个人的牺牲为代价的。

当我带领运动员在前方冲锋陷阵、在世界顶级的泳池里争金夺银时，我会全身心投入，因为我知道我的丈夫在全力支持，是他能让我专心致志做好教练工作。只要有他在，我就笃定地确信：家里的一切都会平安顺利。他是我的主心骨，是我的后勤部长，更是我的好参谋。

每次看到丈夫，我都会想到那首《十五的月亮》："军功章啊有我的一半，也有你的一半。"

战争年代，那是血与火的洗礼；和平年代，竞技体育的舞台是另一个战场，没有刀光剑影，却关乎一个国家、一个民族的荣誉和尊严。

　　新中国体育事业经历了无数的曲折坎坷，我们这一代人可谓生逢其时，虽然在做运动员时，中国体育尚未回归奥林匹克大家庭，但在我做教练之时，中国正拉开改革开放的大幕，开启了波澜壮阔的伟大征程，中国体育也在一个较低的起点上重新出发。

第三章　加入海军

从巅峰到谷底

1983 年，南京军区体工队任命我为游泳队总教练。那一年，我 27 岁。

上任不久，经过紧张的备战，我们南京军区游泳队在全国比赛中有出色表现，女队获得团体冠军，男队获得团体亚军，取得历史性的突破，南京部队游泳队也一跃成为全国游泳列强中的强队。

由于我所带游泳队取得的突出成绩，这一年，我被全国妇联授予"全国三八红旗手"的光荣称号。

1984 年叶瑾参加建国三十五周年庆典活动现场

1984 年 10 月 1 日，首都北京举行了欢庆中华人民共和国成立 35 周年的盛大庆典，我有幸作为南京军区的英雄模范代表参加盛会。当时南京军区共有 20 名代表，其中 2 名女代表。我光荣地登上了天安门观礼台，接受了党和国家领导人的亲切接见。中共中央副主席、中央军事委员会主席邓小平同志在庆祝典礼上检阅部队并发表重要讲话。

作为一名普通教练，这是我终生难忘的时刻。在嘹亮的军乐声中，我目睹了三军仪仗队的威武雄壮，领略了人民解放军各兵种指战员们的豪迈气概和保卫国家的无比决心，见证了我国国防建设所取得的巨大成就。

阳光洒在观礼台上，把观礼台上的人都镀上了一层金光，我心里暖洋洋的，骄傲和自豪之情油然而生。我为自己是中国人而骄傲，为自己是一名军人而骄傲，为能见证和投身于这欣欣向荣伟大祖国的建设事业而骄傲。

作为一名部队体育工作者，我还想到的是中国体育人的使命和担当。中国体育事业在改革开放的短短几年内，就取得了举世瞩目的成就，尤其是洛杉矶奥运会，中国代表团不仅取得了奥运史上金牌零的突破，而且还取得了金牌数第四的优异成绩，鼓舞人心。同时，作为游泳教练，我也清醒认识到中国游泳与世界水平之间还有很大的差距，我们必须只争朝夕，拼搏奋斗，才能迎头赶上。

我的人生翻开了新的一页。乘着参加国庆观礼的东风，我回到南京部队后，更是以百倍的干劲和激情，投入工作之中。我们南部游泳队也一路高歌，在全国比赛和世界军运会上取得优异成绩。为此，我几乎享受到了我所能得到的所有荣誉和待遇。

但是，一次特别的谈话，却改变了我的人生轨迹。

那是 1987 年春天的一个上午，体工队队长贾祥琪找我谈话。我发现领导的态度很特别，比以前更和蔼亲切，主动为我沏茶，并离开他的座位，拉了把椅子，坐在了我的面前。我从这个肢体语言判断，一定有大事情要发生。

果然，领导一个劲地夸我，对我的成绩、荣誉如数家珍，包括在运动员期间取得的各种成绩，任教练期间如何填补南部体工队的一项项空白，特别是作为最年轻的总教练，率队拿到全国女子游泳团体总分冠军，实属不易，功不可没。所以，部队非常感激你……

尽管我还年轻，但我知道，领导要说的重点还在后面，我静静地看着领导，期待着他的下一步指令，会有什么事情发生呢？我心里转了好几圈也想不出来。在领导为我续了一杯茶后，终于说到了重点：解散游泳队，调整我的岗位！

其实，从 1985 年开始，部队就传出要裁军的消息。这是一项极其艰巨的政治任务，根据中央军委的指示，全军进行整编，裁军的目标是 100 万。南京军区为了完成目标任务，决定解散游泳队。领导考虑到我业务的专业性，又那么年轻，前面积累那么多，现在要彻底抛开这些，肯定难以接受，为此，领导表示：你有什么困难，只管提，只要组织上能够做到的，尽可能予以解决！

听到这个决定，简直五雷轰顶！我一下子觉得头重脚轻，陷入了失重的状态。眼看着领导嘴巴还在动，应该是在说很多安慰的话吧，但我心里一团乱麻，什么也听不清楚，我不知道是怎么离开领导办公室的。

等我清醒过来的时候，我正坐在宿舍床上发呆。我回顾自己的人生轨迹：从小时候第一次走进游泳池，听到发令枪响吓得浑身发抖，到进入南京部队做专业运动员，再做教练员，人生真是白驹过隙，太快了，仅在南京军区就度过 17 年的光阴。就在事业刚刚出现光明，准备大展拳脚的时候，命运给我按下了停止键。

此时，我似乎听到一个声音：回家吧，你还年轻，回到地方，你能从头再来。

接着飘来另一个声音：你才 30 岁，舍得脱掉这身军装吗？

惶恐、彷徨、失意，我心中的远方在哪里？

那些天，我默默地流泪，仿佛又回到了 16 岁时以泪洗面的那段时光。那时候，我可是舍不得离家，舍不得离开父母，舍不得离开熟悉的环境；这一次，我是舍不得部队，舍不得队员，舍不得这身戎装和碧池里的梦想。

丈夫一直陪伴我、安慰我，给我出主意："如果你想留在部队，我们去找领导说说，也许还有别的机会和选择呢？"

长这么大，从来都是领导找我，我没有主动去找过领导，这时候去找领导行吗？看着我疑惑的表情，丈夫这样鼓励我。

我终于鼓足勇气，来到领导办公室。可能是因为我曾经为部队做了一些小小的贡献，也可能是被我的执拗和诚意所打动，我被允许留在部队，但我的职位是南京军区政治部信访处的一名工作人员。

脱下运动服，我的生活从喧嚣热闹、充满激情和挑战的游泳池转换到了安静、简单、重复的办公室。信访办公室只有三个人：处长和我，还有一位干事，上班的 8 小时好像被按了慢进键。通常是端一杯茶喝半天，拿一张报纸翻来覆去看，如果接到上访信件，要先用微波炉消毒，然后记录信件内容和抄写内容摘要，这就是我的全部工作。或许，对某些人而言，这是最理想的工作，但对我这个习惯于雷厉风行、永远追求更快、更高、更强的体育人来说，我内心有一种隐隐的疼痛。我不能像钟摆、像齿轮一样，恒久不变，难道我今后几十年都会是这样的节奏吗？

一天，两天，一周，循环往复；一月，两月，一年，我体会到了什么是度日如年。工作中我最快乐的时候，就是处长向我招招手，给我布置任务："小叶，你过来，有个事情交给你办一下。"接到任务，我立刻跳起来，急匆匆地冲向自行车，以阿姆斯特朗式的冲刺速度飞离办公楼，冲进外面的广阔天地。可是，有特殊任务的时候少之又少。

我终于明白，办公室这种固化的生活和氛围不太适合我。我喜欢挑战，喜欢速度和激情，喜欢在泳池里的喧嚣和大汗淋漓的痛快。但是，我还会有这样的机会吗？

两年后，转机真的出现了。历史总有惊人的相似，广州部队游泳队和海军游泳队几乎同时向我抛来了橄榄枝——这和我当年被上海市少体和南京部队同时录取的情形如出一辙，让我喜出望外。广州部队开出的条件非常优厚，也特别有诚意，他们承诺给我提一级军衔，爱人可以随调安排工作，并且还可以分配一套 100 多平方米的房子！海军队的条件是：安排在上海工作，但没有任何附加条件，且三年内不分配住房。

第一次穿上海军军装

对我来说，广州军区给的条件极其优越，特别是 100 平方米的房子，在 20 世纪 80 年代那是无法想象的，似乎是难以拒绝的。但是，海军队的邀请更让我怦然心动，因为上海有我的家，有我的父母、丈夫和女儿，没有什么比回家更让我向往！

1990 年，我正式加入中国人民海军，穿上了梦寐以求的白色海军制服。端详着镜子中的自己，我充满了自豪感，仿佛找回了失去的青春，充满着对未来事业的渴望。我甚至在梦里梦到，我带着运动员出征，身穿中国人民海军制服的运动员站在最高领奖台！

女儿的成长

在南京部队转为机关干部的两年多时间，是我事业的低谷期，但"失之东隅，收之桑榆"，我终于可以停下匆匆的脚步，回归正常人的生活，我不用再为训练比赛奔波。

1987 年 1 月，随着女儿的呱呱坠地，我掀开了家庭生活的新篇章。不过，由于我工作的特殊性，我只请了四个月的产假就回部队，带着队员付钧前往北京八一游泳队参加比赛。女儿出生不久，她就一直随外公外婆生活，所以，当我回忆女儿的成长时，都是一些片断式的记忆。

每次我长时间外出训练后返回上海，只要一打开大门最外侧的铁门，木质的房门还没开启，就能听到女儿"妈妈、妈妈、妈妈"那稚嫩的叫声，在屋内又蹦又跳、急急忙忙的样子。

看着女儿张开双臂向我扑来的模样，我总是揪心极了，眼泪像开了闸一样止不住。作为母亲，我必须承认，女儿的那一声声呼唤，就像鞭子一样抽打着我，让我愧疚极了。

母亲看到我泪汪汪的，不客气地调侃我："你女儿又没受罪，有什么好哭的！"

母亲总是这样坚强、理性，全心全意地支持我打拼。为让我能安心带队训练，她辞掉了退休后返聘的工作，帮我带孩子，从未听到她有任何抱怨。

其实，带娃不易，这是大家都知道的。有一次，父亲偷偷告诉我，母亲带着璐璐（女儿小名）外出上舞蹈课，公交车特别拥挤，上下车的通道被挤得满满当当，母亲好不容易带着璐璐挤上车，但下车时却被人流冲散了，璐璐没有跟着下车。车门关闭了，母亲在车外急得哇哇大叫，使劲拍打车门，还跑到车头要司机不要开车；而璐璐呢，在车上吓得哇哇大哭，大叫"我要外婆，我要外婆"，好心的售票员把璐璐抱起来，从车窗里递了出来，祖孙两人才没有失散。满头大汗的母亲在接过璐璐后，全身都在颤抖，好半天才缓过神来。我听了之后，眼泪唰的一下就出来了，心疼孩子，更心疼和感激母亲。

这么多年来，由于比赛和训练任务在身，分身乏术，母亲对我的支持是全方位的，就连最喜欢我的外公去世、父亲手术住院等重大事情，都是事后才告知，根本别提让我回家了。而我的工作，周而复始，年复一年，从来不会停下脚步。

有一年，我一直在北京带队员训练，好不容易有两个星期假期，回上海家里陪伴女儿，女儿却要出门，随上海电视台小荧星艺术团外出演出。当母亲带着璐璐出门后，家里就剩下我孤零零一个人，我失落极了，我才知道，我对女儿的了解那么少，我为这个家庭做得那么少，连孩子有什么兴趣爱好，交了哪些朋友，我都一无所知。

记得女儿第一次随上海电视台小荧星艺术团出访欧洲回来，我问她："你想不想外婆和妈妈？"她说："想的，我在洗澡的时候偷偷哭了。"孩子还知道要坚强，不能在小朋友面前掉眼泪。

有时候，女儿会问我："妈妈，你是喜欢齐晖姐姐，还是喜欢我？"我回答："谁听话，我就喜欢谁。"孩子一脸羡慕嫉妒，因为齐晖和我在一起的时间，比我们母女俩在一起要多得多，女儿抱怨："妈妈被齐晖姐姐抢走了。"

有一次，难得有空，我带女儿上街购物。走进超市，一路看到琳琅满目的食品，就下意识地说"这是你齐晖姐姐喜欢吃的"，随手将食品装进篮子；不一会儿，我又兴冲冲地说："齐晖最喜欢这个，我得买一点。"女儿半是生气，半是吃醋，"妈妈，你那么了解齐晖姐姐的喜好，你知道我喜欢吃什么吗？"我一下子语塞，被孩子问住了，脑海一片空白，一时还真想不起来女儿喜欢吃什么，愧疚感泛上心头。

随着女儿逐渐长大，她慢慢懂得了我工作的重要性，她开玩笑地宽慰我："妈妈，我再也不嫉妒齐晖姐姐了，你们是日久生情。"

有时候，她还会嘲笑我："哎哟，齐晖走在路上，肯定有不少人会认识她，可你走在路上，又有谁会认识你啊，你还那么敬业干吗？"

女儿到了十二三岁时，变得逆反。我带领队员，一次次获得佳绩，又是立功，又是表彰，但她却并不感到兴奋激动。我问："你就真的一点也不关心妈妈的事情？"

她没有正面回答我。我关注到，她在作文中，还有更让我扎心的描写，"因为妈妈工作忙很少关心我，所以我对她产生偏见。"

叶瑾女儿参加上海电视台小荧星艺术团留影

每次回家，我会检查她的作业，有这么一篇文章让我释然。

"过年了，外面鞭炮声震耳欲聋，妈妈不在身边，我们家少了主心骨，这个年好没意思。但她在国外比赛，当传来她的队员获得了好成绩的消息，我对她的抱怨顿时烟消云散。"

女儿小时候总是抱怨我没有陪她，"你的队员都是你的孩子，他们永远都比我重要！"确实，如果女儿和齐晖同时生病的话，我肯定会去照顾齐晖，因为女儿在家，有家人照顾，而齐晖在队里没有人管，我必须去照顾她。

随着女儿长大，她不再有怨言，学会了独立。高二时，她只身前往澳大利亚墨尔本读书，第一次到学校报到，居然坐车坐反了方向。每天，她一个人走在上学路上，她会打电话告诉我："妈妈，我有点害怕，但是我会一个人唱歌，给自己壮壮胆。"我会不时地在 MSN 上与她聊天，她说得最多的是"我在做作业"。每次只要看见她在线上，我就很放心，心想：这默默陪伴，也是无声的交流。女儿很珍惜在国外读书的机会，一回到自己的房间，就把学校的试卷铺一地，一张一张地做题。她在澳大利亚高中的中文考试能得满分，让我很高兴。有一次，我带队员去墨尔本参加比赛，抽空去了她的中文补习方老师家做客。方老师说："璐璐的朗读很有特色，我把她的朗诵录了下来，作为教材放给其他学生听。"她随手将录音播放给我听，"你听，这就是璐璐的朗诵，你有一个好女儿！"让我很惊讶，我完全听不出来这是自己女儿的声音，因为她从来也不告诉我这些情况。

老师评价女儿"是一个会读书的孩子"。高中毕业时，她在维多利亚州 4 万多名考生中，以前 200 名的排名，考进墨尔本大学。大学里，她的每门功课都优秀，拿到了双学位，五年后学成回国工作。

女儿不仅会读书，她也很注重参与社会活动。她参加了学校的辩论社，担任社长，并代表墨尔本大学参加亚太地区学校辩论赛，获得团体第四名的佳绩，她个人还获得"最佳辩手"称号。在校期间，她利用节假日在学校奶茶店打工。我知道此事后，为她的成长高兴，告诉她："勤工俭学也是体验生活，你能够走出舒适区，敢于尝试和挑战自己，是件好事！"

女儿独立、有主见，行事雷厉风行，其实挺像我的。她心怀感恩，特别是对外婆，感情尤笃。有什么心里话，都会跟外婆说；第一次拿到工资，就想着给外婆买礼物；只要看见外婆，她就会情不自禁地抱着外婆亲亲……

我看到很是嫉妒，就问：

"你怎么不想着过来抱抱亲亲我呢？"

"没有这个习惯。"她的回答很干脆。

"妈妈，虽然你小时候没有很多时间陪我，但你一直都是我的偶像，是我的精神支柱！"我的眼前立刻模糊湿润了。

为了给我一个惊喜，女儿特地为我写了一篇回忆文章。

《我的妈妈》——赵叶璐

在我的记忆里，爸爸妈妈很少在身边陪伴我、照顾我。他们都是军人，部队工作繁忙而神秘，尤其是妈妈，作为海军游泳队教练，还经常到北京国家游泳队，她一周至少工作六天，四十多年如一日，所有的心思都放在培养运动员上，把一生都贡献给了她所热爱的游泳事业，因此，她没有时间和精力管理我们这个小家庭。

……

其实，我的妈妈又何尝不想家，不爱我和爸爸呢？在我心目中，她是一位非常慈祥伟大的母亲，由于她从事的教练工作的特殊性，我们聚少离多，但妈妈为了更多孩子的成长，弃小家、为大家，起早贪黑，无怨无悔。她为了队员的每一点进步和每一次成功，付出了无数的汗水和心血。她待人真诚，和蔼可亲；她循循善诱，教育有方；她意志坚定，善始善终；她遇事冷静，处事果断；她为人师表，用爱心和恒心，燃烧自己，照亮别人……她的优点就像电影一样，一幕幕在我眼前闪现。

人们常说，有得必有失。她所失的是小家，是对我的关爱，但她所得的是弟子们的成长，是一批又一批的优秀运动员站上冠军领奖台。妈妈是我学习的榜样，她用默默的行动，注解了什么是军人的职责，什么是人间大爱。

感恩这份与众不同的母爱。妈妈，我为您骄傲！

女儿的文章情深意长，对我而言，除了感动，就是深深的内疚。

按理，我是专业游泳教练，教女儿学会游泳是小事一桩，但我错过了机会，也永远不能弥补这份亏欠。女儿和水的第一次接触是在她四岁来北京的时候，我带着她去游泳馆训练，给她换好了泳衣后，将她放在泳池旁边小池下水的台阶处。我告诉她不要乱动，就去忙训练了，目光紧追着水中速率极快的队员。过了一会儿，我无意间瞥了一下小池，发现台阶上空无一人，吓得我心脏都停摆了。我赶紧跑过去，只看见女儿在水里手脚并用地扑腾着。我一把将她抱上岸后，她好半天没有言语，就是抱着我的脖子不撒手，身体一个劲地颤抖，她被吓坏了。过了一会儿，她缓过劲来，就一个劲地央求："妈妈，我不要在这里，我不要在这里！"我推测，她年龄小，突然看到这么多大哥哥大姐姐在水里"玩耍"，以为自己也可以做到，就下到了小池里，哪里知道这些哥哥姐姐们都是水里的鱼啊。

险出人命事件后，我不能再大意了，就让我哥哥带女儿去我朋友开设的游泳训练班去学游泳，并万般叮嘱，一定要注意安全！有一次，她问我："妈妈，齐晖姐姐游蛙泳时眼睛是看水面，还是往前看？"我听了一愣，反应过来："你这个问题还很专业嘛。"后来

叶瑾和父母、女儿的合影

教外孙学游泳

我去问齐晖，齐晖说她看水面。我告诉了女儿，她觉得自己学到了一招"成功秘诀"，很是开心。

有意思的是，我没有教会女儿游泳，却有机会指点小外孙乐乐学游泳。一个休息日，他在家做陆上模仿练习，我给他做自由泳打腿的示范动作，想不到，他对我颇有微词，不把我这个外婆放在眼里，并拿教练的要求回怼我。后来，他去海军队游泳馆看热闹，看着泳姿优美、游速飞快的哥哥姐姐们，他惊讶地睁大了眼睛。我故意"显摆"："看，这些队员都是我的学生，他们都是冠军，游得快吧？！"他当时没说话，只是使劲地看。回家后，他似乎非常有心得，说道："外婆可厉害了，我看到队员们都怕她。"他的表情认真严肃，大家全都笑了。

2019 年六一儿童节，乐乐第一次参加上海市六一娃娃杯游泳比赛，游出了 24 秒 18 的好成绩，达到了幼儿组 25 米自由泳打腿一级水平。要知道，他平时一周下水只训练 1 ~ 2 次，平时最快能游 26 秒 5，比赛中一下子提高 2 秒，排名第十三，而前十二名大都是在区体校训练的小朋友。

这次比赛，《新民晚报》记者陶邢莹还专门以"金牌教练的第三代"为题做了报道。

"小朋友第一次参加娃娃杯，超水平发挥，达到了幼儿组 25 米自由泳打腿一级。通过游泳培养孩子坚强、吃苦、克服困难的勇气！"这是我国游泳功勋教练叶瑾在朋友圈的感慨。

叶瑾的外孙龚可轩（小名乐乐）今年 6 岁，学游泳一年。百忙之中，叶瑾抽空去给外孙加油。三个月前，他第一次参加学校组织的游泳比赛，50 米长的标准池，乐乐游到 25 米的时候，有点体力不支，他却没有拉旁边的水线放弃、求饶，而是原地踩水，歇了一会儿，坚持游完全程。叶瑾看到那一幕又心疼又高兴："乐乐游完还吐了，把我吓坏了。但是，他坚持游完全程，表现出了坚持到底的毅力和克服困难的勇气，让我很欣慰。"

再次漂泊

海军游泳队位于虹口区广灵二路 300 号。

当我自信满满地踏入海军游泳队的大门，惊讶地发现，理想很丰满，现实很骨感：海军游泳队居然和南京军区游泳队一样，没有游泳池！队伍只有一名老教练和一名助理教练（系退役运动员），运动员寥寥无几，运动成绩乏善可陈。据说，鉴于各方面原因，海军领导曾讨论过游泳队的存废问题，不过，上级领导最终认为，海军就是与水打交道的，游泳队还是保留为宜。

报到第一天，领导找我谈话，大意是：我有过硬的带队成绩，海军引进我，是希望重塑海军游泳队，但因为我是新人，希望我迅速融入团队，克服暂时的困难，把海军游泳队的成绩搞上去。

在领导的关心支持下，我们游泳队重整旗鼓再出发。我主动融入团队，虚心向老同志请教，也主动关心年轻教练。我的第一步工作是招收运动员，随后，我们带队直接到北京八一队游泳馆借训。这样，我又开启了离开父母、丈夫及年幼女儿的漂泊日子。

万事开头难，运动员训练、生活安排和思想教育，样样需要教练劳心劳神。在经过执教初期的手忙脚乱之后，我渐渐适应了新的工作节奏，形成了自己的执教思路。初到海军队，队伍中各种泳姿和各种距离的选手都有，我一方面要考虑训练教案、水上技术与陆上体能等因素之间的关系，一方面还在尝试新手段。为了强化组织纪律性，我们请来教官，开展军训活动；在生活中，我就把队员组织起来，安排多彩的业余生活，带他们唱歌、学习文化、组织作文竞赛和演讲比赛等。

海军游泳队是部队建制，过硬的思想作风、良好的纪律意识是打胜仗的思想保证。为此，我狠抓队纪队风，对不良行为铁面无私、毫不留情，队员送给我一个昵称——"铁面菩萨"。事情还得从一次例行检查说起。

那是一个夏日晚上 10 点，我例行检查队员房间的熄灯情况，看他们是否按时睡觉了。当我蹑手蹑脚地来到宿舍门外，只见灯是关了，但压低音量的谈笑声和吸溜吸溜的啃西瓜声此起彼伏。我敲了敲门，心里默数 10 下，就听到里面一阵稀里哗啦和窸窸窣窣的声音，然后突然没有动静了。我推开门，就着楼道里的灯光环顾房间，孩子们穿着白天穿的衣服，躺在自己的床上，好像睡着了。我把灯打开，地上一片狼藉，桌子上摊着乱七八糟的西瓜和果皮，而假装睡觉的孩子们脸上表情很紧张，全都绷着脸，抿住嘴。

"行了，别装睡了！"我发话了，音量不大，但是很有威严。

"起床，田径场上跑 10 圈！"我下了命令。

孩子们好像一直在等待命令一般，我话一出口，他们鲤鱼打挺似的，"嗖"一下从床上跳了起来，蹬上运动鞋，低着头拼命往外跑，没人敢和我的眼神对视，低着头、踮着脚跑出了宿舍，在月色下的田径场上狂奔……

漂泊久了，总想到回家，有时不免发出魂灵的拷问：我们的目标是什么？我们还要走多久？我们是否可以抵达心中的远方？

海军游泳队常年外放的状况，海军的上层领导也有耳闻，他们认为，这样一支队伍长期在外训练有很多不便，许多方面的保障跟不上，成绩也不容易上去。于是在 1992 年 1 月底，也就是农历新春佳节前夕，决定让我们回上海，就地解决训练问题。

领导是为我们着想，但说实话，回来的情形并不乐观。在北京的时候，我们住宿的条件比较恶劣，陆上的训练器材陈旧，但大体上，我们的训练场地和训练时间是可以保证的。没想到的是，回到上海之后，我才无比悲哀地发现：这里的日子比北漂还艰苦。

1992 年 1 月到 1994 年底，我们租借了杨浦区江浦路和控江路路口一个25 米 6 条水线的小游泳馆训练。陆上训练应该有场地吧？可是也没有！我们只有利用车库的空隙，贴墙放置两台等动拉力器。这等动拉力器有国产和进口之分，由于我们经费有限，不敢奢望昂贵的进口产品，只能采购国内自主研制、价格相对低廉的产品。当时，国内生产等动拉力器的，全国只有一家，公司丁慧谦总经理说："叶教练，你是第一个敢吃螃蟹的教练！以后只要你买我们公司的器材，我们一定给你提供最大的优惠！"他还开玩笑说："等你的队员出成绩了，我就给你写本书。"

从海军队驻地到杨浦游泳馆，如果不堵车，约半个小时的路程，但一般很少有不堵车的情况，故单程 1 个小时也是常态。每天，队员们在睡眼惺忪中走上大巴，结束训练后，体力透支的队员们又瘫在大巴上，回到驻地。久而久之，队员们也适应这种摇摇晃晃的路程，上车闭眼昏睡成了自我调节的一种方法。只有等到大巴车到达目的地，队员们才被我叫醒下车，一个个又满血复活过来。

不过，这条路上也发生过数次事故，其中"打架事件"和"起火事件"最为严重。

有一天傍晚，我们结束训练返程，全体队员在大巴上昏昏沉沉打盹，忽然听见车的前面发出"嘭"的声响，车停下来了。我的第一反应是，大巴和其他车辆发生了刮蹭。我跳下车，果然，我们的大巴和社会车辆发生了碰撞。

二十来岁的司机小郭刚参加工作，缺乏处理复杂事务的能力，他愣头愣脑，没有顾及军民之间的情感，觉得是对方司机处置失当，得理不饶人，没有做出主动和解的姿态，也没有想到让交警来协调处理问题，而是情绪激动，与社会车辆的车主恶语相向。当时正值下班高峰，我们的绿色军用大巴堵在了交通要道上，越来越多的车和路人聚集在我们大巴周围，里三层外三层，聚了上百人。路过的每个人都在发表意见，议论纷纷，也有不少人情绪激动，指责军车，鸣笛声、喧闹声、争吵声乱成一片。突然间，我感觉到了一种危险——万一争执不下、情绪失控，双方动起手来，可能要出大事情，而我们的身份是军人！作为队伍的主要负责人，关键时刻我必须挺身而出。

回到车上，我淡定地嘱咐队员们："你们在车上，无论发生什么情况都不要动，不要下车。"然后，我领着一个大队员下了车，挤到还在争论不休的人群之中。

不知道当时有多少人，他们把司机小郭、我和大队员团团围在中间，责问我们。我身材娇小，发出的声音也是微不足道，好像一滴水瞬间被大海吞噬，而年轻气盛的小郭还在激动地争论，在被对方推搡了几下后，气得要冲回到车上去拿榔头。我使劲地拦住了他，示意大队员也拉住他，不要激化矛盾。这时，我也不知道哪来的能量，开始放大了嗓门，一边不停地跟大家讲道理，力图控制事态，一边喝住小郭，让大队员拉着他回到车上去。这样，路上只有我一个人单枪匹马，队员们都趴在车窗上紧张地观望，他们惊讶地发现，平时柔声细气的叶教练竟然如此威武！

我向大家首先声明，我们司机态度确实有问题，我代表部队向对方司机表示歉意，但车子剐蹭是对方司机的过错，如果你觉得冤枉，我们就找警察……后来的情况峰回路转，可能是众人觉得围攻我一个弱女子没有必要，也可能是被我诚恳的态度和一车趴在车窗上眼巴巴看着的孩子们无奈的神情所化解，一场极有可能会爆发的群体性事件被平息下来。

后来，队员们夸我真勇敢，其实，我哪有那么勇敢，我也挺害怕的，因为我从来都没有和人吵过架、红过脸，我站出来，是顾及部队的声誉、军人的形象和车上几十名队员的安全。

车辆剐蹭事件得到妥善处理后，我得到了队领导的表扬，夸我处理问题冷静及时，司机小郭也诚恳接受了批评。没想到，没过几天，大巴再次遭遇意外。

有一天训练完毕，全队坐大巴返程，我正在和队员们总结今天的训练情况，有嗅觉敏锐的队员感觉不对，一个劲地问："这是什么味儿？"我也闻到了这种刺鼻的味儿，只是不敢太确认，听到队员有同感后，我觉得是车出了问题。随着时间的推移，刺鼻的味道越来越强烈。我赶紧让司机小郭靠边停车，让所有人员立刻下车。我绕着车辆仔细察看，想弄明白问题出在哪里？没想到，忽然间，车辆尾部冒烟着火了！我深吸一口气，沉着指派任务："你，上车去拿灭火器！""你，去找路边商店的人借水！""小郭，你去找车用警示牌来，车后30米处其他车辆不得靠近！"大家一阵忙乎。幸亏我们人多力量大，组织得力，处置迅速，这场火灾很快被扑灭了。

这场火灾挺危险的，现在想来还有些后怕！幸亏我们那天在车上总结工作，要是当时所有队员都像往常一样在车上睡觉，等火势发展起来，后果就不堪设想了。那天，事情幸亏发生在白天，要是晚上，商家都关门了，没有水源，大巴估计就保不住了。

火灾事件后，队员们坐大巴就再也不敢睡觉了，唯恐出现意外。他们打趣道："叶练，你是不是天生胆大啊，总是当孤胆英雄！"

我在海军队的初期，和黄佩明教练一起带训，黄指导是主教练，她不在的时候，由我负责。1994年，她离开了海军队去澳门游泳队执教，我成为实际上的主教练。在我的指导下，王然等选手获得了世界军人锦标赛的冠军，在全国游泳界声名鹊起，而我在极端困境中也重新找回了自己。

1994年世界军人锦标赛4×100米自由泳接力冠军
（左起：施展静、王然、成蓓莉、吴学佳）

用心筑家

在疯狂巴士穿行了两年之后，我们迎来了期待中的改变：

1995 年，通过军地文明共建，我们在离海军基地较近的虹口区体校 25 米泳池训练。

1996 年，经过多方努力，我们又来到水电路上的上海市体育运动学校 25 米游泳池训练。

1998 年，在海军首长的关心支持下，海军游泳馆立项，并于次年开工建设。

2001 年春，海军队游泳馆正式落成。

正式驻训的那天，对海军游泳队和我本人来讲，都是具有历史意义的一天——海军游泳队终于有了真正属于自己的家。而我本人，从 1972 年加入南京部队游泳队的那一天起，一直到现在，终于结束了近 30 年的漫长漂泊。

我们体工队深藏在一片不起眼的居民楼之间，附近居民都知道，这里是海军驻地，但一般人不知道里面有海军体工队。身处闹市，却能大隐于市，非常契合我们卧薪尝胆、勇攀高峰的凌云志向。从建队至今，这里走出了数百名优秀的游泳运动员，其中的很多人，成为全国冠军、亚洲冠军和世界冠军，这里是不折不扣的"冠军的摇篮"。

海军体工队被称为最迷你的体工队，也是最简陋的"冠军摇篮"。游泳馆分两个部分，西区为跳水区域，东侧为游泳区域。游泳区域是 6 泳道的 25 米池。别看只有 6 条泳道，却是我争取来的结果。因为海军水电路基地地形狭小，开始设计时，游泳馆只有 5 条泳道。我看了设计方案后，多次向领导提出："少一条水线，太不规范了，训练效率差，也有很强的压抑感；我的建议是，宁可岸上窄一点，水里也要保证 6 泳道！"最终，领导同意改为 6 道泳池。由于岸上过道不足半米，经常会出现两人错不开身的险状。有一次，央视记者做电视专访时，椅子摆放不开，滑到了泳池里，成为拍摄花絮。

游泳馆虽小，利用率却非常高。我们游泳队有 3 个教练组，每天分时间

只有6道泳线的海军游泳馆

段训练，无缝衔接。早上5点半至7点半，第一组运动员训练；7点半至9点半，第二组运动员训练；9点半练到11点半，第三组运动员训练。午饭和午休后，下午2点至4点和4点至6点，再分成两个时段训练。所以，泳池白天根本没有放空的时间！我们经常自嘲，这是铁打的游泳池，流水的兵！

队员们除了白天训练，晚上也排得很满，既要保证文化学习，还要按摩、放松和治疗。

每月最后一个周六是全队例行的测验时间，整个上午，每名运动员必须参加两个项目的测验，安排非常紧凑。教练们自编秩序册，测试时，既要检录，又当裁判，还要填写成绩单、汇总数据等。最终，我们根据测试成绩，对各个教练组成绩提高最突出的队员进行奖励，颁发泳衣裤、水镜和泳帽。虽然这不是重要比赛，但队员们还是非常投入，都希望获得奖励，所以气氛非常热烈。

全队测验后的第二天是周日，这是孩子们一个月中唯一可以外出逛街的日子，我们称之为"月假"。

运动员的管理非常严格。为了排除外界的一切干扰，小队员平时要上交手机，只有在周末才可以取回手机，和家人联系。正是部队严格的规章制度，养成了运动员们自律、专注的好习惯。

游泳馆落成了，但设备没跟上，我们还得艰苦奋斗。多年来，游泳馆一直没有空调，夏天热似蒸笼，馆内温度超过40摄氏度。教练们站在岸上，黄豆大的汗珠子往下淌，用"挥汗如雨"来形容那是最贴切不过的了。为了降温，游泳馆安装了大号风扇，但根本不管用。岸上指挥训练的教练员衣服全部湿透，随时有中暑的可能；运动员在水里进行高强度的训练，在水里闷热得几乎到了极限，到泳池边时，往往气都喘不上来。为了降温，后勤人员想了很多办法，买来大冰块往水里扔，可是冰块到了水里，没几分钟全都化了。

就是在这样的条件下，我们硬是扛过了 12 个年头。

2013 年全运会前夕，河南省体育局领导来慰问宁泽涛等河南籍运动员，当看到如此艰苦的训练条件，领导当即拍板，赞助游泳馆空调，游泳馆终于摘掉了"火炉"的帽子。

但是，装配空调的过程，我也费尽心思，充满曲折。

当时，正值酷暑，空调货源紧缺，即使有货，安装也要 4 天以后。为了迅速摆脱高温下训练困境，我还顶着 40 摄氏度的高温，亲自跑附近几个大商场，反复比较空调的性能和价格，追着商场经理，恳求在最短时间内安排师傅进行安装。

需要补充说明的是，游泳馆空调有特殊要求，为此我咨询了不少专业人士。他们告诉我，游泳馆内有氯气，整机空调放在馆内会很容易被腐蚀，故最好能买带排风的空调。我虽然不是设计师，但我从需求角度提出了安装要求：一是主机的外机要放在馆外，以防腐蚀；二是要打通墙面，安装排风管道，让冷气从排风管道进入游泳馆，这样既不占用馆内空间，又能延长空调的使用寿命。我的设想得到了空调厂家的肯定，他们一个劲夸奖："你还挺专业的，想法比我们先进！"估计这样的空调和通风设计，也就是海军游泳队独此一家了。

在我的催促下，空调品牌经理直接来到海军游泳馆，现场勘察，设计安装线路，绘制图纸。为了抢进度，经理在第二天就安排了专业师傅测量、打孔、排管道、安支架、调整高电压的线路，仅用了两天，空调就顺利安装完工。

2017 年初，游泳馆又有一次改造，增设力量房，还引进了一些陆上训练器材，这对我们来说特别"稀罕"。改造期间，队伍还在昆山异地训练，我却在考虑 30 多种专项训练器材的配备，盘算着各类器械合理布置的多套方案，比自己小家的装修都操心费力。

叶瑾设计的游泳馆空调装置

结束昆山外训那天，我们坐了近两小时的长途汽车返沪。一下车，我就扎进了陆上训练房，和工人们一起在狭小的空间里不停布置和调整专业器材。整整 3 个小时，我一直站着指挥师傅，没有喝过一口水，我的喉咙都嘶哑了，整个人已精疲力竭。完成布局后，回宿舍的路只有 150 米，但我居然走不了路，我就直接让司机送我回家了。

趁着游泳馆改造，运动员宿舍楼也整修一新。以前的宿舍楼一层是由车库改成的力量训练房和阅览室，如今全部改成医务室。推门进去，有五张按摩床，还有简易高压氧舱——这是我们的"高科技武器"了，用来给运动员做恢复。宿舍楼二楼是女生宿舍，三、四楼是男生宿舍，都是公共卫生间。房间还是偏小，20 平方米不到，要容纳三个上下铺，每间要睡 6 个人；一般上下铺长度都有限，个子高的孩子只能把脚伸在外面。朝南个别房间是两人间，有卫生间，只有取得特殊成绩的运动员才可入住。2015 年，宁泽涛赢得世锦赛冠军后，房间升级，可以睡单间，有超级大床和独立卫生间。可惜，因为长期出国训练和外出比赛等原因，他并没能享受到这个全楼最大最豪华的房间。

为装修这幢楼，我也颇费心思。装修前，我对装修队提出了很多细节要求，比如楼梯过道要求必须使用防滑石材，以防运动员打滑摔伤。

装修后的综合馆是一大亮点。这是一个标准的室内篮球馆，利用率非常高。左侧延伸部分是健身训练区域，可以进行简单的陆上力量训练；左侧可以打

联欢会上男队员们表演舞蹈《天鹅湖》

篮球、看电影、看书。图书角最受孩子们欢迎，他们把自己喜欢的书放到大书架上，相互分享。逢年过节时，全队可以在篮球馆举行联欢活动，唱歌、跳舞、朗诵、演小品……师生同台展示才艺，其乐融融。

海军体工队的每一点变化都令我欣慰，为了让游泳队新人感受这份幸运，我有意识地开展队史教育，让他们了解海军游泳队的历史，发扬艰苦奋斗的精神，树立远大志向，勇攀高峰，为国争光。

在全国各级各类体工队纷纷开疆拓土、发展壮大时，海军体工队却囿于自身条件，在一个伸展不开腿脚的迷你型的场馆里苦练内功。我们倡导良好的文化氛围，激励广大运动员志在高远，心怀天下，用汗水、泪水和血水书写青春的篇章。我们馆内悬挂了以下几条醒目的标语：

"自信、霸气、拿下。"这是我们青春的自信！

"思进、思变、思发展，创业、创新、创一流。"这是我们创新发展、基业长青的根本！

"剑指冠军，拿下金牌。"这是我们永远不变的目标！

"拼搏苦练，铸造辉煌。"这是我们取得成功的阶梯！

在队里流传着这么一首打油诗：

海军不怕苦，

每天一万五；

稍微不留神，

立即就得补；

海军不怕累，

掉皮不掉队；

身为海军队，

苦乐寻常事；

只要心有梦，

定有放飞时！

我告诫运动员：首先要做一名合格的军人，然后才是合格的运动员。不怕流血牺牲，敢于冲锋陷阵，勇于攀登高峰，这是我们"冠军团队"的法宝，也是锻造军魂的信念之所在。

长年在外漂泊，让我们倍加珍惜训练的机会。也正是这种恶劣环境，让我早早树立了"要培养出自己的世界冠军"的想法，齐晖、曲敬宇、赵涛、赖忠坚、宁泽涛、索冉、覃海洋等名将，在这里一步步成长为全国冠军、亚洲冠军，进而向世界冠军的高峰冲击。

多少年来，海军体工队这个迷你版的院子成为我生活的全部，每天，当我在院子里穿行，走过"人要有点精神"的标语前，心中充满了力量。

在海军游泳队刚开始时，运动员只要获得全国前八名，就会得到奖励。后来，奖励的标准分别提高到全国前三名和全国冠军。但现在，拿到全国冠军也没有奖励，因为我们把目光瞄准了国际赛事。

这么多年来，凡是有人初次来到海军体工队，我都会兴高采烈地当导游，详细介绍这个院子的"前世今生"，游泳馆、陆上力量房、综合馆、宿舍……每一寸土地、每一个角落都融入了我的心血和热爱。每次看到他们的惊讶表情和"叶练，你们真不容易"的话语后，我都挺直了腰板，特别知足和自豪。

虽然我们的条件无法与国内诸多省市队伍相比，场馆设施不够高大上，但从"麻雀虽小、五脏俱全"的院子里走出来的运动员却能振羽高飞，站上世界之巅。齐晖当年打破世界纪录时，我们还没有自己的游泳馆，还没有这么多训练器材；宁泽涛算是赶上好时光，终于可以在海军游泳馆自己的小天

人要有点精神

地里闪展腾挪，练就非凡本领，成为"中国飞鱼"，在世界大赛中问鼎。

地盘虽小，凝聚力大，它吸引着众多渴望成为"飞鱼"的孩子来到这里磨炼。队里有一句流行的警句"觉得自己苦，想想红军二万五！觉得自己累，想想红军老前辈！"这不是玩笑话，是每个运动员铭记在心的人生信念。

这也是我的骄傲："军人就是要克服和战胜很多常人不能忍受的困难，这样才能锻造出军人的风骨。在战争中冲锋陷阵是英雄，在平凡岗位上默默奉献也是英雄。我是队伍的领头人，我要打造一支不畏艰苦、意志过硬的铁军。"

第四章　实力悍将

夏月花的军装照

白洋淀里寻月花

在南京军区游泳队，我是刚上任的年轻小教练，正常情况下，好苗子都被其他资深教练选走了，留下来让我带的都没有什么优势。所以，我纵有雄心壮志，要短时间内改变被动局面，几无可能。于是，我只能从长计议，走出去招生，选拔有潜力的新苗子。

1977 年秋，我外出观摩在河北安新县举行的全国少儿游泳锦标赛，这是一场在 50 米水泥泳池里进行的比赛，水看上去很浑浊，水质应该不符合比赛标准。比赛期间，我被一个名叫夏月花的女孩吸引住了，她的蛙泳技术很有特点，凭我的直觉，认为她是一个可造之才。几经打听，了解到夏月花家住河北省安新县（现雄安新区）农村，那里有一个著名的白洋淀，她家就住那一片区域。我通过关系，好不容易要来了她家的通信地址。那时候的联系方式就是写信，于是，在一个晚上，我在台灯下铺展信纸，给夏月花的家长写信。信中，先是介绍自己和部队的基本情况，再是夸奖月花游泳有潜力，是个好苗子，并明确，如果月花愿意来部队训练，我们将解决她的户口和军籍。月花的哥哥作为家庭代表回了信，信中说，他们全家支持月花去部队进行专业训练，月花本人也很希望去部队。

在当时的条件下，部队运动队选拔人才都非常低调，不可大张旗鼓，生怕被地方专业队捷足先登；有的当地体育部门，早就将有潜力的运动员雪藏起来，等待更好的机会。

当时，我才 20 岁，刚当教练，想在教练岗位上施展拳脚，自然求贤若渴，便向领导主动请缨，要求到河北白洋淀夏月花家家访。没想到的是，这次经历非常独特，令人难忘。

我先是从南京坐绿皮火车到保定，然后坐市内公交到保定汽车客运站，再坐保定到安新县的长途客车。但是，到了安新县，经过打听得知，夏月花所在的村庄需要坐船才能到达，我只好再请当地老乡划船带我前往。

小时候，我们在语文课本里读过孙犁的《荷花淀》，书里描绘密密麻麻的芦苇和硕大的荷叶，好像迷魂阵一样，是白洋淀人民痛击日本鬼子的好战场。次日一大早，气温较低，我早早地起身，从县城到白洋淀船码头要坐公交。经过一番折腾，我才看到白洋淀，远处是无边无际的芦苇，因为是深秋，早已没有了荷花，给人以一片萧瑟的感觉。我坐上小船，无心看这里的风景，心里生出几分害怕。

老乡显然是一个划船的好把式，对那一片迷宫一样的水域，了如指掌，弯道一个接一个，船行速度并不慢。但因为是心里着急害怕吧，感觉特别漫长。眼前看到的是一成不变的大片芦苇和枯叶，没有人烟，一切景物就好像没有移动过。本来还是迷迷糊糊的我，坐在船上越来越觉得胆战心惊，汗毛都竖起来了，生怕会被忽然扔到水里，那可真是叫天天不应了。开始时，我还是一个人坐在后面，背对着划船的老乡，后来我转过身来，脸朝着老乡坐着，紧紧抱着怀里的灰色桶包，里面有 500 元钱，在当时，那可是一笔"巨款"。我想用聊天来打消这种寂寞和恐惧，但老乡讲的是方言，交流起来很费劲。不知道我是冻僵了，还是吓蒙了，我在无助尴尬中已度过了一个多小时。当我终于看到了陆地，岸上有炊烟袅袅升起，我一直悬着的心才平安落地。

上岸后，乡亲非常热情，引导我来到夏月花的家。在路上，我还在想象夏月花家的样子，可能条件不好，房子一般吧。但没想到，她家比我想象的还要艰苦，用"家徒四壁"来形容一点也不为过。房子是土坯垒建的，屋里面只有长长的炕。我到的时候，夏月花和爸爸、妈妈、哥哥正盘着腿坐在炕上；见到我，他们赶紧起身，招呼我上炕。炕的旁边搁了一口大铁锅，锅里正煮着鲫鱼，可以闻到香喷喷的鲜香味道。那时，我坐在烤得暖烘烘的炕上，冻僵的意识才缓过来。因为不知道白洋淀的天气情况，我身上只穿着一件"拉风"的粗线毛衣和打底衫，上了船才见识了北方的冷，唉，真是死要面子活受罪。

月花很懂事，帮我递上热茶，月花妈妈一边嘘寒问暖，一边张罗着饭菜，招待我这个稀客。吃饭时，月花爸妈一个劲地说，他们家条件不好，粗茶淡饭，招待不周。而我没有心思在意吃什么，而是在意能否说服月花来部队。所以，当我小心翼翼地当面征求意愿时，月花和她的妈妈干脆利落地回答："愿意！"那一刻，我心花怒放，所有的忧虑全都烟消云散。

这实在是一次狼狈不堪的出行。从我坐火车从南京出发，到找到夏月花，花了三天三夜，其间，我没有洗脸刷牙，这对爱干净的我来说，绝对是人生极限。不过，有了这样的困苦经历，以后招生中的困难就不足为奇了。

回到部队后，我将夏月花的情况上报给领导，获得领导许可。于是，我第二次赴河北，夏月花哥哥陪我来到石家庄武装部办理材料盖章等事宜，走完全部的手续流程。最后，夏月花终于可以赴南京报到，办理入伍手续。

这是我第一次自主招收运动员的经历，至今历历在目。

在南京部队游泳队，训练条件比较艰苦，有很长一段时间，我们都没有固定的训练场所，只能四处打游击，借用外地的场馆，和兄弟单位的运动员错时训练。

1984年夏，我带夏月花到福建同安的温泉游泳池训练，全队挤在一个四合院里住，我和冒爱华教导员合住一间，面积很小，只有12平方米左右，挂上蚊帐后，房间更显狭小了。住地与训练池有一段路，需要横穿过一片稻田，有一种田园生活的野趣。因为我们是临时驻训，游泳池先要满足本地游泳队的训练，我们只能利用不好的时段见缝插针。

夏月花本来就能吃苦，人特别朴实，穿上军装后更是严格要求自己，从不抱怨。有一次，陆上训练做引体向上，我突然发现，她手上的老茧磨破了，鲜血直流，却依然在认真执行我布置的训练任务。我命令她停下来，她才停了下来。还有一次，在训练场上，有队员跟我反映，夏月花感冒发烧了，我上去用手一摸她的额头，发现很烫，就让她休息。我说："我们军人确实需要顽强的作风，做到轻伤不下火线，但是，我们也要科学训练；如果我们练伤了，就要花很多时间去恢复，得不偿失。"

在同安集训有许多有趣的故事。譬如温泉泳池的边上就是农田，不远处田野里种着甘蔗，队员们和当地农民熟络后，象征性地付几角钱，就可以去田地里砍甘蔗。月花也跟着大伙一起去，回来总是帮我带上一根。

夏月花的主项是蛙泳，而之前我没有带过蛙泳，且自己当运动员时，蛙泳也不是主项。所以，我和夏月花一起探索，我们是在不被看好的情况下互相勉励、一起前进。另外，月花的身体条件不是特别好，个子不高，技术水感一般，我们要共同攻克很多难题。她的蛙泳有特点，我就从技术入手，一点点地抠细节，让她跟男孩子一起训练，以提高速率。

功夫不负有心人。在我们师徒配合下，夏月花的成绩提高得很快。1980年，夏月花代表南京军区参加全军游泳比赛，获得200米蛙泳亚军。1982年全国游泳比赛，她终于站在了200米蛙泳决赛的出发台上，她的对手是被称为"女蛙王"的梁伟芬。

说起梁伟芬，业内人士无人不知。这位广东姑娘体质瘦弱、面庞白皙，乍看上去似乎和运动员不沾边，然而她却是我国女子100米和200米蛙泳、200米和400米混合泳四个项目的全国纪录保持者。在不少邀请赛和国际赛事上，她屡次打破亚洲纪录，并冲击世界纪录。很多人都感叹，和"女蛙王"生在同一个时代是一种悲哀。

但是，长江后浪推前浪，这种局面，被名不见经传的夏月花打破了。这一次的 200 米蛙泳决赛，夏月花战胜了神一般的对手，首次摘取全国大赛桂冠，一战成名。与此同时，夏月花的优异表现，也让人们开始关注到了南京部队游泳队和一位来自基层名叫叶瑾的女教练。

此后，夏月花在比赛中一路奏凯。1982 年 11 月，她首次参加世界军体理事会组织的游泳锦标赛，获 100 米蛙泳冠军；1984 年 1 月，再次参加世界军体理事会组织的游泳锦标赛，蝉联 100 米蛙泳冠军；1985 年，她在全国游泳锦标赛中，荣膺 200 米蛙泳冠军，《中国体育报》等多家媒体报道了她的事迹，并称她为真正的"蛙王"。

1992 年，夏月花告别了 15 年的军旅生涯，来到秦皇岛市游泳训练中心担

夏月花获世界军人锦标赛 200 米蛙泳冠军

任教练，完成了从优秀运动员到优秀教练员的华丽转身。现在，她是国家级高级教练，并担任秦皇岛市游泳跳水训练中心主任。

时光飞逝，岁月留痕。2022 年 5 月，《秦皇岛日报》刊登了一篇戴梦写的文章《水中玫瑰不褪色——记秦皇岛市游泳跳水训练中心主任夏月花》的文章，文中是这样写的：

从坚忍不拔的军人，成长为优秀的金牌教练，夏月花始终坚守兵心，站在第一线，用拼搏和奋斗的经历，用汗水与热血的交织，讲述着一名退役军人在时代中奋进的动人故事。

出生在"华北明珠"白洋淀的夏月花水感极好，11 岁就被南京军区游泳队选中，运动员生涯三次荣获三等功……

1992 年，夏月花退役，进入市游泳跳水训练中心执教。在夏月花看来，教练更像是带兵作战的将军，训练工作需要从长计议，注重方法。她谦虚地说："我的本职工作就是选好苗子，打好基础，让省队、国家队教练把他们带

到更大的舞台。"执教近30年，夏月花先后为省队和国家队培养输送了以陈寅、王冠斌、张可等为代表的一大批优秀运动员。在2018年的河北省第十五届运动会上，市游泳跳水训练中心共夺得了金牌18块、银牌24块、铜牌19块的优异成绩。

荣誉的背后，是夏月花作为教练员对游泳事业的那一份挚爱。回忆起自己的军旅生涯，夏月花表示，经过在部队的训练，自己有了全新的蜕变。"穿上军装感觉就跟别人不一样了，尤其是经历过艰苦的训练和意志的磨炼，会更有责任感，也更有韧性。"

无论是军装还是泳装，无论是赛场还是岸边，夏月花沉着、不服输的精神感染着一代又一代的游泳队员。2020年，河北省第一次举行花样游泳比赛，夏月花带领江婉艺等5名选手获两金一银，填补了我市花样游泳项目的空白。

军人、部队，这些对夏月花来说，不只是一段敢于拼搏、不断突破和充满荣耀的经历，更是早已内化在心的传承与精神。事实上，游泳教练的工作环境算不上好：封闭的游泳馆内噪声大，长期扯着嗓子喊话，回到家疼到讲不了话是常态；潮湿的空气除了诱发呼吸道问题，骨关节也遭受着侵蚀；余氯不仅刺激眼部，还会对呼吸道造成很大的影响。纵然如此，作为一名基层教练，夏月花依然打算坚守在泳池边。"体育是人生的缩影，运动也不仅仅是竞技。游泳几乎占据了我生命的全部，我喜欢这个事业，这辈子是离不开泳池了。"

15年戎军行，30年职业路，夏月花早已把军人精神刻在了骨子里，不驰于空想，不骛于虚声，用赤诚之心展现着退伍不褪色的军人风采。

这篇报道，回顾了夏月花的军旅和教练生涯，也让我看到她在结束军旅生涯后的拼搏和成长，令我备感欣慰。

韩冰岩从八一队运动员退
役回到南京部队游泳队担
任助理教练时与叶瑾合影

"最佳弟子"韩冰岩

在我众多弟子中，韩冰岩是非常特殊的一位。

说他特殊，是因为他是我第一批弟子中的一员，后来又成为我的同事兼助教，再后来，他回到家乡辽宁，我们成为竞争对手。泳池外，我们永远是一对心怀尊重的师徒；泳池里，我们兵戎相见，寸土必争。

有趣的是，每次我与他见面私下单聊时，他不时地会傻傻地问我：

"叶练，我是您学生中最优秀的弟子吧？"

韩冰岩似乎一点也不谦虚，总是漏掉了"之一"两个字。为此，我只是笑笑，从未做肯定的答复。不过，韩冰岩以实际行动，用毕生的努力在追求"最优秀的弟子"的称号。

我承认，从他执教的履历来看，"最佳弟子"非韩冰岩莫属！

成年后的韩冰岩身材魁梧，性格豪爽，但粗中有细，根本想象不出他小时候刚进部队时的情形。那时，他是一个非常听话、似乎有些懦弱的小男孩。

1963年出生的韩冰岩，13岁时进入南京部队游泳队。他是由其他教练招生进队，后才由我带训。记得那是1976年，我刚开始当教练，才20岁。第一次见到韩冰岩是在夏天，天气特别热，他听说新教练来找，就光着膀子急急忙忙地从宿舍里跑到走廊。作为女教练，我非常敏感小孩子的举止，觉得这孩子光着膀子在公共场合有失礼仪，就直接说："你回房间穿好衣服，光着膀子像样吗！"他二话没说，乖乖地回去了，穿着整齐后才出来见我。

韩冰岩身材不高，爆发力一般，但耐力比较突出。有一段时间，他训练的状态不好，不能达到我的要求，为此，我批评了他多次，但收效甚微。为了改变这种局面，我根据新掌握的训练理念，特意延长了包干时间，希望能够通过提高训练强度来提高他的成绩。可是，他依然没有高质量的表现，我生气了，连续一周都没有和他对话，真可谓恨铁不成钢！但我是教练，不能与队员一般见识，冷落总归只是手段。于是，我利用周日一个上午的时间，在游泳馆和他长谈。这次长谈还是非常有效的，后来，我去宿舍检查内务卫生时，发现他把我的训练计划贴在了墙上，证明他并不是不努力，而是也在动脑筋，想努力去解决训练中的瓶颈问题。

经过对他的全面分析，我尝试调整训练手段，他的成绩有了很大的提高，人也显得乐观开朗了，训练间隙，他会趴在泳池边，对我咧嘴笑。1977 年 8 月，全国少年儿童游泳比赛分西安和湛江两个赛区进行，14 岁的韩冰岩参加了西安赛区的比赛，取得了少年乙组 400 米、1500 米自由泳和 400 米个人混合泳三项第一名。并且，这三项冠军的成绩要高于湛江赛区同项第一名的成绩，

1983 年，南京部队游泳队参加全军运动会前合影（左一韩冰岩，左二叶瑾，右一刘宏队长）

所以，他实际上是三个项目的全国冠军。在接下来的比赛中，他的长距离自由泳获得全军冠军，并打破全军纪录。之后，他被选入八一游泳队，并在各类全国比赛中取得过较好的名次。1985 年，韩冰岩退役，回到南京军区游泳队当教练，成为我的助手。不过，我们在南部体工队的合作时间并不长，一年多后，因为全军大裁员，军区游泳队解散，我暂留军区机关，而他回到故乡辽宁。

回到辽宁后，韩冰岩苦心经营，卧薪尝胆，他从基层教练做起，慢慢有了业绩，后来担任了辽宁海校的副校长，并最终成为辽宁游泳管理中心的书记和总教练。从 20 世纪 90 年代中期开始，他也一直是国家游泳队教练，用实力打出了一片江山。

作为教练，我为他的成长感到由衷地高兴，但作为竞争对手，我也曾有过"颜面尽失"的失败记忆。

2001 年 11 月，第九届全运会在广州举行，我率领齐晖、承浩等一干悍将出征。尤其是齐晖，是我的王牌，当年将短池和长池的 200 米蛙泳世界纪录揽于一身，在年初时，她的女子 200 米蛙泳和 200 米混合泳成绩排名世界第一，可谓志在必得 。但给我迎头一棒的是我的昔日弟子韩冰岩，他手下猛将陈妍和罗男，无情地抢走了齐晖的两块金牌。

11 月 13 日，在全运会女子 400 米个人混合泳比赛中，齐晖游出了 4 分 38 秒 20 的个人最好成绩，但陈妍竟然以打破世界纪录的优异成绩夺冠，让齐晖只领到了一块银牌。

11 月 17 日，女子 200 米蛙泳决赛，金牌原本是齐晖的囊中之物，但比赛出发后，15 岁的罗男在第五泳道猛打猛冲，一路领先，最终以 2 分 24 秒 76 的成绩夺冠。齐晖仅以 0.04 秒之差，再次屈居亚军。

女子 200 米混合泳也是齐晖的强项，但齐晖又马失前蹄，仅得一面铜牌，抢得金牌的又是韩冰岩的弟子陈妍！齐晖 3 银 1 铜，金牌颗粒无收。好在我的男队员承浩抢得 200 米蛙泳一面金牌，才算为海军队挽回些许颜面。

2018 年雅加达亚运会师徒合影

令人信服的是，韩冰岩极其执着，韧性十足，在长达近 40 年的执教生涯中，硕果累累，桃李天下。 1990 年起，他就带出了陈妍、罗男等优秀运动员，新世纪之后，老将继续发力，新秀不断涌现，王然迪、李哲思、王帅、程飞轶、史婧琳、王简嘉禾、于静瑶、张雨涵等优秀选手在不同的阶段脱颖而出，续写了传奇。

执教中，我以蛙泳见长，韩冰岩继承我的衣钵，也死盯着这个项目，同时在其他项目也有涉猎，是一个全能型教练。因此，可以说，韩冰岩也是我一生的对手。但是，我们更是为中国游泳事业并肩作战的一对师徒，特别是在蛙泳这个项目上，我们有很好的传承，我有一批优秀蛙泳选手，其中以齐晖为代表，而他呢，先有罗男后有史婧琳、于静瑶等一流选手，特别是在齐晖淡出之后，史婧琳成为中国女子蛙泳的代表人物，在国际泳坛取得佳绩，在 2017 年东京奥运会上获得 200 米蛙泳铜牌。

讲到这里，我真的为这位大弟子骄傲，我和他有幸结下这师生缘分，在改革开放历史大潮的宏大背景下，在中国游泳攀登高峰、走向世界的进程中，我们相互信赖，互为砥砺，共同为中国游泳事业留下了美好的篇章。

军中女杰王恋英

在我的职业生涯中，带过的女弟子有 100 多位，其中有一位特别值得我骄傲，她就是被誉为"世界第一女兵"的王恋英。

1984 年，14 岁的河北姑娘王恋英成为我的弟子。说来也巧，她和夏月花

叶瑾与弟子王恋英合影

一样，都是安新县人，生活在白洋淀那一片。小姑娘身材高挑，总是笑嘻嘻的，人很聪明机灵，也特调皮，像个小男孩。在游泳方面，她天赋不是很好，水感还可以，只会游蛙泳。刚入队进步比较快，但是，她对自己没有太明确的目标，训练时有偷懒的现象，譬如陆上训练，大家在田径场跑圈，其他人都规规矩矩跑大圈，她趁我不注意，跑了小圈。作为教练，我觉得孩子的意志品质很重要，如果养成这种不良习惯，对自己要求不高，就会严重阻碍成绩的提高和长远发展。于是，我一方面与她促膝谈心，谈部队英雄人物的故事，谈身边的榜样，要她确立目标，发扬中国军人过硬的作风；另一方面，在训练中我想方设法盯着这个小不点，及时帮助她总结，启发她思考。在我的努力下，王恋英确立了自己的奋斗目标，意志品质有了很大提升。

1987 年，中国现代五项队成立，并加入了国际现代五项联盟。为了在这个新兴项目上有所突破，国家现代五项队向各地方队和部队体工队选调一批运动员。由于新兴项目更容易取得突破，所以，军体大队的参谋和现代五项队的队长来南京军区游泳队招选队员时，我虽然不舍得，但为了王恋英的前途，还是推荐她转投现代五项，以期取得突破。现代五项是由马术、击剑（重剑）、射击、游泳及跑步 5 个单独的运动项目组成的综合性比赛项目，需要动静兼顾、水陆结合，这个项目要求运动员有超强的综合能力和意志品质，非常难练。王恋英由于有良好的游泳训练基础和体能储备，她的主攻方向是马术、击剑和射击。经过艰苦卓绝的训练，王恋英的运动成绩进步飞快，21 岁时夺得全国冠军。

但是，正当王恋英春风得意之时，由于女子现代五项并非奥运会正式比赛项目，而且这个项目由游泳、长跑、击剑、射击和马术组合而成，训练的成本太高，1994年，我国女子现代五项全部下马。不过，因为世界军事运动会有军事五项项目，解放军组建了军事五项女队，王恋英又迎来转机。

在我看来，无论是现代五项，还是军事五项，都比游泳艰苦多了，但是我从来没有听到她抱怨过，小时候那个爱偷懒的孩子成了刻苦训练的典范，我佩服她的顽强毅力。

1994年10月，王恋英首次参加国际军事五项世锦赛。当时，来自100多个国家和地区的男女军事五项顶尖高手会聚巴西"黑珍珠"军事学院。与本土选手出场受到东道主观众的热情欢呼相比，王恋英的出场静悄悄的。首轮比赛是射击，王恋英率先上场，镇定自若，"啪、啪、啪……"一口气打出了20发子弹，以199环的优异成绩，打破了女子军事五项197环的世界纪录，也打破了男子军事五项198环的世界纪录！王恋英可谓一战成名。

最终，中国队登上了团体冠军的宝座，王恋英也夺得了她的第一个世界冠军。

此后的几年时间，王恋英和她的队友们接连在1996年的奥地利、1997年的瑞典、1998年的北京，夺得军事五项世界锦标赛的团体冠军，王恋英也成为国际军体理事会女子军事五项世界锦标赛自设立以来，唯一一位夺得"五连冠"的运动员，世界军体界为之震惊，国外媒体都称赞她是"世界第一女兵"！

说来也巧，我们师徒分开十多年后，两个人的事迹居然会在同一天的《中国体育报》上出现。记得2001年齐晖破世界纪录后，《中国体育报》以较大的篇幅刊登了记者对我的采访。当我翻过这一页，居然看到记者对王恋英的报道！我立即拨通了王恋英的电话，表示祝贺，而王恋英的喜悦之情也是溢于言表，向我表达祝福。

虽然王恋英在我手下只练了两年的游泳，但我一直关注她的成长。在王恋英的运动生涯中，曾连续 5 次夺得军事五项世界锦标赛女子个人冠军，14 次打破个人、团体及单项世界纪录；荣立一等功 5 次，二等功 5 次，2 次被评为"全军优秀共产党员"，5 次被评为全军"十佳"运动员，1998 年被总参谋部授予"军体楷模"荣誉称号，还被评为"全国先进工作者"，当选第十届全国人大代表。2000 年 5 月，国际军体理事会做出决定，将军事五项女子个人流动奖杯授予王恋英，以表彰她为推动世界军事五项运动发展做出的突出贡献，这也是当今世界唯一获此殊荣的女军人。

根据她的事迹改编的电视剧《神圣的军旗》，在第六届全军电视剧评选中获奖，王恋英亲自出演女主角，并获优秀表演奖。

2008 年，王恋英被任命为八一军事五项队队长，随后又晋升为八一军体大队副大队长，被授予大校军衔。2018 年，王恋英擢升中央军委训练管理部军事体育训练中心副主任，成为我的直接领导。

女帅男兵屠峰

刚入伍时的屠峰

"屠峰，你怎么又惹祸了？"

"叶练，对不起，我错了。"

"这话你说了多少次了，怎么总是记不住呢！"

记不清，这是第 N 次热闹的场景了，一方是身为教练的我，另一方是"猴儿精"男队员屠峰，旁边围着一群叽叽喳喳的女队员。

关于屠峰，还得从招生说起。

1989 年 8 月，我确定进入海军体工队。由于当时办理调离手续还需一段时间，我的身份还是南京军区信访处工作人员。那段时间，我是"人在曹营心在汉"，已在为自己未来的角色做准备，而我想到的头等大事就是招生。于是，我自费前往国内多地，观摩少年游泳比赛，挑选优苗。在这一年的浙江省运动会上，一人独揽 3 个单项金牌和全能冠军的屠峰，进入了我的视野。

按照上级指示，海军队原计划组建一支纯女子游泳队，主要原因是，部队中女兵招生优势明显，且女运动员便于管理，也容易出成绩。但是，我不甘心放弃费尽周折招来的屠峰，经再三权衡，最终还是向领导打报告，破例将屠峰招至麾下。由此，屠峰也就成为海军游泳队第一批、也是我的队员中唯一的男兵。

当时，我拉起了队伍，却要面对残酷的现实：由于海军游泳队没有自己的游泳馆，我们只能做"北漂"一族。1990 年 11 月 1 日，我们海军游泳队的全体教练和队员被集体"打包"，来到北京黄寺大院八一游泳队。我们分住在四个房间，我和黄佩明教练（她也曾是我在八一队时的教练）共用一个房间，女队员叶霞、邵飞、张琪、卢蓉、孙欣等十多人分住在两个房间，而"独苗"

男队员屠峰，一个人住在足有 100 多平方米的会议室——在那里，绝对可以让他撒欢儿打滚了。

北漂生活的艰苦我以前就经历过，那么一大帮人，从早到晚，起床、整理内务、吃早饭、训练……每个环节都要我盯着。只有到了晚上 9 点以后，我才有属于自己的时间。

批改训练日记是我每天 9 点以后的一项重要工作。孩子们的训练日记比较能够反映他们的训练状况和思想症结，每天，

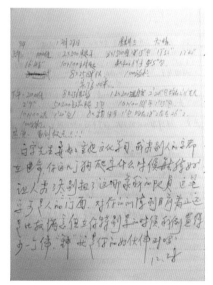

屠峰当年的训练日记

我都像老师那样进行批改，通过纸笔和他们进行交流。有些共性的问题，我还会在次日例会中集中讲评，对于个别问题，我会私下找孩子们聊。最要命的是，孩子们的文化水平参差不齐，我还要当语文老师，纠正病句、错别字；我认为，错别字病句满天飞是一个大问题，这是丢我们军人的脸，所以我是有错必纠，这对孩子的长远发展很重要。在这方面，屠峰经常挨批，但事实证明，他还真的从此得益，现在居然开了微信公众号，像模像样地发文章。

除了批改日记，我还要结合不同层次运动员训练现状，写第二天的训练计划。对个别尖子运动员的训练，我有时躺在床上也在苦思冥想，有时候来了灵感，就一骨碌爬起来，随手在本子上写上几笔。

我的队伍中，屠峰最为另类，不仅仅是性别，更是因为调皮的天性，被戏称为"猴子"，训练中经常偷懒、耍小聪明，还会恶作剧，欺负女队员，制造一些他以为很开心的事。譬如他会在女队员宿舍半开的房门上放一把扫帚，当队员拉门时，扫帚直接就掉在女孩子的头上。看到女孩子哭鼻子喊娘，而他在旁边偷笑。对于这样的淘气少年，我并没有铁腕整治，而是冷处理，让他写检讨，闭门思过。我一直笃信：只要有爱心和恒心，就算是一颗顽石，也一定会有点化成金的那一天。

游泳运动员需要持续高强度训练，势必会产生伤病。屠峰在一段时间的高强度训练后，他的肩关节严重受伤，平时生龙活虎的孩子，一下子流露出了少见的委屈和不甘。我坐卧难安，到处找名医求偏方，中医西医轮番上阵，耗尽了心力，可治疗效果又总是不尽如人意，病情反反复复，像"过山车"一样，刚刚柳暗花明，却又山重水复。好在苍天垂青努力的人，就在我们几乎绝望的时候，他的肩伤居然奇迹般痊愈了。

那几年，屠峰的成绩在全军和全国都是出类拔萃的，可是在荣誉和成绩面前，时有骄傲自满的现象。再加上正处于青春叛逆期，总是和我唱对台戏，闹不愉快。他觉得当运动员太苦了，自己的成绩也很难再突破了，坚决要求退役离队。作为教练，我觉得可惜，人有时候就差那么一点，突破了就海阔天空，但突不破，就是泰山压顶。我跟屠峰说：你放弃了，你就永远没有了机会；你若坚持，你与目标就会无限地接近。

每个人都有选择的权利，作为教练我已经竭尽所能。但我深知，他那孙猴脾性到了社会上是要吃亏的。临走时，我跟屠峰说："教练可以包容你的缺点，但进入社会，你就要自己拿捏分寸，因为你只能适应社会，而不能让社会适应你。教练相信你会有更好的自己，有美好的未来。"

离开部队若干年后，屠峰告诉我，在社会上经历了无数次跌倒又爬起后，他总是能想起我的话，他觉得，运动员吃过的苦让他可以从容面对环境的挑战，但性格上率性好强，让他品味到初涉社会的艰难。

2016 年 4 月 25 日，屠峰在自己的微信公众号上发了一篇文章，是对从军生涯的回顾，更是对我的感恩，文章的标题是"最美丽的女将军"。全文如下：

这一期峰哥给你介绍的，是一位灵魂闪光的女将军，她就是我职业生涯的恩师、中国著名游泳教练叶瑾！

一个人做一件事容易，但三十几年用心地做同一件事，这需要超乎常人的毅力，而我的教练叶瑾却做到了！至于她所获得的荣誉，我这里就不多写了，万能的度娘上全着呢。峰哥在这里呈现给大家的是，恩师与我鲜为人知的往事，那些在我深深记忆中触及灵魂的记忆！

其实，想写叶瑾教练，已在我心

里酝酿了好几年，可是严重的拖延症，使得这个想法一直处于飘浮状态。4月的杭州，雨水就是主旋律，我的思绪也就这样蔓延开来。那是1989年的盛夏，12岁的我在省运会上独揽3个单项冠军和1个全能冠军，也就是在这场比赛中，叶瑾教练发现了我。同年10月，我接到入伍通知，正式加入中国人民海军。海军游泳一哥就此诞生啦！

那时，海军游泳队刚刚重建，本来上级准备组建一支纯女子游泳队，不知道是什么原因只招了我一个男兵！二十几个女兵中夹了一个男兵，这个画面太美丽啦！也因为这个原因，让其他部队的男运动员对我羡慕嫉妒恨！当我还沉醉在幸福的喜悦感中久久不能自拔的时候，问题却很快就来了！

因为当时只有我一个男兵，刚到部队报到的时候，叶练把我一个人安排在一个废弃的大会议室里，面积足足有百来平方米，而10多个女兵则被安排在2间客房中。晚上，会议室里阴森森，我的脑海中会出现各种恐怖的场景；开始几天我还勉强可以入睡，但这样的状态终于在一个闪电交加的黑夜被打

训练之余，叶瑾带运动员在颐和园游览（前排右二为屠峰）

破，大半夜，强烈的恐惧感让我跑到叶练的房间去敲门，叶练还在批阅我们的训练日记呢！

"屠峰啊，怎么啦？"

"我害怕，您可以陪我一下吗？"

就这样叶练在我的身边批着训练日记，而我呢，因为有了安全感很快进入了梦乡。那晚我居然梦到烛光里的妈妈，而这个妈妈的脸孔就是叶教练的模样，很慈祥！

在 10 年的运动员生涯中，叶练成了我最重要的人生导师。至今，我仍然有太多太多的回忆，有太多太多的感触。记得有一回，我因为高强度训练，导致肩关节严重受伤，关节腔里面严重积液，只能不定时用针管抽液，疼痛让人彻夜难眠，这种痛一般人真的无法理解。我是游仰泳的，每次转肩划水时刻，那种撕心裂肺的疼痛，感觉手臂要撕裂一般！

伤病严重影响了我的训练，叶练看在眼里，疼在心里。那段时间，训练一结束，她就叫司机开车出去，很久才回来，而每次回来的时候，她总带回来不同的神医，什么气功大师、点穴大师、催眠大师、针灸大师……治疗很频繁，很积极，但事实上毫无效果。有几次治疗完后，我感觉更加严重！最后，也可能是教练的真诚感动了上苍，我的肩膀居然在半年后慢慢地痊愈了！我暗自庆幸上苍眷顾，不然，我参加的大概就是残疾人运动会了。看到我满血复活，我发现叶教练脸上露出了久违的笑容！

其实，当时我在全军游泳运动员中是名列前茅的，是多项全军纪录的保持者。1994 年至 1996 年，我屡屡在全国游泳锦标赛上取得前三名的成绩。也就是这个时候，用时下很流行的一句话来形容：我膨胀了，而且是彻底地膨胀了，开始变得目空一切。教练的话我已经听不入耳，直到 1998 年年底转业的时候，我们师生之间的关系是极度僵化的。叶练在我离开部队的时候和我语重心长地说：屠峰，叶练的用心你以后会懂的，人生的路才刚刚开始，要谦虚，要努力！

写到这里，我的眼眶突然湿润了。踏上社会已经快 18 个年头了，感觉叶练的教诲犹在耳畔。刚刚踏上社会的那些年，我的性格让我结结实实地碰了钉子。在单位里，有些关系处理不好，举步维艰。现在，我开始反思当初叶教练对我说过的那些话，慢慢地开始理解，开始懂得……

人生遇到每一个人，出场的顺序很重要，很多人如果换个时间认识，那结果就完全不同了。我们从哪里来？要去向何方？该做些什么……我是多么幸运可以遇到您！写给我的恩师——叶瑾

师徒在屠峰工作室前留影

读了屠峰的文章，始觉他有了真正的成长。我们做教练的，就是希望孩子能够少走弯路，体育让他们吃了比常人更多的苦，但也让他们比普通人有更高的起点。每次面对离别，我一半是骄傲，一半是担忧，希望部队的生活、多年的训练和教育，能真正练就一双翅膀，让他们无惧风雨，高高飞翔。

值得一提的是，在去杭州参加全国游泳比赛的空闲时间，我前往位于钱塘区白杨路 21 号的"峰雅集茶书房"。这是一家由屠峰开设的茶书房，茶书房有一定的规模，装修非常雅致，里面还陈列着屠峰多年来收藏的艺术品。对我的造访，屠峰大为感动，而我心想，士别三日，当刮目相看，屠峰走出军营闯荡二十来年，心里还有这样高雅的追求，我真的没有想到！

"懒孩子"承浩

2001年广州全运会，我的得意弟子齐晖没能斩获金牌，反倒是平时最令我头痛、恨铁不成钢的承浩，为海军游泳队赢得唯一一枚全运会金牌，真是应了那句"有心栽花花不开，无心插柳柳成荫"的老话。

穿海军军装的承浩

11月16日晚上，九运会男子200米蛙泳决赛在广州天河体育中心游泳馆举行，代表八一队出战的承浩和广州军区的朱毅、天津名将王铮实力都在伯仲之间，冠军归属就看临场发挥。

比赛伊始，承浩并不占优，在他旁边泳道的王铮一直处于领先位置。进入最后50米时，王铮依然领先承浩一个手臂左右的距离。在观众席前排观战的我，屏住呼吸，心都提到嗓子眼。转机出现在最后15米，承浩突然发力，最后10米时，几乎与王铮齐头并进，在水中翻飞的四条臂膀根本分不清是谁最先触到了池壁。

电子计时器最终显示：承浩，2分17秒17；王铮，2分17秒20；朱毅，2分17秒61。这样，承浩以领先0.03秒的微弱优势夺冠！

成绩出来后，承浩在水中兴奋地向看台上的我挥动手臂，我激动地跳了起来，使劲喊："好样的，承浩！"

当记者蜂拥而至的时候，我有一种想哭的冲动。队里的同事们都知道，这些年我花在"懒孩子"承浩身上的心血，几乎十倍于齐晖；齐晖能够自我加压、刻苦训练，而承浩的训练则一言难尽。

我的眼睛湿润了，往事一幕幕浮现……

几年前，在我南京军区队友应静莉教练的推荐下，承浩来到海军队测试。我对他的第一印象是人有点懒，说话、走路、做事都比人家慢一拍。他的水感不错，只是游的时候身体位置很沉。最终我还是选择他，理由是在进行速度测试环节，他在出发后能快速调动自己——凭我的经验，这种平常能力不是很强，却能一下子调动自己的队员比较容易出成绩。

事实也证明我的判断。训练了几个月后，西安举办的第一届全国城市运动会就要拉开帷幕。作为主办方，他们希望有夺金点，就跟我们协商：是否让齐晖代表东道主西安打比赛？可问题是齐晖的输送单位福州，他们也同样指望她在城运会上为福州争金夺银。于是，我想到了对城运会重视程度不高的上海，我对西安方面的领导说："我有一个上海籍运动员，叫承浩，他有可能夺金。"结果在那届城运会上，承浩真的为西安拿到了两块金牌，特别给力！

在取得成绩的同时，承浩在管理上却给我制造了无数的麻烦。

由于过早出成绩，再加上长得帅，双重的优势也变成双重的负累，违反队纪队规的现象时有发生。最出格的一次出现在全国比赛中，那次比赛，由于我要带队员参加省运会，承浩由助理教练带着参加全国比赛。不料在比赛中，他以为稳操胜券的 200 米蛙泳金牌旁落，屈居亚军，他很不服气，从领奖台上走下来之后，竟然在众目睽睽下直接把银牌扔到了泳池里。这一幕，让所有人都感到震惊，也让领导震怒，一个军人运动员怎么如此无视体育精神？一些媒体准备曝光此事。电话打给我时，我对这小子恨得牙痒痒的，真想抽他几个耳刮子，但本着保护运动员的原则，我和教练团队还是通过渠道，恳请记者朋友手下留情，不要报道此事。最终，这件事情被压了下来。

那次全国比赛之后，他不仅不思己过，反而产生自暴自弃的念头，训练不认真，成绩大滑坡，在随后举行的另一次全国比赛中，他居然拿了倒数第二！这种消极抵触比赛的态度让我失望至极，少不了对他进行严厉批评，但我也在琢磨，如何降伏这匹烈马？当时，我向赵国斌分队长做了分工，他负责日常管理，我负责训练。我一方面因材施教，制订科学的训练计划，改进技术，另一方面，努力调整心态，特别是避免把不良情绪带入训练中。慢慢地，他的精神状态一点点地回升，成绩也慢慢长上来。

九运会前，我对承浩说："你是个军人，你证明自己的最好方式，就是在赛场上战胜对手！"

承浩也知道自己走的弯路，懂得取得过硬成绩才是运动员的根本，所以训练上也下狠劲，他响亮地答应我："叶练，这次一定不会让您失望！"

九运会结束，承浩拿到了这块成色很足的金牌，这是对他职业生涯的最好交代，也为海军游泳队争得了荣誉。2002年4月，在鞍山举行的全国游泳冠军赛男子200米蛙泳比赛中，承浩又以2分17秒27的成绩力压群雄，摘得桂冠。

承浩在世界军运会和亚洲比赛中也取得过优异成绩，后来他过早地选择了退役——这是他本人和组织的双重决定。在脱下军装的人生重要时刻，我和承浩做最后一次师徒交心，我说："承浩，你在部队收获了成绩和荣誉，这是你自己努力的结果，也是部队这个大熔炉对你影响的结果。现在，你要退役了，教练只能陪你这一程，不过人生的修炼还要继续，毕竟部队比较单纯，社会要复杂得多，希望你在更大熔炉中锤炼自己、提升自己！"

对海军游泳队而言，我始终在考虑一个问题：我们需要培养怎样的人？我觉得金牌和良好的人格是我们追求的两个方面，人格是根本，金牌是根上之花；我们需要金牌，但我们先要培根铸魂。在我们海军体工队大院里，有一条醒目的标语：人要有点精神。可以说，正是凭着我们这种精神，我们海军体工队得以基业长青，人才辈出。而且，我可以骄傲地说，从我们这个部队大院里成长的每一个人都受益匪浅，即使你没有拿到过全国冠军，但部队的这份教育为你的人生打下了坚实的基础。

有人问我："叶教练你拿金牌的秘诀是什么？"我的回答很简单："管理出金牌！"我始终认为，在我们这个团队里，不是人人都能成才，能够拿冠军，但我们必须守住底线，那就是，即使成不了才，也要成人——因为只有成为一个人格健全的人，成才才有意义。

午休打水仗激战正酣 / 缴获的"作案工具"

需要说明的是，我们海军游泳队的管理，不是单纯的运动员的管理，也不是照抄部队管理的模式。孩子们少小离家，成为一名娃娃兵，但他们天性好动，好强争胜，所以犯点小错是很正常的，关键是如何引导。有一件小事可以说一说。有一天午休，我听到楼上传来噼里啪啦的打闹声，我就让小教练去看一下。结果发现有四个小鬼光着膀子、穿着短裤在打水仗，两个在门外，两个躲在房间里，然后相互射击，玩得忘乎所以。小教练把小孩子们打水仗的情形拍了视频，然后问我如何收拾他们。我是又好气又好笑，说道："怎么收拾？他们就是玩疯了，不知道时间。下午训练前，我来教育一下吧。"下午训练时，那几个小孩耷拉着脑袋，准备挨训。我说："你们不睡觉，玩得开心吧，明天是否还想接着玩？"他们立马把头摇得像拨浪鼓似的。其实，小孩子贼得很，有时，你根本用不着大发雷霆，一句话，一个眼神，他们就心领神会了。

赵涛军装照

"小虎队"之赵涛

由于多种原因，九运会后我们放走正值当打之年的承浩，队伍面临着断层，着眼未来、培育新生力量，成为下一个周期海军游泳队的胜负手。

于是，我们教练组开始在全国范围内"海选"，寻找优苗。但形势并不乐观，各省根据备战计划，往

2006 年，全国游泳锦标赛海军队获得男子4×100米混合泳接力冠军（左起：赖忠坚、曲敬宇、叶瑾、林乐俊、赵涛）

往提前下手，将特别优秀的尖子提前招到各省专业队，等我们看中，已是名花有主。为此，我们只有从第二梯队中物色。不过，因为地方队和解放军队实行"双计分制"，再加上我们部队也有自己的优势，有些训练水平不高的省队，愿意把优秀苗子送到我们海军队。

经过一番天南海北大范围的搜索，2001 年，我们海军队先后从安徽招来了赵涛，从深圳招来曲敬宇，后来，一个偶然的机会，我们又从广西招来了赖忠坚。这三个人组成了我的实力"小虎队"。

但在当时，很多人认为，叶瑾走了一步错棋，因为这些引进的运动员被认为是"二流人才"。

赵涛来自安徽，1987 年 5 月 5 日出生，5 岁学游泳，1998 年进入安徽省队，2002 年入伍。在进入海军游泳队之前，赵涛曾经到过多个专业队试训，每次都因为身材单薄、力量稍差等原因被退了回去。2001 年的时候，安徽省游泳中心的领导特地找到我，向我推荐赵涛。当时，我苦于手头没有很好的苗子，看到赵涛，认为他身高有优势，水感也不错，至于身材和力量，那都是可以通过训练来改善的。于是，赵涛辗转到了我的手下。

在我的队员序列中，齐晖显然是重点对象，当时我带着齐晖长期驻扎在北京，随国家队训练和比赛，其他队员均由助理教练带。临出发去北京前，我和助理教练交代：赵涛的水感好、身材高，但肩很窄，需要把他的肩及胸肌练出来，把体能练上去，陆上训练多做卧推、俯卧撑。一个月之后，当我从国家队回来之后，看到他的形体有很大的改变，体重一下子涨了5公斤。一个男孩子，竟然能在短短时间涨这么多体重，让我非常惊讶。

我和赵涛的对话，就从他的体重开始：

我："赵涛，你到我们海军队才一个月，怎么一下子（体重）涨这么多？"

赵涛有些不好意思，向我坦白："我原来的夜生活比较多，进队后就没有了，所以体重涨得快。"

我笑着说："夜生活？说说你原来的夜生活是怎么样的？"

赵涛："就是晚上熄灯后，我们不睡觉，偷偷翻墙出去，到游戏厅通宵打游戏，赶在早上7点训练前归队。"

我听了之后，颇为吃惊，心想：运动员在这种情况下，他们的身体、精神和训练状态可想而知。

"夜生活一周有几次啊？"我进一步问。

"三次。"赵涛说。

"以后还打算安排吗？"我问。

"叶练，我哪敢啊，这儿是海军队！"赵涛挺知趣。

赵涛说的是真话。因为他的那些小聪明和小心眼在海军队都"失效"了。比如想借故溜掉，去游戏厅熬夜玩游戏，门卫早就拦下了；手机平时要上交，想偷偷藏手机、看手机，被我们查到，那可要受罚的。而且，只要我在队里，总会"神兵天降"，他想干点坏事，难度确实很大，再也不能像以前那样过神仙日子了。赵涛是个机灵鬼，虽然有些习性还是不能彻底根除，也会犯一些"低级错误"，但他不会跟你死杠，算是"识时务者为俊杰"。经过一次又一次的较量，他终于心服口服。我问他："你是干一次坏事给我逮一次，总能给我逮个正着，服不服？以后还敢不敢与我耍心眼？"他乖乖地说："叶练，您这么厉害，以后我哪里还敢啊。"

经过部队纪律的约束，赵涛不良的习性在很大程度上得到矫正，游泳池里也很快显示出巨大潜力。我也是知人善任，在尊重他个性的基础上，让他去尽情发挥自己的特长——每到新地方去训练，我都会指派赵涛作为先锋，去察看地形，打探周边环境。有一次，我们早训却进不了训练场大门，赵涛自告奋勇，一溜小跑到传达室，沟通求助，在最短时间内让人把门打开了。

经过不到一年的训练，赵涛运动成绩突飞猛进：2002 年，他在全国游泳锦标赛中获男子 400 米混合泳冠军，崭露头角；2003 年 4 月，在天津举行的全国游泳冠军赛男子 200 米混合泳决赛中，他以 2 分 2 秒 05 的成绩夺冠，并达到奥运会参赛标准；2003 年 9 月，在意大利卡塔尼亚第三届世界军人运动会中，他摘取 200 米仰泳和混合泳两项冠军，为此，他火线入党，成就一段佳话。

据统计，赵涛获全国冠军 16 次，亚锦赛冠军 2 次，世界军人运动会冠军 4 次，破全国纪录 3 次 ，并取得 2 次世锦赛和 1 次奥运会的参赛资格；生涯荣立一等功 2 次，三等功 1 次。

赵涛于 2013 年转业，目前是安徽省田径游泳运动管理中心副主任。

2016 年教师节，我收到赵涛的短信：

每次回想起在队里的日子，都让我记忆犹新，在您的悉心指导调教下，才能有现在的我。虽然我总是事儿多，总是给您添麻烦，惹您生气，但您一直关心我、爱护我。直到现在，一想到您生气的样子，总能让我心惊胆战、两腿发抖。没有您的培养就没有现在的我。说了这么多，还有很多感恩的话没有说完——别嫌我啰唆。祝您事事顺意，每天都有好心情。教师节

领奖台上的赵涛

快乐！

我既欣慰，也疑惑：为什么我总给队员留下凶巴巴的感觉？我可是上海知性女人！

"小虎队"之曲敬宇

曲敬宇的军装照

三名小将入队后，我根据他们原有基础和特点，分别为他们确定了主攻方向：赵涛主攻混合泳、仰泳；曲敬宇主攻短距离蛙泳、混合泳；赖忠坚主攻蛙泳。

由于我带齐晖在国家队训练，只能短时间归队去游泳馆看看。但那么多小朋友，我能认出来的没有几个，往往叫不出名字，在泳池边只能"哎，哎，哎"地叫，希望把他们喊停。

由于我没有指名道姓，没有运动员有回应，但有一个孩子反应很快，回头注视我，他就是曲敬宇。

我观察了一下这个小孩子：训练很专注，也蛮有灵气。这是我当时对他的评价。

曲敬宇是我亲手挑选的队员，1988年1月出生于黑龙江齐齐哈尔。2000年悉尼奥运会后，我来到深圳市体育运动学校选拔苗子，当看到曲敬宇的训练之后，眼睛为之一亮。我问深圳体校的雒义国教练：

"雒指导，这个小孩有特点，我能否带走？"

"你明天就可以把他带走！"雒指导给出肯定的回答。

经过了解，曲敬宇原来曾跟随广东队集训过，但最终被淘汰。这样，他就随我来到海军队。

有一个小故事，曲敬宇在深圳体校时，是个"很有男人味"的小男子汉。他是黑龙江齐齐哈尔市人，九岁时随妈妈来到深圳体校试训。过了几天，他看见一群小朋友都在哭，他东张西望不知道发生了什么？后来才反应过来，陪小朋友来体校的妈妈们，一个个都回家了。硬着心肠不辞而别，离开了刚懂事的瘦弱孩子，小敬宇居然不哭不闹。当曲妈妈打电话给雒指导，问小孩的反应时，雒指导非常得意地说："你放心，小敬宇是个东北爷们，别的孩子都哭哭啼啼，唯有他不哭，还安慰别人！"

若干年后，当曲妈妈再见到儿子时，她万万没有想到长大后的儿子，身体壮得像头牛，可以左手右手各自提起一个小队员，简直就是大力士啊。

或许就是这个东北爷们的脾气，耍起性子来让我好气又好笑。有一次，我看他游速偏慢，让他注意节奏，游得快一点。他或许是身体状况不佳，始终没有达到我的要求，我有些恼火，说了一句气话，"就你这样游，给我马上离开游泳池！"没想到他二话不说，直接离开了泳池，真的拿着行李去了火车站！这下把我搞蒙了，孩子失去了联系怎么办，我立即拨通了曲妈妈的电话，告诉她实情。在妈妈的劝说下，他回到了队里。

部队是最讲纪律的地方，但体工队有其特殊的地方，毕竟小孩子进来时大都只有十三四岁，你要让一个小孩子凡事都符合军人的标准，有点苛求他们。思想上的成长和训练上的出成绩一样，都需要时间和耐心。

曲敬宇在训练中显示出了很好的天赋，尤其是在短池，他的出发和转身技术有优势，由此队员们给他一个美称"短池王子"！

经过一年多的艰苦训练之后，在曲敬宇本人和团队的共同努力下，曲敬宇的成绩有了迅速的提升，比赛成绩也一路开挂。

2003年，曲敬宇先在第五届全国城运会200米自由泳比赛中收获亚军，两个月后，他在第3届世界军人运动会中夺取400米混合泳亚军，接着在全国短池游泳锦标赛中，摘取100米、200米混合泳和100米蛙泳三项冠军，并打破200米混合泳的全国纪录。

2005年是全运年，曲敬宇收获了全运会男子200米混合泳比赛冠军。值

曲敬宇身材前后对比

得一提的是，男子 200 米个人混合泳决赛有浙江名将吴鹏，他也是这个项目的全国纪录保持者，且有 4 金在握，目标直指本届比赛的第五块金牌。曲敬宇不畏强劲对手，敢打敢拼，以 2 分 0 秒 59 的成绩打破了吴鹏保持的全国纪录，并勇夺金牌，也让吴鹏放缓了夺取第五金的脚步。吴鹏的成绩是 2 分 01 秒 40，屈居亚军；曲敬宇的队友赵涛，以 2 分 01 秒 54 成绩摘得铜牌。

需要说明的是，与 2001 年海军游泳队 1 金 3 银的成绩相比，2005 年全运会，海军队创造了神迹，豪取 5 金 4 银 2 铜。

2006 年，曲敬宇参加第七届亚洲游泳锦标赛，收获 200 米自由泳、200 米混合泳亚军，并在 4×200 米自由泳接力中胜出，荣膺亚洲冠军。

在曲敬宇训练过程中，有一段插曲。当时，我觉得自由泳项目竞争太过激烈，我就让他陪着齐晖练蛙泳，一方面是帮助齐晖在世界舞台上为国争光，另一方面也是在通过提高蛙泳成绩，来提高他的混合泳水平。没想到这个改变取得了很好的效果。他先是在全国游泳比赛中获得 100 米蛙泳冠军，并打破全国纪录；随后在全运会 200 米混合泳比赛中摘得金牌，并打破全国纪录。

曲敬宇 9 岁离家，先是在深圳体校，后来被我招到海军游泳队，历尽艰辛，但人生因为这项运动而熠熠生辉：获全国冠军 21 个，其中全运会冠军 1 个，打破全国纪录 7 次；参加亚锦赛 1 次，获冠军 1 个；参加世界军人运动会 3 次、奥运会 2 次、世锦赛 1 次。为此，他荣立二等功 1 次，三等功 4 次。

想当年，曲妈妈把 9 岁的孩子扔在远在数千里之外的深圳时，曲妈妈是含着眼泪登上返程列车的，她甚至不敢当面告别，怕看着这么幼小单薄的孩子，自己一定会把控不住。若干年后，当她看着身高一米九、身着洁白的海军装，脖子上挂满金牌和军功章的大男人出现在眼前时，她是百感交集，喜不自禁！

曲敬宇在教师节给我的祝福短信是这样写的：

尊敬的叶教练：

您今天一定还在工作岗位上兢兢业业，依然战斗在第一线，我向您致敬！习与智长，化与心成。——曲敬宇

思念之余，回首往事，您的付出有目共睹。您的敬业精神，那是让运动员从上到下无不敬佩的。从海军游泳项目发展的角度来看，您的战略部署是高瞻远瞩的，整个队伍布局、建设、管理、保障……真的是全面仰仗着您的治队方针，才谱写出如今一次次胜利的凯歌！——曲敬宇

"小虎队"之赖忠坚

赖忠坚的军装照

2003 年 5 月，国家游泳队在广州市伟伦体育运动学校集训。一个偶然的机会，碰到广西壮族自治区游泳队曾尚义教练，他向我推荐一名运动员——一个来自广西贵港市的农村孩子，叫赖忠坚，1988 年 1 月出生。

我以前压根没听说过贵港的地名，对广西游泳也缺少关注和了解，但既然是地方队教练推荐，我就看一看吧。

小孩子手长、腿短、个头小，从一般的选材标准来看，他不是游泳的好材料。但我认真听了曾教练的介绍，说这小子喜欢爬树，从小在河里游泳，心肺功能特别好，特别刻苦，领悟力强，适合游蛙泳。

或许是曾指导说了他很多优点吧，再加上他的蛙泳成绩也马马虎虎，200米蛙泳的成绩是 2 分 23 秒左右，这个成绩和齐晖的成绩差不多。这时，我就冒出一个想法：这孩子可以给齐晖做陪练，这样可以带动齐晖。而且，他的

动作有点像当时的男子蛙王曾启亮，如果假以时日，也应当能够出成绩吧。就这样，我招收了赖忠坚，让他来国家队跟随我训练。

赖忠坚有着农村孩子特有的纯朴，整个人有点懵懂，不会迎合和圆润，说话直来直去。

"赖忠坚，你知道为什么通知你来广州训练？"我问。

"不知道。"他答。

"你知道这是哪里吗？"我又问。

"不知道！"他摇了摇头。

"知道为什么要来这里吗？"我第三次问。

"不知道！"他依然回答得干脆。

看着一脸茫然的赖忠坚，我只能跟他一一解释：这里是国家游泳队，中国游泳的最高学府，目前我们在这里集训。

我要招他进队，就要办理入伍手续，我就要征询他的意见：

"你愿意穿军装吗？"

"我不要穿。"他的回答还是很简洁，令人哑然。不过，他总归还是穿上了海军装——那似乎是我求着他入伍，而根本不是他来求我！

赖忠坚有一个优点，他不冒犯教练。入队不久，他参加了城运会比赛，但没有游好。我批评他足足有 20 分钟，说得我口干舌燥，但是他始终没有片言只语回应我，只是半垂着头挨训。

在队里，赖忠坚有点"愣头青"。当时，他与蛙王曾启亮住一个宿舍，一个是当红明星，一个是无名之辈，但他见到曾启亮的第一句话就非常雷人："亮哥，以后我要开了你（方言：我要超过你的意思）！"把友善年长的曾启亮弄得很尴尬，不知道怎样回答才好。

不过，他的优点都体现在训练中。刚进来时，他的训练基础很差，和赵涛等人根本不在一个档次上。但他吃苦耐劳的劲头谁都无法比。在平时训练中，他总是死死地咬住师兄们，虽然他追不上去，但别人也甩不开他，慢慢地，他的训练水平有所提升。对于赖忠坚的表现，组里年龄最小的谭律半开玩笑地放言：未来的男子200米蛙泳全国冠军，非阿赖莫属！

此言不虚，在2003年底的全国游泳达标赛中，赖忠坚游出了2分19秒的成绩并夺取200米蛙泳冠军。2004年3月28日，刚刚入队一年的赖忠坚从陪练变身为正式国家队选手，并在全国冠军赛中以2分16秒93的成绩获得男子200米蛙泳冠军！这个成绩虽然距离世界纪录还差7秒多，但比他刚进队时足足快了9秒。

2004年有些神奇，我组的队员以不同方式入围雅典奥运会资格。女弟子齐晖取得奥运参赛资格是计划内事情，而弟子赵涛在天津举行的全国游泳冠军赛男子200米混合泳决赛中，以2分2秒05的成绩夺冠，达到了2分2秒54的奥运会参赛标准，可谓惊险过关。同年8月16日，另一弟子曲敬宇则在土耳其伊斯坦布尔世界大学生运动会中，获得男子200米自由泳第八名，也取得了奥运会参赛资格，实属幸运。最为神奇的当数赖忠坚，他依靠全国游泳冠军赛中2分16秒93的成绩，达到了奥运会B标资格。要知道，赖忠坚取得奥运资格，他在专业队训练时间仅有一年，这对绝大多数运动员来说，是可望而不可即的。

所以，这一年，我共有四位弟子参加了雅典奥运会。在该届奥运会上，赖忠坚显得特别紧张，我就用玩笑的口吻开导他：

"阿赖，放下包袱好好游，能够进入奥运会，你已非常成功了。"

赖忠坚小组赛出线后，非常兴奋，我又说：

"阿赖，现在，你已进入半决赛，不用赖中间，赖两边也行！"他听懂了，露出了会心的笑容，人看起来也放松了许多。结果，阿赖在半决赛中拿到了第14名的不俗成绩。

此后，他在各类比赛中，还多次打破男子200米蛙泳全国纪录，成为"蛙王"曾启亮的接班人。

赖忠坚朴实憨厚，懂得感恩。在第一次打破200米蛙泳全国纪录后，他一溜烟跑到我面前，毕恭毕敬，对着我深深地鞠了一躬，说道："谢谢叶教练！"言辞还是少得可怜，但诚心一片。我轻轻地拍了拍他的肩膀，开玩笑地说："谢什么，别气我就好了。"

阿赖离开部队后，每到三八节、母亲节、教师节和我的生日，他总会发来祝福短信，其中有一年的教师节，他是这样写的：

惹您生气这么多次，现在想起来真的对不起您，真的很感谢叶教练长期以来对我的包容和教导！我觉得，您的脾气是中国游泳队最好的啦！我现在当教练，早抽死像我自己这样的队员啦。向您学习，我一定会把您教给我的东西传承下去，一定不会让您失望！我现在回到了广西当教练，我的身上永远有您的记号！

我发觉，在短信里，他的嘴巴特别甜，一点不像原来的阿赖。在另一则短信中，他是这样致谢的：

叶练：我今天格外想你，你一定要多保重身体，每天都快快乐乐的！我最喜欢看到你的笑啦，我觉得你的笑容是世上最好看、最甜、最有治疗效果的微笑啦！

阿赖职业生涯取得很棒的成绩：全国冠军10个，其中4次破全国纪录；参加奥运会2次，世锦赛2次，亚运会1次；荣立二等功1次。

除了"小虎队"三人组的赵涛、曲敬宇和赖忠坚，这一批孩子中还有齐晖、孙晓磊、黄长端、薛瑞鹏、刁基功等，我与他们建立了非常深厚的感情。

曾打破50米仰泳亚洲纪录的上海籍运动员孙晓磊，他是一个特别会观察人的孩子，我都有点烦他。只要一见面，眼光就一直聚焦我，就如同拉近焦距的摄像机，由远及近，我走到哪里，他的目光就追到哪里。我问他："你在盯着看什么？"他的回答让我啼笑皆非："我在观察，您今天的脸是晴天还是阴天。"孙晓磊在短池世界杯和亚运会上均有出色的表现，他妈妈曾经在过年时给我打了半小时的电话，专门感谢我对她儿子的帮助。

孩子们在一起就像个大家庭，开开心心，但也会打打闹闹，磕磕碰碰，比如他们和组里的"大宝贝"齐晖产生过一些矛盾。这个时候，我会批评齐晖，但在另一边，我告诉他们："你们是男子汉，不要斤斤计较，应该让着齐晖。"

2006 年 7 月，我们去澳大利亚黄金海岸训练，各方面条件虽然比较艰苦，但周末休息时我会带孩子们去海边放松。在海边，他们跑啊、跳啊、喊啊、唱啊、还翻着筋斗，这才是他们真正的快乐时光，那些美好的瞬间都记录在我的相机里，留下了永久的珍藏。那时，我不禁感叹，这些孩子太苦了，要是能多一点这样的时光，该多好啊。

不过，孩子们的艰苦付出，换来的是人生境界的海阔天空。让我高兴的是，澳大利亚外训回国后，他们马上参加了全国游泳锦标赛，海军队曲敬宇、

2006 年赴澳大利亚黄金海岸训练合影（左起：赵涛、曲敬宇、齐晖、黄长端、叶瑾、赖忠坚）

赵涛和林乐俊包揽男子200米混合泳的金银铜牌，而赵涛、赖忠坚、林乐俊、曲敬宇四人组合还获得了4×100米混合泳接力冠军。

最令我自豪的是，2007年我带领5名队员参加在重庆举行的全国游泳锦标赛，摘得7枚金牌，满载而归。

有些遗憾的是，"大宝贝"齐晖未能随队出征，原因是参加那该死的"高住低练"后，状态急剧下滑，没有参加那次比赛。

可以说，这些男子汉是我的骄傲，他们都非常争气，这批运动员的竞技周期都维持了很长的时间，成绩过硬，不但齐晖拥有世界纪录和全国纪录，还有这样一批孩子，都成为全国冠军和全国纪录保持者，形成非常有战斗力的群体。继2004年我有4名队员参加奥运会后，2008年，我又有5名队员参加了北京奥运会，他们分别是齐晖、薛瑞鹏、孙晓磊、曲敬宇和赖忠坚。虽然中国游泳队只有刘子歌拿到一块金牌，但中国游泳人正在努力缩小与世界水平的差距，体现了良好的精神风貌和团队意志。

在新世纪到来之际，网络正改变着世界，让世界变成地球村。许多人通过网络，可以浏览到我们海军游泳队网站发布的信息，当时有这样一句醒目的宣传语：

"为了您的理想早日实现，请联系我们吧！"

文字的下方，是一张气势磅礴的照片：全体海军游泳队指战员身穿制服，精神抖擞地站在舰艇前面，背后是辽阔的大海。

令人骄傲的是，我们海军游泳队的每一个运动员都不负使命，在时代的大江大河中逆流而上，击楫中流，各领风骚，写下了属于他们个人和中国海军游泳队的光辉篇章。

海军游泳队全家福（第二排左三起：胡毛毛教练、吴学佳教练、谭业学政委、叶瑾、王强队长、王春光教练 右一：李钰教练）

第五章　金花齐晖

"邮寄"来的女孩

穿海军军装的齐晖

齐晖，福建福州人，出生于 1985 年 1 月。她比 1984 年 1 月出生的罗雪娟小 1 岁，擅长蛙泳，被称为中国女子游泳"大姐大"级别的人物。2000 年，齐晖参加了悉尼奥运会，获得第四名的成绩，虽然没有拿到奖牌，但这也是该届奥运会中国游泳队的最好成绩。在差不多同一时代，齐晖和罗雪娟、徐妍玮、周雅菲、杨雨五人，被誉为中国泳坛"新五朵金花"。

在这五朵金花中，齐晖的故事可能最为曲折。

故事要从 1996 年夏天的一个傍晚说起。那天，我还在带训，一个来自福建的电话响了四次之后，我才接了起来，对方自称是孩子家长，姓齐，电话是福建游泳队蔡美玲教练给的。这位家长对我罗列一堆溢美之词后，极力夸奖他宝贝女儿的潜力，希望我能"看一看他家的小姑娘"。

这位家长姓齐，名传飞，曾是福建水球队专业运动员，算是业内专业人士了。我也相信"知女莫如父"吧，他对女儿的培养，可谓煞费苦心。为了培养女儿，齐晖 1 岁时，齐传飞就把她放到水里，以培养水感，6 岁时，又送她到福州市台江区少年体校学游泳，齐晖显示了一定的天赋，在同龄人中出类拔萃。从齐传飞的叙述中，他分明是在设计女儿的人生。我在想，他是把自己未竟的目标，寄托在女儿身上了。

　　但是，齐传飞性格外向，有点藏不住，多次放出口风："我女儿是全国冠军的料！"言下之意，专业队应该赶紧收下她这个宝贝女儿。其实，孩子太小，专业队招生不一定看得准。1996年，11岁的齐晖一年内遭到几个专业队的拒收，理由各不相同。有人说，小孩水性不好，技术一般；有的说小孩除了蛙泳稍好，其他泳姿没法看；还有的教练看过后认为，这孩子根本就不是游泳这块料！齐传飞脸面有点挂不住，但他没有放弃。

　　1996年全国游泳比赛期间，齐传飞在绝望中抓到了一根救命稻草，他从福建游泳队教练蔡美玲的口中第一次听到海军游泳队叶瑾这个名字，这让齐传飞看到了希望。

　　"海军游泳队有一位叶瑾教练很不错，是业内的大腕，有点神奇，建议你带孩子过去看看。如果叶教练说不行，那你女儿就不要走专业游泳这条路了。"蔡教练直截了当地跟齐传飞说。

　　于是，齐传飞和我通了这个电话，但他给我很大的惊讶，我还没有同意，他说，他已订好了飞往上海的机票！

　　但是，更大的惊诧还在后面。他告诉我，因为自己工作忙，没空陪孩子一起来，所以，是孩子一个人来，希望我们去接机！

　　孩子来的那天，我派小教练叶霞去接齐晖。后来，小叶教练跟我说，当年仅11岁的齐晖一个人从通道出来时，脖子上挂着一块"无人托管儿童"的牌子，居然还一脸淡定，没有一点慌张的感觉！小叶教练当时就在心里默默给这个孩子竖起了大拇指。

叶霞与成年后的齐晖合影

接到齐晖后，我赶紧给齐传飞电话：

"你这家长心真大啊，孩子以前去试训，难道也是她一个人去的吗？这么远的路，你还真敢把她当作货物托运过来啊？！"

电话那端的人狡黠地一笑：

"我就是要让您另眼相看，我女儿就是非同寻常的！"

在后来的交流中，我得知，让齐晖一个人来上海，是他的"阴谋"，目的是让我看到齐晖的独立生活能力。

齐晖来训练，我这儿有一系列的考查流程，而这些流程是在我教练生涯中不断实践积累形成的。每个队员都有个人档案，主要包括个人基本信息、原有比赛成绩、入伍测试成绩等。当然，进来之后的内容会更丰富，包括孩子们形态指标、训练的阶段成绩和总结、文化成绩，以及有我批注的训练日记等。

我觉得，这种数据性的分析和总结，在中国传统的游泳教学体系中是有所欠缺的，但正是这些数据对我们科学了解每个队员，跟踪他们的成长，及时发现问题，有非常大的帮助。用现在时髦的话来说，就是大数据统计和分析！

在齐晖的测试信息表上，我当时的评语是：蝶泳不连贯，自由泳技术不好，仰泳不会游，蛙泳的身体位置很轻。

测试显示，齐晖的蛙泳表现出了特点：协调性好、爆发力不错，手、脚的动作节奏有一种干脆的劲头。不过，她的另外三种泳姿确实没法看，给人的感觉是没有经过系统的训练。整体来看，我蛮欣赏她在训练中表现出来的那股狠劲儿。还有，她能够一个人来，确实也是可以加分的。另外，齐晖只比我的女儿大两岁，看到她，就仿佛看到了我的女儿一样，我身上的母爱油然而生。虽然训练会有不小的挑战、并没有十分的把握，但我心里默默对自己说：收下她吧。

令我意外的是，齐晖还让我看到她性格中的特殊一面。

　　试训第二天的午饭后，我把她叫到房间，先是发给她入伍登记表，然后打算与她进行一次深聊。没有想到，最先开口的却是齐晖，她一脸认真地说："教练，我要午休了，我能不能先去睡觉？"于是，我准备好的话都没有说，就让她先回房间睡觉了。

　　我心想，在我执教生涯中，从来没有遇到过一个像她这么有个性、说话直白的孩子。但我想，缺少人情世故的圆润，反衬她很单纯、大胆、有主见，而这种非常强的自我管理的意识和能力，是孩子们稀缺的品质！

　　4天试训期满，我亲自送她去机场。在我的试训队员中，从来没有谁享受过教练送机的待遇，只有对齐晖破例。因为她是一个人来的，我必须送她上了飞机才放心。

　　之后不久，齐晖光荣地加入了海军游泳队，成为我麾下的弟子。

　　齐晖是带着她爸爸给她的使命来的，而她也是一个有使命感的女孩。现在，我要带她走向全国、走向世界，这是多么美好的起点啊。

　　齐晖入队后，我因带大队员参加全国比赛，由叶霞带她。小叶教练管理很严格，有一次齐晖外出请假，归队迟到了半个小时，小叶教练让她伸出手来，用戒尺打手心。教练打得不会很疼，目的是教育她养成遵守纪律的习惯。一般的小孩可能会被吓哭，对教练也会耿耿于怀，但齐晖没有叫苦，也没有跟我发牢骚。还有一次训练时，有队员悄悄跟我说，齐晖发烧了，居然没有请假，仍然在游。我马上让她上岸，摸着她发烫的额头，心疼地说："你不要命了，赶紧到医务室去！"

　　针对齐晖的实际情况，我制订了非常详细的训练方案，要做的第一件事就是纠错。她的蝶泳动作极不连贯，蛙泳节奏连贯性比较好，但也是歪七扭八，其他的泳姿更是难看。我一点点抠她的技术细节，从入水、水中动作，到陆上训练，一一回放录像，一一分析总结，再让她看规范的技术录像，以便及时改进。

刚入伍时的齐晖（前排左
齐晖，右叶瑾女儿；后排
左三叶瑾，右二叶霞）

　　齐晖有很强的领悟力，很多技术方面的东西一点就通，慢慢地，她的技术有了明显的提升。一个月后，齐爸爸来到游泳馆，在馆里看了许久，表情很失望，"叶教练，我女儿今天是不是旷课了，怎么没来训练啊？"

　　不愧是专业人士，女儿以前的每一个动作，甚至别扭的划频和节奏，都像电影一样在齐传飞的脑子里存储着。也正因如此，他一直很自信，可以轻松地在泳池里找到女儿。没想到短短一个月不见，女儿近在咫尺，他却没有认出来。

　　我嘻嘻一笑，用手指了指不远处水线中的一个身影——动作连贯、划水效果不错的齐晖正心无旁骛，奋力疾进，根本没有关注到爸爸在场。

　　齐传飞的表情，从最初瞪大眼睛、不可思议的诧异，到慢慢放松了表情，不停地点头微笑。他伸出大拇指，在我眼前比画："叶练，我服了！就是您了，我的孩子就拜托您啦！"

　　这声嘱咐和拜托，由此奠定了我和齐晖的师生缘分。

　　上海人常用"阿拉"来表达"我们""我俩""我家的"的意思，这个词汇透出彼此关系的亲密和情感上的认同。在上海的街角弄堂口，只要留意，就能听见阿姨阿婆们喜欢一口一个说"阿拉老公""阿拉小囡""阿拉姆妈"等爱称，而自从齐晖跟我训练以后，我的嘴里就时时蹦出"阿拉齐晖"的口头禅。一直到她退役在队里当教练了，我还经常会情不自禁地这样称呼她，这让我的女儿也会吃醋，她会说：

"妈妈，我听到最多的就是齐晖姐姐了，我在侬眼里，只能排第二了！"

横空出世

经过一个多月的训练，齐晖技术动作规范了，训练成绩也有了提升。齐传飞觉得女儿不仅进入了专业队，而且有这么一个"神奇"教练，不免得陇望蜀，问我：

"叶练，我女儿能不能参加明年全运会？"

四年一届的全国运动会，可不是随随便便的小比赛，对大多数运动员来说，那是中国体育的奥运会，能够有资格参加全运会，也算是实现了职业运动员的梦想。齐晖的进步虽然很大，也有冲劲，但进入海军队之前，她100米蛙泳成绩仅为1分17秒，200米蛙泳则没有比赛成绩。况且，现在距离第八届全运会的时间不足一年，这么小的年龄，要与全国游泳的老将新锐同场竞技，真的不能打包票。为了留有余地，不想让齐传飞和齐晖有太大的期望值和压力，我说："她目前的水平要想达标很难，我只能试试！"

为了实现这个目标，我加大了对齐晖训练的关注度。作为刚入队的小队员，齐晖的训练本来是由年轻教练叶霞主带，但我也很关注她，经常会指导她的技术。每一堂课都有我的想法和执教理念，尤其是她的技术更新升级后，训练水平有了飞速发展。我鼓励她："以你现在的训练能力，200米蛙泳能游到2分36秒，有希望达标。"在我的鼓励下，齐晖冲击全运会达标资格的信心越来越足，每天都像不知疲倦的小马达在水里奔腾。

1997年7月，在全国春季游泳比赛暨全运会达标赛上，齐晖200米蛙泳游出了2分36秒的成绩，顺利达标，入围全运会决赛圈。齐晖的第一个真正意义上的大赛即将到来。这意味着，她从此进入重点队员名单，正式加盟我的组，成为我的队员。这对一个入队不到一年的小队员来说，简直就是火箭式的突飞猛进。

齐爸爸见到女儿获得全运会入场券，自然喜上眉梢，又出狡黠心思：

"叶练，我女儿进步这么大，多亏了您啊。您说，全运会上，她能进决赛吗？"

这哪里是让我预测，分明是给我提要求啊！我明确表态："你不要给我这么高的要求、这么大的压力，全运会参赛选手水平都很高，为了争金夺银，各队使出浑身解数，老将纷纷复出，新人不断涌现，齐晖年龄这么小，刚刚起步，离全运会比赛只有仨月，你不要做白日梦，孩子面前千万别谈这些！"

我对家长打"预防针"，降低外界对孩子的期望值，免得孩子过早陷入压力之中。但野心谁都有，俗话说"不想当将军的士兵不是好士兵"，在训练中，我可是一丝不苟按照冲八的标准来训练齐晖。在我的带领下，齐晖的进步可以用"一日千里"来形容，她的训练成绩很快就提到 2 分 32 秒。不过，这是在 25 米小池游出的成绩，我对她说："你要是能在大池里游出这个成绩就厉害了。"

我当时的想法是，齐晖刚刚改技术，三个月内，200 米距离的游程速度不会有特别大的提高，但可以在出发和转身技术方面"抠出时间"来，正好利用我们在小池训练的优势，多加锤炼、精雕细琢，比赛时放开了游，就肯定会提高成绩，反正也不指望她去摘金夺银拿奖牌。

果不其然，在全运会游泳比赛中，12 岁的齐晖勇往直前，杀到了全运会200 米蛙泳决赛，业内被这个闻所未闻的小孩惊呆了。决赛前，我对齐晖说："你年纪小，全运会决赛应该是无法想象的艰难比赛。出发后你一入水，可能就掉在对手的脚后跟了，别着急，你只要按自己的动作节奏游就行了，最后 50 米使劲冲！注意转身技术！"她吃惊地看着我："不会吧，怎么会掉在人家脚后跟？"

200米蛙泳决赛开始，比赛完全应验我的预测——齐晖因为人小、力气小，她在和成年优秀选手的较量中，出发后就矮人一头，每一个转身出水后，也会被对手拉开距离。她一直处于劣势，但是她的途中游速并不吃亏。最后50米，她战斗力爆表，紧紧咬住前面对手，触壁时，电子计分牌显示，她是第四名！

在那一刹那，我敏锐地意识到：中国女子蛙泳即将开启属于齐晖的时代！

超额完成了赛前目标，我问齐晖要什么奖励。齐晖不假思索地说："让司机叔叔开很快很快的车，带我去兜风！"

这么朴实的小小愿望，必须满足！我找了一个合适的日子，让司机开车，带齐晖出去兜风。平时我带队外出，带着一群孩子，像妈妈一样，但我可能比妈妈更上心，因为妈妈可以比较直率，而我要照顾每个人的情绪，买礼物、吃饭都要摆得平。孩子们也高兴地说："跟着叶练走，吃喝都不愁。"

全运会后，我对齐晖半真半假地说："你现在要好好练签名，等以后出成绩了，成了大明星，会有很多人找你，签名一定要漂亮。"她懵懵懂懂地点头。我因为一直练字，有点底气，"叶教练的字比不上书法家，但是肯定比你好。我把你的名字写好了，你就照样去临摹吧。"于是，练签名成了她训练之余的功课之一。后来，在一次比赛结束后的庆功宴上，我们师徒同时签名，有细心者发现字迹相似，便问道："你们俩的字体怎么这么像？"我很得意，"你真有眼力，齐晖就是按我的笔迹练的签名！"

齐晖成为小名人后，齐传飞再也不给我提要求了，因为他深信，叶练已创造了奇迹，也必将创造更多的惊喜！

家长对我没要求了，但福州市的领导对我提出要求：1998年全省运动会，齐晖能否拿下10块金牌？！

满碗饭好吃，满口话不能说。福建整体的游泳水平不高，但天外有天，我不能信口开河。我说："5 块金牌差不多吧，毕竟她岁数小，也只有蛙泳最擅长，其他泳姿还在改技术，都是副项，没有专门练，真的没有把握。"

但是，福州队还是给齐晖报了 10 个项目，为此我只能临阵磨枪，开展针对性训练。赛前，我给她分析每项比赛对手的实力和比赛策略：有的项目是奔着金牌去的，拿下即可；有的项目是要打破全省纪录，成绩上要拼一拼；还有的项目，如果发现对手特别强大，就要适当保存体力，减少无谓损耗。

齐晖经历了全运会大场面，在省运会中所向披靡。由于报的项目多，比赛就像走马灯一样，一路收割金牌。她的最后一项比赛是副项 50 米自由泳，没想到她竟然和别人并列第一，创纪录地拿下 10 块金牌，并打破多项省运会的赛会纪录！

地方队领导纷纷向我祝贺，"叶教练，看你那么娇小，没想到你那么厉害。齐晖拿 10 块金牌，我们以前只是说说而已，没想到真能拿下"。我告诉他们："不是对手太弱，而是齐晖把自己水平全部发挥出来了。其实对我来说，更看重的是她通过这两次比赛，打出了自信心。"

省运会后，福建省委宣传部组织了福建电视台、福建日报等众多媒体记者，来到了齐晖家里，采访这位省运会 10 金王。

记者问："齐晖，你以后有什么目标？"

齐晖回答："冠军！"

记者问："什么冠军？"

齐晖："世界冠军！"

记者："你希望什么时候实现世界冠军的愿望？"

齐晖："三年。"

齐晖的回答非常直接，不绕弯子，还是她一贯的风格。当时我就在现场，把我吓得不轻，心想，她哪儿来的底气？我赶紧跟记者打圆场："孩子小，说话直，请大家多多理解和包涵，报道时切不可这么高调。"

最后播出的电视采访，齐晖的豪言壮语被掐掉了，我的心才算踏实了。不过，在我们师徒心里都有一个梦想，一定要拿下世界冠军！

1999 年 11 月，短池游泳世界杯在加拿大埃德蒙顿举行，齐晖赢得 200 米蛙泳冠军，成为当时最年轻的世界冠军，开始在世界泳坛崭露头角。

让福州市领导更为骄傲的是，齐晖居然在 2002 年省运会上，一人摘走了 12 枚金牌，再次创造奇迹！

我一直认为，要想成为世界级选手，一定要有强大的冠军基因。这不仅仅是遗传基因、心理和身体素质，更多的是自我约束力。齐晖肩负着光荣的使命，故对她的要求比其他队员都严格得多。不过，她是让我最省心的队员，在她的整个运动生涯中，我对她只有两次严厉的批评。

一次在她 11 岁，刚入队，少不更事，在训练中没有达到我的要求，5 个 400 米自由泳，最后一个游慢了。我让她重新再游一个，她二话不说就去游了。当她按要求完成计划后，我又批评她："作为新人，你要想成为一流强手，就必须经历比别人更多的磨砺，付出更多的艰辛，要不然你就放弃。"我只说了几句，她的眼泪就噼里啪啦地掉下来。

还有一次，齐晖已是国际泳坛名将，我和她上演了"死磕"一幕。训练计划是 16 个 50 米自由泳包干游，她游得比较慢，没有达到我规定的成绩，重游！又不达标，再游……或许不在状态吧，她足足多补了 10 个 50 米自由泳，这才结束训练课！当她累得在池边呼哧带喘地起水后，我告诉她："今天因为只是你一个人游，如果有队友和你一起训练，你的成绩肯定不会这么差。另外，你也应该明白，你所取得的成绩，并不属于你个人，没有队友的陪伴，没有大家的帮助，你不可能成功！"

客观地讲，举国体制更容易出成绩，但运动员的成长，一边享受其中的好处，一边也会有与体制之间的冲突。这种冲突如果把控不当，造成的损失可能是多方面的，甚至是不可挽回的。我对齐晖的教育应该比较适时，她的为人处世一直比较中规中矩，除尊重教练之外，对队友、队医、食堂师傅等都很有礼貌，懂得感恩。

齐晖肯吃苦、不怕累、不怯场——无论我制订多么严苛的计划，她都能够以一种非常积极的心态来对待训练。我经常看见她主动"缠着"男队员，和他们一较高下。有时她输了，主动找优点，"前半程我还是赢的"；有时也非常不服气，嘴里一直在嘟囔："怎么还是输了一点点？"

我就笑她："你这丫头可有点自不量力啊，人家是全国冠军啊！"可她却说："全国冠军怎么啦，过不了多久我一定会追上他！"在大运动量、大强度训练的后期，很多男运动员都会练不动，游不过齐晖，到最后，她成为我组里最能练的"钢铁战士"。

加入海军队两年后，齐晖因成绩突出，成为部队年龄最小的干部。有一次，一位报社记者来采访，恰好我出去开会了，记者发现，没人监督的齐晖一个人在池子里按照训练计划，对着计时器，认认真真地来回游。记者回去后写了一篇报道《自律的女孩》，大大夸奖了一番。

齐晖后来告诉我，她小时候在福州训练时，有一次黄淑英教练临时有事外出，让队员自己训练。队员们正是爱淘气的年纪，作为队长的齐晖带头玩得特别开心，小朋友们都玩疯了。没想到教练10分钟后就回来了，把所有队员训了一番。齐晖自称是"一朝被蛇咬，十年怕井绳"，正是教练的严格训练，给她打下了坚实的基础，也让她学会了自律。

不怕苦的精神、严苛的自律和不输男

齐晖与黄淑英教练合影

孩的训练强度，这一切都是齐晖能够迅速脱颖而出的根本原因。因为齐晖速度快，腿部、胯部和心肺功能强，专项力量超过一般的男队员，所以，在她训练时，我禁止小队员侵入泳道，万一不小心撞到或者蹬到，那小队员肯定会受伤。

齐晖心地善良、懂事，从不恃宠而骄。因没有女孩可以陪练，我会安排年龄小的男队员陪她，往往是一群男队员游不动了，她主动向我求情"叶练，给他们减少点运动量吧！"当她练完后，她还会主动帮助水平低的队员纠正技术。在全部训练课结束后，她默默收拾浮板，整理拉力器等，成为我最得力的助手。

齐晖是十足的"乖小囡"，但偶尔也会犯"低级错误"。印象中，有一次在大庆举行的全国冠军赛上，齐晖上演了一次"大撒把"。那次比赛，她显然是过于自信了，她的主项 200 米蛙泳预赛游得太放松了，居然无缘决赛，还没心没肺地在放松池里和其他队员戏水打闹，没有一点遗憾反思的样子，我忍不住当众批评了她。她赶紧调整比赛态度，在本来并不占优势的 200 米混合泳中拿到了冠军，算是将功补过。

跨越巅峰

在我们的共同努力下，齐晖开始在国际比赛中崭露头角。

1998 年 12 月曼谷亚运会，13 岁的齐晖站到了亚洲最高水平的竞技舞台上。面对高手，她毫不怯场，在擅长的 200 米蛙泳决赛中，紧紧咬住日本名将田中雅美，田中雅美以 2 分 28 秒 44 夺金，齐辉以 2 分 28 秒 71 摘得银牌，两者的差距只有 0.27 秒，齐晖虽败犹荣。

1999 年 1 月，我们又转战悉尼，参加世界杯短池游泳赛。这是齐晖第一次参加世界大赛，却出现了意外情况。由于飞机起降产生的压力原因，齐晖的耳朵不舒服，走下飞机时，她下意识地压了压自己的耳朵。当时我们都没在意，没想到当天下午训练，她的耳朵进水，引发了中耳炎，晚上发烧到了38摄氏度。请来的外国医生检查后直摇头，明确在这种情况下，运动员不宜下水，更别提比赛了。

听了医生的建议，我又焦虑又失落：一方面担心齐晖的身体，另一方面又为她不能参赛而遗憾。于是，我劝齐晖好好休息，争取下次比赛卷土重来。没想到，齐晖用热乎乎的手拉住我，"叶练，这次比赛有澳大利亚名将赖利参加，我不想错过这个机会！"第二天，齐晖硬撑着坚持比赛，以仅仅落后赖利0.04秒的成绩拿到了200米蛙泳亚军，引起世界泳坛的关注。赛后，她还特别不服气，说道："下次我一定要超过赖利！"

我觉得，超过目标中的对手容易，但如何实现预定成绩，这才是对一个教练的真正考验。

1999年9月，全国城市运动会在陕西西安举行。赛前，我告诉她："你已具备了破亚洲纪录的能力，你要全力以赴，实现目标！"齐晖瞪大了眼睛，脑袋摇得像拨浪鼓，连连说"不可能不可能"。我向她提出每个50米分段成绩的要求，鼓励她："你只要按照预定的分段成绩去游，就一定可以打破亚洲纪录。"她还是一脸懵懵懂懂、无法置信的样子。

比赛结果，齐晖游出了2分26秒51的成绩，打破了日本选手岩崎恭子保持7年之久的女子200米蛙泳亚洲纪录，还把第二名甩开了有10米远！这令她的众多对手不寒而栗，大有"既生瑜，何生亮"的悲哀。很多国内教练看到我就感叹"女子蛙泳选手和齐晖生在一个时代真是悲哀，没指望了"。

2000年，随着"五朵金花"庄泳、杨文意、钱红、林莉、王晓红和乐静宜等"小花"们的相继退役或淡出，中国游泳陷入前所未有的低谷。齐晖的出现，让很多人欢欣鼓舞：15岁，身高1.75米，一天可以游15000米，胯部力量和心肺功能一流，她的蛙泳技术连日本人都想研究，确实具备了冲击奥运奖牌的实力。

齐晖虽是中国游泳队参加悉尼奥运会年龄最小的运动员，但已被寄予厚望，按当年世界最好成绩来看，齐晖 200 米蛙泳成绩排名世界第三，这是中国游泳唯一一个进入世界前三的选手！在预测奥运奖牌时，她也成为中国游泳队唯一有可能拿奖牌甚至问鼎的选手。

当中国游泳把目光聚集在年少的齐晖身上时，这既是荣耀，也是巨大压力。齐晖毕竟稚嫩，缺乏大赛经验，在那种近乎窒息的比赛氛围里，面临巨大考验。世界级高手需要学会自我放松，但奥运

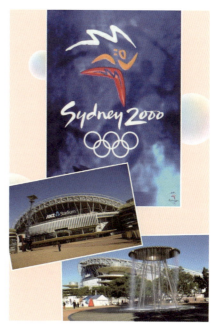

2000 年悉尼奥运会场馆照片及海报

村环境的恶劣、媒体采访的频繁、国人极度的关注和对奖牌的期盼，让她越来越紧张。

有些情况，你是无法预料的。奥运村似乎应该是高大上的地方，但我和齐晖居然住在临时搭建的铁皮房间里。房间里踩着地板会吱吱作响，白天，太阳烤得热烘烘，没有空调，用来降温的鼓风机震耳欲聋；晚上，气温骤降，房间冷得要用取暖器。在这样的环境下，齐晖明显有些紧张，原来嘻嘻哈哈的孩子变得越来越沉默；胃口变差了，吃不下东西；睡眠问题更大，难以入睡；训练显得非常疲惫，状态调动不起来。我也努力调节她的情绪，找话题和她说笑，只是收效甚微。

200 米蛙泳半决赛前，我让齐晖轻装上阵，注意节奏。结果她半决赛以第二名晋级，她告诉我："我还没有发力呢！"大家都期待她在决赛中有更好的表现。

决赛是场硬仗！我提醒她："决赛会很激烈，你出发后可能会落后，因为你的年龄小，腿部力量比较差，但切勿慌张，你的优势是途中游。"

齐晖在第五泳道，被第四泳道的匈牙利名将科瓦克斯和第六泳道的美国选手考尔夹在中间。发令枪响后，身材纤细的齐晖跃入水中。我最最担心的事情还是发生了：身高一米八的美国选手考尔一下水就以高频率的划水动作猛冲，齐晖也不自觉地加快了划水频率，打乱了自己的划水节奏！我的心提到了嗓子眼，手一直握着拳，眼看着她的体能被提前消耗，最后的冲刺越来越慢，掉到了第四，最终以 0.01 秒的差距没能站上领奖台。

后来，齐晖对我描述了比赛心理。

"我入水后没有太注意科瓦克斯，因为我们赛前分析就知道了她的战术是'前 150 米不是很快'，我只要在前面压住她，最后 50 米就可以拼一拼。但是，没想到另一边的考尔会采取玩命游法，我怕被甩开，注意力完全被她吸引走了，只想着追上她，不知不觉加快了划水频率。150 米后，我奇怪怎么还没有追上她，反而还被她拉大了距离。这时候，我才意识到自己体力顶不住了，游速往下掉。最后 25 米，科瓦克斯从后面追上来，我只能眼睁睁地看着她从我旁边反超，无能为力。平时比赛，都是我在冲刺阶段疯狂赶超对手，这一次却是对手从后面超过我，一种从未体验过的感觉堵在我心口，我透不过气来，有些绝望了。最后 10 米，她们和我的距离越来越远，我的身体越来越沉，手臂划不动，腿也没劲了，触壁前有气无力地摸到了板，就是这一瞬间，另一名美国选手阿曼达超过了我。"

女子 200 米蛙泳决赛的最后结果是：金牌科瓦克斯，2 分 24 秒 35；银牌考尔，2 分 24 秒 56；铜牌阿曼达，2 分 25 秒 35；齐晖第四，成绩是 2 分 25 秒 36。

面对电视台的采访，齐晖非常无助地说："我对不起大家，但是我尽力了。"短短的话语，道出了齐晖内心所承受的巨大压力。齐晖哭了，是那种痛彻心扉的伤痛。她觉得，她让所有的人失望，辜负了使命！

我只能抱着她、安慰她。回国后，齐晖再也不愿意谈悉尼奥运会——那是她心底的伤和痛。

作为教练，我也反思，自己有哪些地方没有做到位？显然，作为人生的第一次，有太多的东西需要总结：赛前训练、饮食、休息、放松、战术设计等，都准备不充分。我也对奥运会这样的大型综合运动会有了更深切的体会：

叶瑾在训练场与齐晖分析交流技术

齐晖与男运动员们一起训练（右起：齐晖、赵涛、毕磊、曲敬宇、黄长端）

奥运赛场不仅仅是状态和实力的较量，更是心理和意志的比拼，如果思想把控不到位，很难帮助她缓解紧张情绪。

悉尼奥运会后，我们都很有默契，不谈奥运，但选择前行。此后的一年中，她只有一次主动和我说起奥运会失利的话题，但却是轻描淡写的一句话："过去的永远过去了，我们只能选择开始。"

听到她的想法，我才真正释然。唯有能够坦然面对失败，才能走出阴影。奥林匹克运动本身是对每一名运动员的教育，胜固可喜，败亦欣然；我们要从胜败中找原因，不断提高自己，先是超越自我，再是超越别人，这才是奥林匹克运动的巨大魅力。

随着年龄的增长，齐晖的体重比过去长了不少，用加快频率的技术已经不适应她这个年龄段了。我们尝试改变：放慢动作频率，增强划水动作效果。此外，我还努力加强她自由泳训练能力，如 200 米自由泳短池蹬边，她能游 2 分 05 秒，这对蛙泳主项的运动员来说，是一个很棒的成绩。

在改技术的同时，我也给齐晖加大了训练量和强度——这也是所谓的"魔鬼训练"吧。一堂训练课 8500 米，一天 15000 米，齐晖总是不折不扣地完成。我特意安排了包括承浩（全运会 200 米蛙泳冠军）在内的三名各有所长的男队员当陪练。渐渐地，男孩子都游不过齐晖了，他们集体抗议："齐晖你怎么整天有那么大的劲？不累吗？像一只大鳄鱼，紧紧地咬着我们，我们好惨啊，太累了！"

其实，齐晖哪有不累的，爬出泳池，浑身酸痛无力，跟我有气无力地说："叶练，我想吐，不想吃饭了。"我心疼她，知道她是濒临极限的表现，但我也不想在她面前流露软弱的一面。我们都很清楚，她这么拼命是为了什么，我只好用命令的口吻对她说："你必须去吃点东西。"

魔鬼训练很快见到效果，进入 2001 年，齐晖的成绩开始势不可挡。1 月中旬，世界杯短池游泳系列赛斯德哥尔摩站拉开帷幕，齐晖敢打敢拼，勇夺女子 50 米、100 米和 200 米蛙泳的金牌，并一举刷新了女子 200 米蛙泳世界杯赛会纪录。比赛结束后，我问齐晖：

"你比赛时脑子里在想些什么呢？"

"破世界纪录！"齐晖干脆地回答。

当时齐晖创造的赛会纪录，实际上距离世界纪录只差 0.06 秒。齐晖没有实现心中的目标，但足以给自己巨大的信心。

1 月 26 日，我们从斯德哥尔摩前往巴黎的途中，我告诉齐晖："你想破纪录（世界纪录），我希望你在这一站拿下！"她不说话，但狠狠地点点头。

1 月 28 日，巴黎乔治·瓦莱里奥林匹克游泳馆灯火辉煌。齐晖保持了势

齐晖获得世界杯游泳比赛冠军并打破世界纪录 / 齐晖与教练合影

如破竹的劲头，以 2 分 19 秒 25 的成绩刷新了女子 200 米蛙泳短池 2 分 20 秒 22 的世界纪录。

站在领奖台上，国歌响起，面对冉冉升起的五星红旗，齐晖流下热泪。面对现场采访记者，她用法语说出"谢谢"，游泳馆瞬间沸腾了，观众的掌声、呼喊声、口哨声糅在一起。齐晖虽然不能用更多的法语表达，但那是海阔天空的美丽，这一块金牌足以告慰她所有的艰辛付出。

就在全世界游泳爱好者为齐晖的这一成绩欢呼的时候，国外一家报纸冷漠地评价"中国人只能在短池里扑腾"。这话令人齿寒，但我和齐晖用沉默面对质疑，因为最好的回击，就是用成绩来证明你自己。

2001 年 4 月 13 日，全国游泳冠军赛在杭州打响。那天，特意前去观战的媒体记录下了当时赛况：

女子 200 米蛙泳决赛，当发令枪响后，第五道出发的齐晖率先跳入泳池。100 米触壁时，电动计分牌上显示出 1 分 10 秒。"哇，太快了！要破纪录了！"几位教练一看秒表，觉得有戏，大家带头喊了起来。全场的运动员和教练员们都坐不住了，齐刷刷地站了起来，大家情不自禁一边喊"加油"，一边使劲鼓掌。可能是看台上的喊声鼓舞了齐晖，只见她加快了频率，向最后 50 米发起惊人的冲刺。电子计时钟被定格在 2 分 22 秒 99！全新的世界纪录！

　　齐晖触壁后听到震耳欲聋的声音，明白这是她人生中的又一重要时刻！她眯起近视眼，盯着大屏幕，然后和三道的罗雪娟、四道的罗男击掌相庆。

　　齐晖上岸后，似乎没有破短池世界纪录时的兴奋，她耐心地回答记者的每一个问题。我的视野一片模糊，被眼泪淹没了。我知道，我们终于回报了所有，也回击了所有！

　　齐晖的出色表现让世界信服，这也是中国游泳选手近四年来第一次在长池项目中打破世界纪录，为处于低谷的中国泳坛带来了春天的气息。

年仅 16 岁的齐晖首次打破长池 200 米蛙泳世界纪录后与叶瑾合影

　　刚刚出任国家体育总局游泳运动管理中心主任的李桦表示，这对中国游泳队出征东亚运动会和世锦赛等大赛是个非常好的兆头，相信中国游泳能够在齐晖的带动下走向复苏。

　　在现场观战的前国家游泳队总教练陈运鹏，看到齐晖破纪录的场景，激动地说："叶瑾，我真想好好拥抱你，庆祝一下！"

　　而我和齐晖之间，真的有千言万语想表达，却最终变成了几句最日常不过的叮咛。齐晖笑着抱着我说：

　　"叶练，你比我更开心！"

　　"累了，回去赶紧睡觉吧。"我嘱咐她。

　　2002 年底，齐晖再接再厉，在世界杯短池赛上海站比赛中，以 2 分 18 秒 86 打破了自己保持的 200 米蛙泳短池世界纪录。齐晖证明了更好的自己，也让世界再也没有任何的怀疑和挑剔。

　　每次凯旋，我走在海军游泳馆的那条小路上，回味过去打破世界纪录那惊心动魄的时刻，仿佛梦境一般。我甚至有些不相信自己，这是真的吗？

世界冠军有无数人，而打破世界纪录更为难得，意味着你是世界上游得最快的人！

正视得失

人生是一场攀登：登临绝顶，自然风光无限；走向另一个高峰，往往云遮雾拦。

齐晖将短池和长池的 200 米蛙泳世界纪录揽于一身，且又是女子 200 米蛙泳和 200 米混合泳世界排名第一，大家都期待齐晖能在国际大赛中开启真正属于自己的王朝。

2001 年有两个重要赛事：日本福冈游泳世界锦标赛和广州全运会，之前还有次量级的赛事——东亚运动会。大好的机会摆在齐晖面前，成功好像近在咫尺。可惜的是，她没有处理好"临门一脚"，也缺了点运气，没能在两大重要舞台上发挥应有水平。

2001 年 7 月，福冈游泳世锦赛是中国游泳队千禧年过后，迎来的第一项国际重要赛事，齐晖一口气报了女子 200 米蛙泳、200 米混合泳和 400 米混合泳三个项目。从 1999 年下半年的全国锦标赛到现在，齐晖有将近一年半没有比过 400 米混合泳了，这是她第一次在世锦赛中角逐这个项目。

赛前训练一直顺风顺水，没料到赛前一天，齐晖突然告诉我"觉得有点抓不住水"。所谓的抓不住水，就是虽然手在划、脚在打或者蹬水，但是没有水感，游得很慢。

我猛地一惊，立刻想到了此前参加的东亚运动会，两个比赛的间隔非常短。东亚运动会虽然不是特别重要的赛事，但比赛的激烈程度要远胜国内比赛。国内女子蛙泳，只有齐晖和罗雪娟具有竞争实力，所以她俩在预赛和半决赛中都会保存体力，到了决赛才全力去拼，而国际赛事中则步步惊心，每枪必争。齐晖当时在东亚运动会游 400 米混合泳，拼得特别凶，体力消耗非常大，这对她有一定的影响。

不过，我觉得，齐晖的心理调整不充分，也是重要原因。她多年来对我产生了非常强的依赖性，每次训练，她习惯于聆听我的讲解，习惯于在训练场上用目光追随我，一旦我的目光不在她身上，她就在水里大喊"叶练、叶练"。生活起居方面，包括奥运会，我俩总是同住一个房间，所以我俩的交流会细致入微，包括比赛分段的游法、成绩控制、转身和触壁，以及对手超越后的应变等。但是，本次福冈世锦赛期间，我和她一人一间房，突然的自由宽松让齐晖有些不适应，也让她有些慌张。

结果，齐晖在福冈世锦赛第一项 400 米混合泳比赛中，最终名列第四，在接下来的 200 米蛙泳半决赛后，她排名第六。

7 月 25 日，200 米蛙泳决赛前夜，我把她叫到我的房间，对她 400 米混合泳决赛的表现非常不满，狂风暴雨般地狠剋了一顿，大意是她的泳频没有按预先计划执行，重蹈悉尼奥运会覆辙，心态上太焦虑、太渴望去拿冠军。在冷静一会儿后，我进一步说："我们确实需要一个世界大赛的冠军，但冠军不好拿！虽然你拥有世界纪录，但是我们不要想那么多，要放下包袱才能轻装前进。现在，最重要的是你要游出你的技术特点，体现我们的战术安排，掌握好动作频率和节奏。如果其他选手领先，也不要着急，不要被别人牵着鼻子走。"

看到齐晖过于紧张，我最后说："我希望你在决赛上场时笑一笑，你笑起来最美。"

其实，对于年轻选手，大赛不紧张是不可能的，如何化解紧张情绪才最要紧。

赛前的沟通非常有用，人不能一再犯错，齐晖及时调整，投入比赛。前 100 米，齐晖习惯性慢热，但在最后 80 米，她展示出了强有力的冲刺能力，触壁的一刹那，齐晖仅以 0.27 秒的差距输给悉尼奥运冠军、匈牙利的科瓦克斯，获得银牌。

比赛总是令人窒息，太过惊心动魄，我有时紧张得都不敢看泳池。当成绩显示出来之后，齐晖虽然没能摘得金牌，有点小遗憾，但她克服了心理障碍，战胜了自我，在最后阶段还是拼出来了，这一点让我很欣慰。她后来告诉我：前100米时，她看到自己比几名对手慢了近半个身位，她一再告诫自己"不要急，急了要坏事"。

这是齐晖的第一个世界亚军，两天后的200米混合泳比赛中，齐晖不但拿了第三，还把自己的最好成绩提高了0.6秒。谁能想到，最初她可是一个只会游蛙泳的小孩子，到四种泳姿全能，混合泳竟然拿到了世锦赛铜牌，真的是一个奇迹。

齐晖世锦赛的表现，让我们师徒看到了11月广州全运会的光明前景。按照预测，齐晖100米蛙泳对手将是这个项目新科世界冠军罗雪娟，而200米蛙泳和400米混合泳，她应该能够拿下。

没想到的是，半路杀出个程咬金。我当年南部游泳队弟子韩冰岩，带着两位辽宁姑娘罗男和陈妍，粉碎了齐晖的全运会金牌梦想。

11月13日，女子400米个人混合泳比赛，齐晖游出了4分38秒20的个人最好成绩。但是，参加过悉尼奥运会的名将陈妍，经验更丰富，也更善于把控全运会的节奏，她以4分35秒22的成绩夺冠。而四年前的全运会上，陈妍还曾游出4分34秒79的成绩，以打破世界纪录的优异成绩夺冠。输给前世界纪录保持者并不丢人，齐晖坦然接受银牌。

11月14日，被人们冠以"蛙后之战"的100米巅峰对决，以17岁的世界冠军罗雪娟获胜而告终。罗雪娟的成绩是1分06秒96，改写了她在福冈世锦赛创造的亚洲纪录；而16岁的齐晖以1分09秒12收获亚军。100米不是齐晖擅长的距离，她承认"自己的爆发力和罗罗相比，差距比较大"，自己更擅长200米蛙泳。

11月17日晚，女子200米蛙泳决赛开始，齐晖从入水后就处于落后状态，15岁的罗男则在第五泳道一路领先，并以2分24秒76的成绩夺冠，齐晖和冠军的差距是0.04秒。

带着三枚全运会银牌，齐晖灰心了，苦着脸对我说："叶练，全运会后我要去读书，不知道是不是还会坚持游泳。"

齐晖的眼神显得十分空洞，我非常理解她此时此刻的心情。但那个好强逞能、令男孩子们也闻风丧胆的女汉子，难道就此退隐江湖？她才16岁，我的心揪作一团。

对我而言，2001年有遗憾，但也是意义非凡的一年。

10月22日，中华人民共和国中央军事委员会颁布通令，给我记一等功。这份由中央军委主席江泽民签署的通令是这样写的：

海军体育工作队游泳高级教练叶瑾同志（女），多年来带领运动员从严、从难、从大赛要求出发，刻苦训练，先后培养出5名世界级运动员。她培养出的运动员齐晖，多次获得世界级游泳比赛冠亚军。在今年世界杯游泳比赛中，

叶瑾荣立一等功表彰大会上海军中将为她佩戴勋章

齐晖夺得 100 米、200 米蛙泳两枚金牌，并打破 200 米蛙泳世界纪录。为表彰其功绩，中央军委决定，给叶瑾同志记一等功。

叶瑾与齐晖合影

为备战全运会，我和队伍已经连续半年没有休假了。全运会取得 1 金 3 银 1 铜的佳绩之后，我们又马不停蹄地参加世界杯短池游泳系列赛，并摘得 3 金 1 银 1 铜。庆祝大会被一再延期。直到 12 月 7 日，海军才召开庆功会，海军副政委、中将胡彦林亲自为我戴上了一等功勋章。

迄今为止，在我多年的执教生涯中，共获得过四次一等功，但是由中央军委主席为我记一等功，这是头一次！

在本次表彰之后，我被任命为海军体工队副队长，授大校军衔。

2002 年 2 月 27 日，国家游泳队举行年度表彰大会。虽然与 2001 年世锦赛冠军失之交臂，全运会比赛也不理想，但齐晖和我还是凭借世界纪录，获得了"突出贡献奖"。

我对齐晖说，我们的付出和成绩配得上这个荣誉。新的一年，我们要加强各项技术的协调，避免片面追求力量；同时，还要借鉴日本蛙泳选手北岛康介的技术，水中发力点要更趋合理平衡，技术要力求更加完善。

我和齐晖开始了 2002 年之旅，齐晖也不负众望，交出了漂亮的成绩单：

4 月初，齐晖在莫斯科世界短池锦标赛 200 米蛙泳比赛中夺魁，状态不错。

4 月底，全国游泳冠军赛在辽宁鞍山举行，齐晖与全运会冠军罗男、罗雪娟同场竞技，3 位世界级女子蛙泳选手角逐 200 米蛙泳桂冠，使得竞争达到了白热化。最让我欣慰的是，与一年前相比，齐晖心态更趋平稳，成熟多了。当罗男在前 100 米领先时，齐晖没有打乱自己的节奏，而是更专注自己的动作质量和频率，保持定力，靠后程发力，最终她拿下了冠军。

齐晖获得亚运会女子 200 米蛙泳、200 米混合泳、400 米
混合泳三枚金牌

9 月底，迎来新世纪的第一次亚洲体育盛会——釜山亚运会。金秋的釜山，天高云淡，海碧风轻，缤纷的彩旗随处可见。在赛场上，我们见证了那一面鲜亮的五星红旗在雄壮的《义勇军进行曲》中冉冉升上旗杆。在泳池大战中，除了韩国和乌兹别克斯坦选手获得男子 50 米自由泳并列冠军外，中国队以 20 ∶ 11 的巨大优势，大胜日本队！而四年前的曼谷亚运会上，中国游泳以 13 ∶ 15 不敌日本。这也足以证明，中国游泳队四年来取得了巨大的进步，每一位游泳人都为中国队的进步感到骄傲自豪！

在这个光荣的集体中，齐晖参加了 4 个单项比赛，交出了 3 金 1 银的成绩单。其中，200 米蛙泳、200 米和 400 米混合泳获得冠军，100 米蛙泳收获银牌。200 米蛙泳决赛中，她原本有望打破世界纪录，在前 150 米时，比世界纪录还快了 0.08 秒，可惜最后 50 米，体力有所不支，最终以 1.02 秒的差距，无缘打破世界纪录。

让我欣慰的，不仅是齐晖在 3 个项目上站上亚洲之巅，更是她在比赛中展示出来的冠军气质。

10 月 1 日是国庆节，中国游泳包揽了当天全部的游泳金牌，五星红旗连续五次在游泳馆升起。外国记者看来看去尽是五星红旗，听来听去全是中国国歌，他们竟在一夜之间学会了哼唱《义勇军进行曲》！这一天，齐晖出战自己的第一项比赛——女子 200 米个人混合泳。决赛中，前 100 米分别是蝶泳和仰泳，齐晖照常跟在后面；第三个 50 米是强项蛙泳，开始发力，最后 50 米自由泳是冲刺。齐晖在确保胜券在握后，她的速度慢了下来，最终以 2 分 13 秒 94 的成绩赢得金牌。触壁后，齐晖并没有急着去看大屏幕上的成绩，而是大口地喘息放松肌肉。她明白，半个小时后 100 米蛙泳决赛在等着她，要兼项就必须节约体能，这是策略的选择。即使在 200 米混合泳的领奖台上，她也是尽可能地减小动作幅度，笑容都显得很"吝啬"。下了冠军领奖台，齐晖再次跃入水中，与队友罗雪娟组成 100 米蛙泳"双保险"，并夺得银牌。

夺得 1 金 1 银的齐晖很是疲惫，但她还要面对蜂拥而至的记者，面带微笑，落落大方，态度认真。

这一幕让我回想三年前，齐晖曾以训练后太累为由，拒绝了记者采访，事后受到了我的严厉批评。我明确要求："记者采访是他们的本职工作，我们要懂得配合。我们要尊重对手、尊重裁判，也要尊重观众，尊重媒体。媒体也是展示我们运动员形象的一个重要窗口，我们要尽量得体，体现我们的文化涵养。"

齐晖是一个喜欢读书的孩子，从小就在父母的要求下通读《上下五千年》《十万个为什么》等书籍，在训练比赛任务繁重的前提下，她坚持请上海外国语大学的学生辅导英语，每周三个晚上，每次课 2 个小时。她给自己定的目标是，尽快做到用英语接受外国记者采访。从"要我学"到"我要学"，体现了齐晖的主动意识，视野和心胸更加开阔了，阿拉齐晖长大了！因此，当我看到她以自信得体的谈吐面对记者侃侃而谈时，我怎能不由衷地感到欣慰呢？

这一年，齐晖备受日本记者的关注，他们几次找到我，追问"齐晖先进的蛙泳技术是怎么练就的、我们能不能观看她的训练"等问题。我觉得技术问题是很难用语言来精准表述的，就反问道："那你们能不能给我介绍一下，蛙王北岛康介的技术是怎么练出来的？"他们耸耸肩，难以回答。后来，经国家队批准，日本记者实地到游泳馆采访拍摄我们训练的全过程，同时还拍摄了我的训练计划本，说要带回去研究。我心想，他们能这么虚心学习，这也足以证明齐晖的蛙泳技术是一流的。

顺境与逆境

2002 年第十四届亚运会收获 3 金 1 银后，齐晖跟我说了句没头没脑的话："我想登上最高领奖台！"

"最高领奖台"那必须是奥运会和游泳世锦赛，显然，这是她渴求的终极目标。至于亚运会，对一流运动员来讲，那仅是中间的停靠站罢了。

除了 200 米蛙泳，齐晖还想扩大自己的"势力范围"，目标是混合泳和 100 米蛙泳。我理解齐晖，对于一个优秀运动员，如果没有一颗冠军的心，那

齐晖在比赛中蝶泳、仰泳、自由泳、蛙泳四种泳姿

我们一定是愧对了这项运动。

齐晖刚出道时，女子蛙泳是南非运动员海因斯的天下。在陆上练等动拉力，最后因拉不动而速度减慢的情况下，我总会说："海因斯就在前面，加油！"

亚运会后，是全国游泳锦标赛和福建省运动会。在福建省运动会上，齐晖参加了女子所有的 13 个单项比赛，蝶仰蛙自四种泳姿游个遍，结果创纪录地拿到 12 枚金牌，还打破了 4 项全省纪录，唯一遗漏了 100 米仰泳金牌。齐晖表现了强悍的统治力，但对自己依然严苛，甚至都超出了我的要求：除了比赛，她每天还坚持陆上力量训练，把比赛当成是高强度的训练课。大家都笑着说："这孩子是铁人吧，连续比赛也不喊累。"

省运会之后，我给齐晖放了 6 天假。归队后，国际泳联世界杯短池上海站比赛又在眼前，我们严阵以待。12 月 1 日，齐晖先是在 100 米蛙泳中取得突破，将个人最好成绩提高了半秒；随后，她又将 200 米个人混合泳冠军收入囊中，成绩提高达 3 秒之多。这个势头让我心里有预感：齐晖有望打破世界纪录！

12 月 2 日上午，齐晖和我开玩笑，"叶练，给我点兴奋的感觉吧。"显然，她是在调动自己。晚上热身时，游完 4 组 50 米蛙泳冲刺间歇游后，齐晖向我打"28"的手势，表示冲刺后 10 秒钟脉搏是 28 下。我看着手里的秒表，50 米蹬壁游 33.5 秒，我努力控制住自己的情绪——她的状态太好了，动作频率和节奏都非常好。此后，齐晖又游了 3 个 200 米后才进行放松，漂在水面上酝酿比赛情绪，一点压力都没有。我在池边蹲下来，看着她的眼睛说："有戏，今晚好好表现一下！"齐晖的眼睛一下子亮了。

"有戏"是我的口头禅，鼓励运动员创造好成绩。说实话，我也按捺不住兴奋，从来不说大话的我，忍不住悄悄地和熟悉的记者念叨："当教练至今，我从来不做任何预测。今天我想大胆预测：齐晖能打破世界纪录！"

晚 8 时 30 分，女子 200 米蛙泳决赛开始。齐晖站在 3 道，奥地利选手 4 道，澳大利亚选手7道。我屏住呼吸，瞪大眼睛，手里握紧了秒表。

走上出发台的齐晖显得与众不同，她拍手击掌，调动自己的兴奋点。看台上，海军队的教练员和运动员们齐刷刷地大声叫喊："齐晖，加油！齐晖，加油！"

发令枪响，齐晖入水反应最快，出发优势明显。由于是短池25米的比赛，看着齐晖迅速游了一个来回，也就是50米后，我有点着急："这是游100米的速度啊，太快了！"按理说，200米选手不会在比赛一开始就猛拼，而是会保存体力，留在最后50米才发起冲击。绝不会像游100米比赛那样一冲到底。但是今晚的齐晖，似乎积蓄了太多的能量，一马当先，游速惊人。眼看着水里的齐晖铆足了劲儿，马力十足地完成了150米，她依然游在最前面，大屏幕上不断显示着她的每个50米分段成绩，每个跳动的红色数字都比世界纪录要高！

随着触壁的一刹那，我的担心烟消云散，兴奋得像孩子似的，跳起来大喊"破了，肯定破了！"在最后15米，全场几乎所有的观众都预料到她要破纪录，有节奏地给齐晖送上掌声和加油声。最终，齐晖以2分18秒86的成绩，将纪录提高了0.39秒！新的世界短池纪录诞生了，我的预言应验了！

齐晖第三次打破世界纪录后第一时间给父亲打电话

从泳池中上来的齐晖，浑身湿漉漉，脸红扑扑的，眯着眼睛到处搜索我。发现我后，三步并成两步，向我跑来。我俩在泳池边紧紧拥抱，没有话语，只有止不住的泪水。

世界纪录再次留下了齐晖的名字，我们又一次实现了梦想！所有的艰辛都化作了天边的七彩云霞，那种辽阔的心境，唯有为梦想奋斗付出的人才能体会。

随队的教练把手机递给齐晖，齐晖拨通了爸爸的电话。接到了女儿的报喜，齐爸爸开起了玩笑："早不破晚不破，偏偏这个比赛破！"听了爸爸的"埋怨"，齐晖笑嘻嘻地说："能当世界冠军当然好，能破世界纪录也好嘛！你应该为你女儿骄傲才是！"

齐晖在上海短池世界杯赛上还有另外两个突破。一是100米蛙泳，这是罗雪娟的强项，世界杯纪录也是由罗雪娟保持，但齐晖却以1分06秒14的成绩夺冠，把自己的最好成绩提高了0.4秒。二是在100米蛙泳夺冠半个小时之后，齐晖在200米混合泳决赛中，战胜了该项目世界杯赛纪录保持者——乌克兰名将克洛切科娃。比赛的前100米，位于4道的齐晖比5道的队友张添翼慢了整整一个身位，但凭借强项蛙泳的出色发挥，齐晖后半程发力，牢牢掌握了场上优势，以2分08秒77的佳绩摘得金牌，还打破了克洛切科娃在年初巴黎世界杯中创造的世界杯纪录。

从100米蛙泳个人最好成绩，到200米混合泳世界杯纪录，再到200米蛙泳世界纪录，证明齐晖的力量强了，体力好了，连续作战能力提高了，而且我们一直在短池训练，对于运动员的动作频率、速度感和转身技术等都有独到的优势，这说明我的训练思路、训练手段和赛前调控是对头的，我也对自己充满了信心。

齐晖马上就满18岁了，将正式迈入成年人行列。当同龄人还在父母羽翼下撒娇的时候，她已经历了万水千山，品尝过世间所有的艰辛坎坷，也站到了绝大多数人一辈子也无法抵达的高峰。

作为教练，站在她身边，我总有一种难以言说的感受：她让我又心疼，又为她骄傲。

从2001到2002年两年间，齐晖创造了3项世界纪录：

2001年1月28日巴黎，200米蛙泳短池世界纪录2分19秒25

2001年4月13日杭州，200米蛙泳长池世界纪录2分22秒99

2002年12月2日上海，200米蛙泳短池世界纪录2分18秒86

在齐晖的整个运动员生涯中，留下了一串串光辉的数字：

打破亚洲纪录：10 次

打破全国纪录：13 次

获得世界冠军：4 次（短池）

各类国际比赛冠军：60 次

全国冠军：59 次

共计各类冠军：119 次

另外，代表国家队参加奥运会 3 次，世锦赛 6 次，亚运会 3 次，军运会 3 次；荣立一等功 7 次，二等功 4 次。

顺境固然能看出一个人的品格，而逆境更能体现一个人的意志品质。与 2002 年相比，2003 年是齐晖在逆境中坚持的一年。

从 2002 年底到 2003 年夏天，国家游泳队 97 名运动员一直在国家游泳队广州训练基地伟伦体育运动学校集训。当时，为了调动训练气氛，激发运动员的斗志，国家游泳队组织开展了"体现国家队队员精神风貌一句话"的评选活动。最终，通过无记名投票，选出最受欢迎的标语，我的弟子曲敬宇和来自浙江的罗雪娟、杨雨入围前三。

"用汗水编织梦想，用激情超越自我，用拼搏铸就辉煌！"

"龙腾希腊池中飞，凤翔雅典水中舞！"

"事在今天不留余力，意在奥运不留遗憾！"

这些激情澎湃的励志标语，正是运动员们的心声。但是，齐晖却显得对广州"水土不服"，来广州的半年多时间竟连续生了三场大病：肠炎、感冒发烧导致的鼻炎加重、颈椎损伤。我只好降训练量，每天的训练量从日常的 8000~10000 米下降到了 6000 米，而且没有速度和质量要求。

6 月的一天，齐晖因为进行陆上牵引训练，导致颈椎受压，当天晚上她在宿舍出现了呕吐、大汗淋漓、浑身抽搐的现象，并且发出了无意识的呻吟，值班教练和队友在旁边使劲叫她，她都没有反应。队里值班医生推断是她的颈椎出了问题，搞不好会瘫痪，可能需要立即手术。年轻教练听到后又急又怕，吓得直哭，哽咽着打电话给我。当我带着齐晖去医院看过医生后，才发现是一场虚惊。原来值班医生资历太浅，判断有误，齐晖的情况根本不至于瘫痪，在医院打了扩张血管的针剂后，她很快就恢复了正常。

但是这件事也给我们敲响了警钟，运动员经受极限训练后，他们的身体状况必须密切关注。如果真有什么闪失，我们该如何向他们父母交代？！

挺吓人的一件事，但没有想到的是，齐晖始终没有和家人说过，她怕父母担心。直到 2004 年奥运会前夕，国家队才允许家长来京陪同和探访，目的是做好运动员的心理安抚工作。一天清晨，齐晖觉得脖子不对劲、手脚发麻，她妈妈赶紧给我打电话。齐晖被送医院后，立刻进了急诊室。经过医生的有效诊治，齐晖的症状迅速减轻。当时，她妈妈着急地大喊："孩子，你怎么不早点告诉我，我们从来不知道你有颈椎问题啊？这要是以后动不了可怎么办？"齐晖什么都没有说，只是安慰妈妈。我在旁边默默地流泪。

齐晖就是这么一个能拼能扛的孩子——作为军人，她从不娇气，从不叫痛叫苦。不管多么艰难，她都会咬牙坚持。在她的人生中，创造世界纪录、登上冠军领奖台，这些美妙的时候总是非常短暂，如过眼云烟，而绝大多数时间，都是漫长而艰苦的训练，以及刻骨铭心的失败。每次失利，她都不给自己找客观原因。她说："否定自我不是坏事，不是自暴自弃，而是立志图强，让膨胀的心平静下来，清醒地正视缺漏，理智地面对未来。"

因为这几场病，齐晖的状态下滑严重，差点无缘 2003 年巴塞罗那世界锦标赛。就在世锦赛前夕，她还病倒了，我只给她报了 200 米蛙泳和 200 米混合泳两项。

在巴塞罗那，齐晖在最先进行的 200 米混合泳预赛、半决赛和决赛中拼尽全力，拿到了第四名。客观地讲，这个成绩已经相当不易了。200 米蛙泳是齐晖的强项，经过预赛和半决赛，虽然以排名第二的成绩进入决赛，但决赛中，前半程她的游速正常，到后半程时，明显感觉体力下降，后程发力的优势丧失。结果，美国运动员阿曼达·比尔德以 2 分 22 秒 99 的成绩，平了齐晖创造的世界纪录，澳大利亚的琼斯以 2 分 24 秒 33 获得亚军，齐晖艰难地争得铜牌。

齐晖世锦赛的表现在情理之中，纵然你付出了全部努力，但人生中总会有不可控的因素，让你感到世事的无常与无奈。

10 月底，全国第五届城市运动会在长沙举行，齐晖无法做彻底调整，又要换一种身份去继续战斗。比赛前，她还是感冒了一个多星期，鼻炎症状有所加重，晚上头痛得无法入睡，甚至连嗅觉也失灵了。就是在这样的情况下，她依然获得 200 米蛙泳、200 米和 400 米混合泳冠军。

2003 年 12 月，第三届世界军人运动会在意大利西西里岛举行。俄罗斯队在金牌和奖牌榜上位居第一，而中国队以 31 金 16 银 13 铜位居次席。齐晖个人则获得 50 米、100 米、200 米蛙泳、200 米混合泳和 4×100 米混合泳接力五项冠军。

12 月底，齐晖终于下决心在上海做了鼻炎手术，期望在第二年的雅典奥运选拔赛和后续奥运备战中有好的状态。

总结齐晖这一年训练和比赛，我认为，齐晖更适应自己的节奏和环境，外训对齐晖不太有利，因为齐晖三次打破世界纪录时的前期训练，都是在海军队进行的。

失意雅典

2000 年，15 岁的齐晖首次参加奥运会，以 0.01 秒的差距与奖牌失之交臂。

2004 年，齐晖 19 岁，将迎来人生中的第二次奥运会。

四年中，多少次起起落落，时而在云端翱翔，时而在云雾里迷失方向，但她明白心中的目标，就是在最高的舞台上证明自己。

可是，离雅典奥运会不到两个月，齐晖的颈椎病犯了，被送到医院急诊室。她的眼中噙着泪花，但坚定地对我说："叶练，我不给自己留后路，无论如何，我都要去雅典，不留遗憾。"

我用力点点头，心里泛起难以言说的酸楚。四年前，在众人看好、一片光明的情形下出征悉尼，却是抱憾而归；如今，面对雅典征程，却是烟笼雾罩、前途漫漫。四年来，我带着她参加了国内外各类大小赛事，增强了连续作战的比赛能力，也经历了一次又一次波峰浪谷的考验。可是，伤病成为一条巨大的鸿沟，横亘在面前。不仅如此，面临大赛，伤病与过往负面的经历往往会交织在一起，还有来自方方面面的期待，无形中让你焦虑不堪，侵蚀你的思想。齐晖的想法多了，目标在提高，可大赛前最犯忌的是过度紧张。为

叶瑾率齐晖等4位弟子参加雅典奥运会，此为叶瑾在开幕式上留影

了给齐晖解压，我努力营造轻松愉快的氛围，积极疏导她的心理。我劝她："不要想得太多，脑子中得失的念头多了，就会影响心态。记住一条，能够出征雅典就是成功，至于是否能够拿到奖牌，就看你是否放下包袱。我相信，只要你轻装上阵，放手一搏，应该会有好的表现的。"

2004年8月19日，雅典奥运会女子200米蛙泳决赛前，我带齐晖做赛前热身。我有意减少对齐晖的关注，让她能够放松些，所以特意和熟悉的记者聊天，还拿着手机装作发短信。哪知敏感的齐晖当即就抱怨上了："你怎么不看我呢，自管自发短信做什么？"在运动员检录时，我帮助她拉关节，就一句嘱咐："放开游，不要多想。"

齐晖只管点头，没有说话。我知道，她还是紧张。进去检录时，齐晖看

上去脸上有些僵硬。

根据半决赛成绩，齐晖排在第一道。这个道次不是焦点，但三天前罗雪娟正是在这条泳道赢得了100米蛙泳金牌，上演了一出"慢行道夺冠"的神话。所以当齐晖以第七名进军决赛后，包括罗罗和所有队友、教练都鼓励齐晖再创奇迹，为她打气。齐晖也这样念叨："至少我的一侧没有人，可以专注游自己的。"可真正到了水里，在比赛中，只有她一个人作战。

决赛发令枪响，齐晖在前50米排名第二，成绩不错；第二个50米，齐晖掉到第三；第三个50米，依然是第三……我站在看台上，手里紧紧攥着两块秒表，心里越揪越紧，有种不好的预感：从成绩上看，齐晖的表现是可以的，但是她的动作频率过快了，不知道最后一个50米能不能顶下来？结果，齐晖的动作频率越来越慢了，被其他选手超越，触壁时，她的名次是第六，成绩是2分26秒35，比她2分22秒99的个人最好成绩相差太大了。美国选手比尔德则以2分23秒37的成绩夺冠，并创造了新的奥运会纪录；澳大利亚选手琼斯和德国选手波尔斯卡分列二、三名。

出水后，齐晖躺在休息区的垫子上，双手无力地捂着脸。我知道她在掉泪，心疼极了，同时也在反思懊恼：在奥运会这种级别的比赛中，高手间较量，比拼的就是心理；怎样才能让运动员在重要比赛中表现出舍我其谁的霸气和硬气，是我们师徒需要解决的难题。

应该说，雅典奥运会失利的原因是多方面的，除了伤病和心理影响，在时间管理上也是存在问题的。游泳队在奥运会开赛前一周就集体抵达雅典，为的是倒时差，按照预案，我们每天进行一个小时的身体恢复训练。但是，女子200米蛙泳决赛却是在开赛后第6天，等于在雅典待了近两周，兴奋点早就过了，尤其是雅典的比赛在室外泳池进行。齐晖也说："我不喜欢在场地适应那么多天，兴奋劲和新鲜感都没了。我觉得，适应场地的时间三天就足够了。"

这也引发了我的思考：倒时差是一个普遍现象，但运动员有个体差异，反应和表现不尽相同；我们应该根据运动员的比赛日程和身体情况区别对待，进行个性化和差异化管理，可能会更科学，也更有利于出成绩。问题是奥运会这样的比赛，代表团的各支队伍基本都是同期入住奥运村，无法做到区别对待。

从长远来看，奥运会再重要，也只是运动生涯中的一场比赛罢了。我和齐晖经历过了多次重大比赛的失利，都明白哪里跌倒，就要哪里爬起来，这是我们师徒间的默契。

在很多人看来，女游泳运动员过了 20 岁就该考虑退役的事情了。参加过两届奥运会和两届世锦赛却都铩羽而归的齐晖，已经成了众人眼中的边缘人物，失去了耀眼的光环。不过，齐晖却有种百折不挠的精神，她说："悉尼奥运会后，我已经不再把夺冠看成成功的唯一标准了。我也曾说过要'不留遗憾'，那就是指突破自己的成绩，做到最好，即使拿不到金牌也是成功。奥运会不是我的终点，我还会继续参加全国大学生运动会、世界军人运动会、世界短池游泳锦标赛等。"

是啊，唯有完成对自我的超越，才能不失初心，永远追梦。

2005 年，第十届全运会在南京举行，齐晖参加了五个项目的比赛，最终交出了 4 金 1 银的成绩单，这个成绩和四年前的 3 银 1 铜相比，取得了全面突破。主项 200 米蛙泳，她游出了 2 分 24 秒 14，这个成绩可以获得当年世锦赛亚军；她的 200 米和 400 米混合泳夺冠成绩，也相当于世锦赛第二和第三名的好成绩。我更最看重的是齐晖 400 米个人混合泳，因为在这个项目上，国外对手并不多，齐晖完全可以另辟新的战场，增加夺金点。

相对蛙泳而言，混合泳对运动员的技术和力量要求更高、更全面，如果一个环节做不好，就不可能出成绩。所以混合泳选手基本都很"长寿"，如美国"飞鱼"菲尔普斯和罗切特，被称为泳坛常青树。根据齐晖的特点，平时多练混合泳，反而会带动她的蛙泳成绩提高。如果只练蛙泳的话，一方面蛙泳技术容易变形，另一方面也会因单调而产生厌倦和抵触心理。所以，针对齐晖训练功底扎实、有氧耐力基础好的特点，加强混合泳是大有裨益的。更为重要的是，齐晖在混合泳方面下的功夫不多，而成绩居然和她的主项蛙泳在世界排行榜上占据相同的位置。我认定，混合泳完全可以成为齐晖的争金点。

2006 年 4 月 6 日，上海短池游泳世锦赛，所有的目光都齐刷刷地聚焦在齐晖身上：齐晖一如往常，不戴泳镜，一袭黑色的泳衣，红白相间的泳帽上鲜红的"中国"两字特别醒目。

齐晖走上了出发台。发令枪响，她的出发离台时间用了 0.81 秒。之后的 4 分半钟，全场观众一直沉浸在激动中，呐喊、鼓掌、舞动国旗，中国队的所有教练和队员都站起来了。

100 米蝶泳，齐晖以微弱优势列第一；100 米仰泳，她掉到了第四；100 米蛙泳是齐晖的强项，她重新夺回失地，比第二名快了近 4 秒多；最后 100 米自由泳，进入齐晖的个人表演时间。当齐晖率先触壁的那一刻，欢呼声响彻赛场，许多长期以来理解并支持齐晖的粉丝，早已双眼湿润。

四年前的莫斯科短池世锦赛上，齐晖赢得了 200 米蛙泳金牌。这一次，

2006 年世界短池锦标赛齐晖获三枚金牌

她为中国游泳队迎来首金，也是齐晖个人 4 年来获得的第一个世界大型赛事冠军，实属来之不易。成功的关键在于，我在训练中改进了她的弱项仰泳技术，从而推动了混合泳成绩大幅度提升。此后，她还获得了 200 米蛙泳和 200 米混合泳冠军，在本届短池世锦赛中独揽三金，

完美收官。

在世界短池锦标赛新闻发布会上，有记者问：

"齐晖，你经历了 2004 年奥运会的低潮，还有许多伤病在身，你是怎样走到今天的？"

"坚持是一种责任吧，因为伤病和挫折，本身就是运动员需要面对的两大难题。"齐晖这样对记者们说。

2006 年底，多哈亚运会来了。在本次比赛中，齐晖先后获得 400 米和 200 米混合泳及 200 米蛙泳冠军，充分发挥了老将在队伍中的作用。尤其是

2006 年多哈亚运会组委会为冠军运动员制作的宣传画布满亚运村，图为叶瑾在齐晖的宣传画下留影

200 米蛙泳 2 分 23 秒 93，这是她自从 2001 年打破世界纪录后的个人最好成绩，这让我们看到了北京奥运会的希望。而她在混合泳的不俗表现，也确定了混合泳将成为她的第二战场。齐晖当时表示："对 200 米蛙泳的成绩我很满意，达到了预期。我对亚洲选手的成绩比较熟悉一些，在亚洲，我的对手确实不太多，所以在这种情况下，我更多是按照自己的动作节奏去游。"

高住低练

从 1996 年到 2006 年，我和齐晖一起走过了第 10 个年头。

齐晖是我的学生，也成了我的女儿。10 年间，我是教练，是母亲，是保姆，时刻留意她的一举一动。顺境中，我因势利导，鼓励她再接再厉；逆境中，我们共同面对风雨，互相安慰，重拾信念。我们经历过山车似的轮回：看到希望—信心大增—理想破灭—从头再来—然后，再燃起希望……

有时，在独自前行的路上，我会悄悄落泪。而这样的场景也会被孩子们发现，他们不理解一向掌控自如、风轻云淡的教练，为何多愁善感起来。

"叶练，你为什么哭了？"

齐晖和其他队员经常这样问我。我无言以对，往往顾左右而言他。

有一位成功人士说过：什么叫作失败？放弃就是最大的失败。

作为一名从事竞技体育的教练员，我更明白什么是坚强：只有经历许多磨难、委屈、失败后还在坚守，那才是坚强。

我也在经历一次次的风口浪尖后告诫自己，要时刻牢记初心和职责：为了实现目标，我必须比别人多勤奋一点、多努力一点、多付出一点。我在引导队员的时候总是说："傻瓜用嘴讲话，聪明人用脑袋讲话，智者用心讲话，让我看看你们是什么样的人。"

2007年初，雅典奥运会百米蛙泳冠军罗雪娟因为身体原因退役了，这让齐晖有点孤单，毕竟两人并肩作战长达8年，彼此惺惺相惜。对于罗罗（罗雪娟昵称），齐晖充满敬意，她的狠劲和霸气是值得齐晖学习的。罗雪娟的离开，齐晖因又一次成为中国女子游泳的领军人物而备受重视，相关领导先后找我谈话，希望我们能尝试训练手段的创新，在国际比赛中实现突破，也为中国水军开拓新的训练模式。

没有料到，我执教生涯中最大的考验来了。

经过研究，领导建议我们到上海东方绿洲训练基地进行"高住低练"尝试。

所谓"高住低练"，就是让运动员在模仿海拔1800米的低压氧舱房间内生活，然后在正常海拔的游泳馆里训练。这种创新的训练模式，优点是低压氧舱调整到人们想要的海拔高度后，产生的低压缺氧环境可以升高人体红细胞数目，增加血红蛋白含量，增大红细胞压积，提升载氧能力，让运动员在生活中提高缺氧状态下的代谢能力。

面对新生事物，我举棋不定，这种尝试有两面性，有成功的可能，也会有失败的风险。"高住低练"运动员能不能适应？训练计划如何改变，最终的结果会怎样？这一系列的问题都是未知数，需要摸索。可是换个角度思考，不破则不立，北京奥运会前各队都掀起了科技攻坚的新浪潮，包括划船、赛艇等队都在推广尝试这种高住低练的训练方法，因为从理论上讲，这对于提高运动员的心肺功能和自身肌体能力有促进作用。从我的角度，我也迫切希望能找到一种新的训练方式，让齐晖的训练有质的提升。经过反复思量，我和齐晖决定：选择勇敢，去试一试！

我安排齐晖、曲敬宇和赖忠坚三人参与"高住低练"攻坚计划，训练时间设定为四周，我们也成为国家游泳队第一个吃螃蟹的实验小组。领导也给我们吃定心丸，"你们大胆尝试，出了问题我负责"。

事实上，不管是齐晖，还是中国游泳，要想取得飞跃，就必须勇于创新、突破自我。有领导的支持，我们就放开手脚大胆尝试。

作为教练，我每天采集相应数据，以便做出训练调整。

第一周，氧舱氧气浓度低，运动员深度睡眠减少，训练无法得到有效的恢复，齐晖开始出现疲劳的迹象……

第二周，齐晖告诉我，感觉有小虫在脸上爬，手臂发麻抽筋，无法进行正常训练；其他男队员没有明显的身体不适反应。这应该是个体差异，再加上齐晖训练特别认真，从来不偷懒，认真执行每堂水上训练课，水上完成的训练水平还是努力与平时相同，这样对身体的消耗很明显。

时值春节期间，到处都洋溢着节日的喜庆气氛，我心里却像压了一块大石头喘不过气来。每天早上起床，做的第一件事情就是仔细询问齐晖的身体感觉如何？其他队员的身体感觉如何？

一旦运动员进入低氧环境，教练和工作人员要随时商量需要模拟的高度，由工作人员启动总控制器。实验室外，心理专家、医学专家等会密切监控运动员的身体状况，对各种数据进行分析。运动员一旦出现不适反应，他们会及时进行处理、分析和研究。

但是，我们这一组的实验有先天不足：没有给我们配备专职的工作人员和医学专家，一切都靠我的感觉。

我开始彻夜不眠，经验告诉我：齐晖的身体状况一定是出问题了，要么是神经系统出了问题，要么是肌纤维正在重新构筑。我把这些情况向专业人员做出说明，但与我们对接的科研人员认为，小虫爬、手发麻是假象，不可能会有这样的情况；也有专家确信，运动员有反应是好事，反应越大，证明效果越明显。我和齐晖也是抱着侥幸心理：虽然现在身体有不良反应，但恢复正常训练后，成绩应该会有突飞猛进的提高。

第三周，齐晖的状况继续下滑，在水里好像潜水艇，显得特别沉……训练成绩直线下降。

我果断对齐晖说，咱们不睡低压氧舱，还原正常的训练环境！可是，齐晖特别要强，也特别希望自己有所突破，她一再央求："叶练，计划是四周，咱们再坚持坚持吧。"

我的态度很坚决："不行，一定要出去！"

于是，我们提前结束了"高住低练"。

恢复了正常的生活和训练后，齐晖状态依然低迷，睡不好，训练就更别提了。好像一个武林高手突然被废掉武功，功力全无，而且她的肌肉细胞受损严重，力量大幅下降。队医告诉我，齐晖肌肉松弛，就好像捏在一团肉松上。从来不与我顶嘴的齐晖，在探讨过程中，用生硬的语气对我说："我的肌肉出问题了，谁能证明？用什么证明？"当时我都被问傻了，我不知道该怎么答复她，因为当时没有一个专业人员可以帮助我们剖析，"高住低练"后会产生什么严重的后果，也没有具体数据。后来我通过研究和咨询，认定齐晖描述的"小虫在脸上爬、手发麻"，是一种缺氧表现，可是当时我们并不知道，也没有及时调整计划，而是继续在缺氧的情况下"自残"。

齐晖的状态到底差到什么程度？ 2007 年 3 月在墨尔本举行的游泳世锦赛给出了答案。200 米混合泳预赛，她拼尽全力，最终以 2 分 19 秒 05 的成绩排名第 25 位，无缘半决赛。而在 4 个月前的多哈亚运会上，她的夺冠成绩还是 2 分 11 秒 92，短短 4 个月慢了足足 7 秒多！她形容自己的比赛感受是："一跳下水都不会游了，觉得肌肉和神经完全不受控制，四肢不听使唤了。"从小在水里泡大的齐晖，突然间好像不会游泳了！

"高住低练"后被废掉武功的还有我另外一个运动员赖忠坚，他在男子 200 米蛙泳半决赛中，排在第 14 名，无缘决赛。

对齐晖来说，世锦赛 200 米混合泳 2 分 19 秒 05，400 米混合泳 4 分 49 秒 97，这样的成绩，仿佛回到了最初入队时的状态。

墨尔本世锦赛回国之后，我没有让齐晖参加任何比赛，包括全国比赛，她已经没有能力去参加比赛了。齐晖不想看见游泳池，甚至不能闻到泳池里氯气和消毒水的味道，新闻报道更是连看都不看。与其这么痛苦煎熬，不如痛快放个长假。我给了她 10 天的假期，让齐晖家人陪她去三亚旅游，我告诉她"好好放松，什么时候想回来，叶教练都在这里等着你"。

假期没结束，齐晖便给我打来电话："叶练，什么时候开始训练？"她还是想回到泳池。那时我想：如果她回来说要退役，我不会拦她的，毕竟，她的状况太差了，而且她已经长大成人了。

齐晖确实考虑过退役，她也征求过父母的意见。她爸妈倒是非常冷静，告诉她：考虑好，就不要改变。

父母的态度反而让齐晖平静了，心想：十余年的心血与努力，难道没有任何铺垫，就这样戛然而止？她觉得自己对不起教练，对不起领导，对不起那么多支持她的泳迷。

"我的目标还没有完成，我不能这么自私。"齐晖暗暗对自己说。

这样的决定是艰难的，需要钢铁般的意志，而展现在她面前的，将是更为艰难的道路。

10 天后，齐晖回归，眼睛看起来恢复了神采，她对我说："世锦赛输了以后，一个记者特意跑到我跟前说，他看了我很多年的比赛，觉得我明年一定行。人家都对我有信心，我为什么对自己没有信心呢？！"

我为她的勇气和自信而感动。但这种从零，甚至是从负数开始的恢复工作，就如童话里为了学习走路而劈开尾巴的小美人鱼一样，每走一步，都流淌着外人看不见的鲜血和疼痛。我忧心忡忡，心里毫无把握，却又要尽可能表现出"一切尽在掌控"的气度。要不怎么能把正能量传递给队员？！要不怎么能让运动员信任我，听我的安排，执行我的计划呢？！

于是，我对齐晖说："齐晖，只要你有信心，教练就有信心，我们生来就是与困难做斗争的！"

回队后每堂训练课，对齐晖都是煎熬。原先都是和男队员争抢领先位置的女汉子，一下子掉到了最后，连能力很差的女队员都撵不上。她不是在游，而是在水里挣扎。不论是看到、想到她的训练，甚至听到别人说起"齐晖"，我的心都像刀割一样。"齐晖"就如同我眼泪的阀门，一提到她，我的眼泪就会夺眶而出，根本无法控制自己的情绪。

齐晖外号是"大鲨鱼""小铁人"，但现在你想象不到，她连最简单的引体向上、拎起一个杠铃杆都无法完成。每天的水上训练量是同组队友的 1/3，甚至是 1/4，没有强度和速度，游泳水平从世界级下滑到了初级，连走路说话也有气无力。即便这样，齐晖也没有一句怨言，她的眼光中满是对我的信任，认真地完成我的训练任务，这令我特别感动。

可以说，这是我执教生涯中最痛苦、最迷茫的时期。这些年，我对运动员，包括对齐晖比赛成绩的掌控，从来没有超过 2 秒的失误，但创新训练后却出现如此大的倒退，我无法原谅自己。

怎样让搁浅的"大鲨鱼"恢复状态呢？我写了好多页的训练计划，进行各种排列组合和分析，想逐渐恢复齐晖以往适应的训练节奏，按照她的身体反应逐渐增加运动量。此外，加强肌肉放松，训练后采用针灸、按摩等方法加快肌肉恢复。

2007年5月，游泳中心请来了体育总局的"御用"体能教练王卫星，介入"拯救齐晖"的工作中来，这让我减轻了不少的压力，也深信能够帮助齐晖重返竞技巅峰。王教练的特点是训练手段花样多，新鲜有趣，练起来不觉得辛苦，实际上却都练到了。他对齐晖说："我既然来到这里，就是来帮助你改造的。别担心，你的速度和爆发力是可以练回来的。"

在我们的悉心呵护下，齐晖慢慢恢复元气，也逐渐恢复了往日的自信。有一天，齐晖对我说："叶练，您放心，我是一名军人，我不会打退堂鼓。"

她的话音未落，我的眼泪夺眶而出。这句话，我等了很久。这正是我一直在和队员们反复强调的，"世界上有一种东西永远打不垮，那就是永不言败的精神。"

2007年10月，第四届世界军人运动会在印度的海德拉巴和孟买举行。首个比赛日，正逢党的十七大胜利开幕，齐晖对记者说："我是世界军人运动会的运动员，还是十七大代表，两重身份、两种使命，同样光荣，同样责任重大。"

她以一枚100米蛙泳银牌向十七大献礼。随后，她又接连赢得了女子200米蛙泳和女子4×100米混合泳接力2枚金牌，还摘得50米蛙泳银牌。

齐晖似乎回来了！

2008年2月，"好运北京"中国游泳公开赛在北京举行，齐晖拿到了女子200米混合泳冠军。在颁奖仪式上，向来低调的我，忍不住声嘶力竭地喊了一嗓子，崭新的水立方游泳馆里回荡着我的声音，齐晖笑着向我挥了挥手。

"这孩子又回来了！好久都没有这种感觉了！"看到久违而自信的笑容重新回到她的脸上，我紧绷了一年的心终于如释重负，眼睛湿润了。

"好运北京"只是奥运测试赛，参赛高手不多，金牌含量也不高，参加的100米、200米蛙泳和200米混合泳虽然没有游出最好成绩，但最关键的是，三个项目全部超过了奥运 A 标，这意味着她获得了第三次参加奥运会的资格。对一个九个月前还是武功尽废的高手来说，她能重新站起来，再次参加国际比赛、成为冠军得主，实现了从"废人"到重新站上冠军领奖台"铁人"的飞跃。

3 月，在绍兴举行的全国冠军赛上，齐晖更进一步，拿到了两金一银。其中，200 米混合泳比她个人的最好成绩只慢了 0.69 秒，这个成绩可列雅典奥运会第三名；200 米蛙泳成绩，也可列当年世界第六。

经历了这次低谷，齐晖真正成熟了，我相信无论她将来做什么，她都能够做好，这是我最大的欣慰。

"齐晖是一名优秀的战士，有钢铁般的神经。"这是海军体工大队王强队长对她的评价。

北京奥运会是我和齐晖的第三次奥运之行。2000 年时，我更多的是以一名母亲对女儿的关爱，陪她参加奥运会；2004 年，我以一名教练的身份，带着雄心去参加奥运会；2008 年，我们更像是朋友、像一对老兵，一起去征战、去分享奥运会。

"我希望自己能在北京奥运会上夺取奖牌。"齐晖丝毫不掩饰自己的想法，"如果不实现自己的梦想，我会对不起这么多关心我的人，尤其是叶教练。"当我在电视上听到齐晖说这句话时，眼泪又像开了闸一样。

齐晖曾不止一次地说过，她的偶像是美国网球明星阿加西。阿加西曾是世界第一，但因伤病，世界排名一度跌至第 141 位。在经历了两年的低潮之后，阿加西又重返世界第一！阿加西生涯获得的最后一个大满贯冠军也创下了 ATP 历史最年长的世界第一。

俗话说"十年磨一剑"，现在又到了亮剑的时候。10 年里，她两次与奥运奖牌擦肩而过。现在又面临着凤凰涅槃，对这个在本土、在水立方举行的奥运会有了更多的期待。

然而，2008 北京奥运会，终究成为齐晖竞技生涯中的另一个洼地。命运再次戏弄了她。说好的不留遗憾，却成为最大的遗憾。主要原因是她在"高住低练"后身体和竞技状态不稳定，时好时坏，让我完全没有头绪，抓不住规律。客观原因也有不少：一是她在前两届奥运会留下的心理阴影，或多或少影响了她的发挥；二是纠结穿不穿鲨鱼皮连体泳衣。当时，国外选手穿着鲨鱼皮泳衣，疯狂刷新世界纪录，而齐晖感觉不佳，最终选择不穿。

对别人而言，水立方泳池真的太漂亮、太梦幻，独揽 8 金的菲尔普斯和狂破世界纪录的各国游泳明星都在这里美梦成真，我国蝶泳小将刘子歌和焦刘洋在女子 200 米蝶泳中摘金夺银，为中国游泳实现了赛前目标。可是，对于我和齐晖，体验到的是黯淡和落寞。

2008 年 8 月 11 日，齐晖第一次亮相水立方。在 200 米混合泳第 4 组出战，她以 2 分 14 秒 65 的成绩列小组第 7，惨遭淘汰。此前，齐晖退出了 400 米混合泳预赛，就是为了冲击主项 200 米蛙泳和 200 米混合泳。可惜，谁也没想到，第二天的 200 米蛙泳半决赛，她只游出 2 分 27 秒 63，以第 13 名成绩无缘决赛。

花自凋零水自流。有的媒体以"一代蛙泳天才齐晖黯然离去"为题，为齐晖"盖棺论定"。

齐晖没能实现她的希望和梦想。整整 10 年，她从一个懵懂少女到领军人物，但经历 5 次世界顶级赛事，"天才"和"女蛙王"已经被人渐渐遗忘。

奥林匹克是追求公平公正的舞台，但并不是每个人的付出都能收获同等的"公平"和希望。齐晖已经尽力了，可是命运却没垂青她。

我和齐晖有一个共识，无论如何我们应该感恩这份遇见，奥运会虽然不能证明我们有多幸运，但它足以证明我们有多坚持、多坚韧、多美好。

奥运之父顾拜旦曾说过：参与比胜利更重要。我觉得，并非因为我们在冠军的争夺中失利，我们才用这句格言劝勉自己，而是因为我们今天取得的几乎所有成就，都是缘于我们对这项运动的热爱；因为参与，才在大大小小的国内国际赛事中崭露头角，让我们从这项运动中，学会坚持、学会合作，拥有了强健的体魄、顽强的意志和美好的情感。

我相信，每一个从奥运会归来的人都是胜利者。

再创奇迹

齐晖以一种近乎悲壮的方式结束了人生中的第三次奥运之旅，摆在她面前的又是一道人生的选择题：离开，抑或坚持？

2009 年又是全运年，中国体育的大年，为了荣誉，各省市代表队都在厉兵秣马，为全运会做准备。

作为一名军人，齐晖习惯了听从组织的召唤，而对于起起伏伏的状态，似乎已是人生的常态，我和齐晖都泰然地面对未来的一年——虽然前路更为艰险，但我们无畏无惧。

齐晖又一次从零开始，慢慢地找状态。一批老队员早已离队了，而与她一起训练的是一批十二三岁的孩子。有时候，她愣愣地看得出神，仿佛回到 12 年前。

我似乎也回到了 12 年前，齐晖又从很低的基础向上攀登，每每给我惊喜，甚至让我欣喜若狂：

"天哪，她又会游泳啦！"

"哇，今天齐晖在训练课上超过了几个小队员！"

齐晖本来绷着一张严肃的脸，面无表情，慢慢地，笑容开始出现在她的脸庞。

我似乎有了重返当年的穿越感觉：眼前已 24 岁的齐晖，和 11 岁刚进队时那个小丫头的模样重合在了一起。她始终就是一个纯真朴实的孩子，始终保持鲜亮的本色。

对于她每一堂课的训练成绩，我都会用小本子记录下来。只要是有一丁点进步，我就会标上五角星；如果进步很大，我会标上两个或三个五角星。齐晖看到我画五角星，得意地笑了，这种关系，让齐晖穿越时光，回到了美好的童年和少年。有一次，她的进步很大，我却忘了标五角星，齐晖马上提醒："叶练，你得给我补上五角星！"我正好有电话打入，齐晖干脆利索地从泳池中蹦起来，甩干手上的水珠，拿起我的红笔，在我的记事本上唰唰地画上三个五角星，然后，又一头扎进水里。

随着全运会的临近，齐晖必须直面高强度训练，一堂课练完，齐晖坐在泳池边一动不动，会坐上好久。我看到她在抹眼泪、肩膀一抖一抖的，我不去打扰她，只是眼泪不自觉地往外涌。于是，我往往强装镇静地离开，为的是不想让对方看到自己的柔弱。

这么要强拼命的孩子都在我眼前哭泣，我心里仿佛打翻了五味瓶。这两年来，我好像守着即将破壳而出的恐龙蛋那样小心翼翼，期待着她的一点点回升和进步。我对齐晖说过：你不想游了，我就放你的假；如果你想游，叶教练一定陪你游下去！

可以说，我们师徒是带着近乎悲壮的心情投入最后一个大赛的备战中。令我欣慰的是，齐晖以释然的心境面对巨大挑战，她甚至改变了以往的禁忌和习惯，真正做到放下。细心的观众会发现，在过去的比赛中，齐晖从来不戴泳镜，那是因为小时候，她在比赛中出现过泳镜翻掉进水的情况，可谓"一朝被蛇咬，十年怕井绳"。不戴泳镜也因此成为了她特立独行的专利。但是，为了济南全运会，她尝试戴着泳镜训练和比赛。她解释："我的眼睛近视，以前比赛常常看不清对手的情况，现在我有意戴上泳镜，希望我的比赛感受更敏锐、更丰富。留给我的比赛不太多了，我要找到重新出发的感觉。"

2009 年 10 月，济南全运会游泳馆，齐晖的第四次全运会之旅。有一些镜头值得被永远定格，留下了齐晖最后、也是最辉煌的片段。

女子 100 米蛙泳，齐晖以 1 分 05 秒 47 的成绩夺得冠军，成绩比罗雪娟

我拿第一啦!

的最好成绩仅差 0.01 秒，可排在当年世界第二。

女子 200 米混合泳，齐晖以 2 分 08 秒 32 的成绩打破了沉寂 12 年的亚洲纪录。

女子 200 米蛙泳，齐晖更是以 2 分 21 秒 37 的成绩刷新亚洲纪录，勇夺个人第三金。新浪体育以"齐晖称霸泳池"为题做了报道。

略有遗憾的是，在 400 米混合泳决赛时，齐晖泳帽掉了，只收获了亚军。虽然她不能以 4 金完美谢幕，但即便如此，她收获的 3 金 1 银，包括创造一项世界第二好的成绩和两次打破亚洲纪录，也书写了海军队在全运会上的历史!

这样的表现，让媒体欢呼"王者归来"，很多人都在猜测她能否征战 2012 年奥运会，改写自己的命运。但是，齐晖的运动生涯就此画上句号。

还有一个场景，令我们永远难以忘怀。

在女子 100 米蛙泳决赛后，齐晖站上领奖台接受颁奖，而为运动员颁奖的是两位重量级人物，一位是昔日该项目的绝对统治者、奥运冠军罗雪娟，另一位是中国游泳的泰斗级前辈、曾三破世界纪录的老蛙王穆祥雄先生。当罗雪娟将金牌挂到齐晖脖子上时，齐晖绽放出美丽的笑容，全场观众掌声响起，经久不息。在过去长达 10 年内，这两位中国蛙后在泳池里劈波斩浪，各领风骚，既是竞争对手，也是好朋友，两人同时站在领奖台上是常见的一幕，但以颁奖者和领奖者身份出现，却是第一次，也是唯一的一次。

"领导好，领导好!"齐晖低头向昔日"对手"致意。

罗雪娟笑道："我都熬到给人颁奖的时候了，你还在游，真不容易啊!"

目睹了这一历史性的一刻，我心底里往事翻涌：齐晖从 12 岁开始征战全运会，一晃 24 岁了，已是全运会四朝元老。如今，和她一起竞争的，都是比她小 10 岁的后起之秀。时光的脚步如此匆匆，竟然已经带走了那么多年的日日夜夜。想想一年多之前，她还是武功全废、失去自信的人，但她终于又找回了自我，再创

奥运冠军罗雪娟为齐晖颁奖（前排左为罗雪娟，右为泳坛名宿穆祥雄）

辉煌，在中国游泳历史上，恐怕找不到第二个这样的案例了。回顾中国游泳历史的时候，人们可以尽情书写那些改写奥运历史的英雄神话，但像齐晖这样一次次跌倒了再爬起，倔强地书写中国精神和军人气概的运动员，没有几个。

齐晖是我此生的骄傲！

后来，我也在琢磨齐晖北京奥运会失利的原因。我觉得"高住低练"把她的肌纤维给破坏掉了，我和王卫星老师通过体能训练，给她重建了肌肉，因此她的速度更快，爆发力更强。北京奥运会没有取得好成绩，那是因为重建效果具有一定的滞后性，人毕竟不是机器，重新启动后，难以立即生龙活虎。

在齐晖游泳生涯的最后两年，我有意为她退役后转型做了安排。在北京奥运会封闭集训期间，我安排她报了 MBA 的周末班。我希望她扩大交际圈，多学习其他领域的知识，为自己的人生下半场做准备。

如今，齐晖是小有成就的年轻教练，有了自己的小家庭和孩子。我和她在同一个城市，她依然是我的女儿，永远在我的视线里。每到节假日和我的生日，齐晖总是最先向我祝福，还为我送上礼物。

定格的军礼，永恒的回忆

第六章　王者宁泽涛

宁泽涛的军装照

我叫宁泽涛

佛说：前世五百年的回眸，才换来今生的一次擦肩而过。人和人之间的机缘真是很奇妙，能够有缘在一起，那该是前世多少年修来的福分。

宁泽涛第一次进入我的视线，是因为一句特别的问候。

那是 2006 年冬天，我因带齐晖备战 2008 年奥运会，长期驻扎在北京国家游泳队。有一天，我特地回上海海军队基地，拿一份文件回北京。因时间紧，我在海军队基地前后逗留不过 10 多分钟吧。我从房间取好东西，在关上房门转身的一瞬间，发现一个小男孩很安静地靠在走廊的墙边，一看到我出来，就急切喊了一声"叶教练"，声音很轻。海军队里的小队员很多，说实话，我一时想不起这个小孩是谁。于是我就问了一句：

"你是谁啊？"

"我叫宁泽涛。"

我把门关好，从三楼一路走下来，他就这样一直跟着我，有一句没一句地自我介绍。他告诉我，他来自河南郑州，今年 13 岁了。他一直送我到楼下，目送我上了车。从三楼到一楼，时间很短，我们的对话只有寥寥数语。对于这个小孩子的举动，我忍俊不禁，对他的小心眼一目了然，同时也对他刮目相看——很少有队员会这样，借着陪教练走楼梯的机会，来自我介绍，跟教练套近乎。于是，我就记住了这个小机灵鬼。

在车上，我好半天才回忆起这个充满灵气的大眼睛男孩，慢慢地，现在的他和之前的形象对上了号——那是 2005 年南京全运会之后，为解决后备人才问题，各地方队向海军队集中推荐了一批新人，其中就有宁泽涛。

初来乍到的青涩少年

我似乎记得，那时候是海军队的一位领导领着宁泽涛和他妈妈来到我面前。在和我聊天之后，他妈妈觉得和我非常投缘，当即拍板说："叶教练，我认准您了，我家孩子就交给您了！"她还亲切地称呼我为"大姐"。

宁泽涛进入海军队期间，有一段小插曲。

小运动员要进入海军队，必须走地方输送的常规程序。那时候，海军队决定要宁泽涛，但河南省体育局游泳训练中心要求孩子先回家乡。宁泽涛母亲当时并不清楚这个程序，在回郑州的路上，她一肚子的怨气，不理解这种操作，好在河南游泳队洪霞领队一路劝说和介绍，再加上我打电话说明情况，她才慢慢平息了不满。几个月后，全部程序完成后，宁泽涛才算正式进入海军队。但是，宁泽涛进入海军队后，不是立刻就能跟随我训练，原因很简单，我有一批老队员要带，那些新进的小队员，如果没有特别突出的成绩，一般先由年轻教练训练、打基础，只有具备了一定基础且有潜力的，才有机会进入我的组。

说实话，当时在我看来，宁泽涛的先天条件不是很理想：13 岁的男孩，个子不高，一米六出头的身材，体格显得瘦弱，而且对游泳运动员来说，柔韧性是必要的身体条件，但他的脚踝硬得像锄头，四种泳姿技术都不完善，速度也不是很快。不过，他看起来阳光健康、乐呵呵的样子，还是给我留下了深刻的印象。

由于那几年我带领齐晖、赖忠坚等队员备战北京奥运会，一直在北京训练，我让助理教练胡毛毛来带后备队员，当时宁泽涛主攻的是蛙泳。跟随年轻教练，显然不是宁泽涛和家长希望看到的结果，他们都是冲着我来的，所以每次看到我带着大队员训练，他都会流露出一脸的羡慕。

有人提醒他，叶瑾教练很严格，要想拜叶瑾为师，必须能吃得起苦。

"我一点都不怕吃苦。"他笑嘻嘻地回答，"我就是希望叶练带我，希望在她的身边训练。"其实，他一直在默默寻找机会，在我门前等候而制造的那次偶遇，就是他释放出的信号。

北京奥运会后，我从国家队回到上海，决定带一带年轻教练，并提上来一批年轻队员，宁泽涛就在其中。根据观察和研判，我很快就把他的主项由蛙泳转为混合泳。

上海人形容一个人的脑子反应快，一点就通，常用"拎得清"来概括。宁泽涛就是这种"拎得清"的聪明小孩。他的身体素质不算最好，但领悟力强，脑子好使，且有很强的求知欲。听他的启蒙教练郭红岩说，宁泽涛在小学四年级时，就拿着专业的《游泳》杂志看。显然，这么小的年纪，专业杂志他未必能看懂，但他由此表现出的对游泳运动的热爱和专注力，是许多同龄小朋友所不及的。我觉得，这其实也是一种天赋，表明宁泽涛是一个善于学习、善于思考的运动员。

每次比赛后，我都会带着孩子们去当地的旅游景点游览。宁泽涛从小就是一个喜欢跟随着大队员、喜欢贴在我身边的可爱的"小包子"。说到"包子"这个外号，看起来和他的外表完全不搭，其实是有典故的。宁泽涛刚进队时，作为河南人，他表现出了对面食的偏爱，尤其喜欢吃包子；看到他瞪着眼睛、鼓着嘴巴，使劲吃包子的样子非常可爱，大队员们就称他为"包子"。就这样，随着年龄的增长，他在队内的绰号，逐渐从"小包子""包子"，一直到了后来的"包子哥"。他对于自己的绰号还有一番独特的解释："包子嘛，虽然面相不一定好看，但是皮薄、馅大，非常有内涵。"

在我看来，优秀运动员的洞察力与普通运动员不一样，在很多细节上，宁泽涛有过人的领悟力，"嗅觉"特别灵敏，能够从我的肢体语言中读出不寻常的信息，并马上调整行为方式，不让我生气。

叶瑾带小朋友们到古镇游玩（左一宁泽涛）

如训练时，每当我对队员的表现不满意时，我一般不会立即在脸上显露出来，嘴里也不会说什么。因此，池子里的大多数队员，也是浑然不觉，依然我行我素，但宁泽涛总是能够第一个察觉到我的情绪变化，并提醒其他队员："叶教练生气了，你们注意点！"在他的提醒下，大家马上抖擞精神，游的动作立马有所改观。我窃笑：这小子可真贼！

在我组里，宁泽涛是同龄人中得到夸奖最多、受到惩罚最少的那一个，这也与他善于观察有关。在我讲解技术要领时，他总是立刻就能照做，同样的问题不会再犯。我每次表扬宁泽涛，很多孩子总是抱怨，说我偏心，语气半是认真半是玩笑，但宁泽涛在训练和生活中，确实很少出差错，是模范队员。

有一次赛前，其他运动员都进入减量调整期，但对他的训练依旧。他在泳池里很不解，问我："叶练，为什么我不调整？"我回答说："你前段时间生病了，没有好好训练，调整什么呀？要调整自己去练。"他迅速答道："嗯！嗯！我听您的，听您的。"从这件小事上，我就知道他的自我调整能力非常强，也很懂事，不会触碰我生气的那个点。

宁泽涛情商高，懂得人情世故，为人处世也很有分寸感，我会忍不住对这个贴心的"暖男"格外留意。如载誉归来，走出机场的时候，他会悄悄退后一步，让我先走，"叶练，您走前面。"有时，他甚至还关心到我的老母亲，"叶练，最近外婆身体好吗？"

平日在队里，他并不是最放得开的小孩，但他为了讨好我，羞涩地说："叶练，我给您唱一首歌吧。"其实，他不是那种很擅长唱歌和表演的孩子，真的要他唱，他会憋红了脸，好半天才唱了一首《打靶归来》。

在国外训练时，从训练基地回住地，要开20多分钟的车。上了车，大家都显得疲惫不堪，车上一片沉寂。此时，他会主动调节气氛，说："叶练，我们唱首歌吧。"队员们一下子就精神振奋起来。

有一年过春节前，队里举行联欢晚会，有的表演唱歌，有的表演朗诵，有的表演魔术。没想到的是，宁泽涛和队友自编自导，表演了一个小品。因

2015年海军游泳队春节联欢会集体照（后排左二宁泽涛）

为与他们平时反差巨大，参加活动的观众都笑翻了，我也是笑得前仰后合，太出乎我的意料了。表演结束后，他告诉我："叶练，我就是想让您开心。"我的心都化了。

他的"暖男"特质我是一点一滴都看在眼里，但在接手宁泽涛的最初阶段，我对他的发展目标没有明确的定位，主要是不确定他究竟能飞多高、能走多远。根据我的经验，和齐晖、赖忠坚这一拨人相比，宁泽涛这批90后队员性格鲜明，更有主见，但也更容易"失控"。为此，我需要随时调整和他们的相处方式，在琢磨透了每个孩子的长项、短板和脾性后，再确定他们的近期、中期和远期目标。

艰难重建

关于宁泽涛的发展方向，我一直在反复酝酿，有时甚至是冥思苦想。

有人给我总结出了一些规律性的东西，说我比较擅长带200米项目，依据是我带的选手200米项目的冠军特别多，如齐晖的200米蛙泳、200米混合泳，赵涛的200米混合泳和200米仰泳，曲敬宇的200米混合泳，赖忠坚的200米蛙泳等。在游泳教学中，200米距离非常考验教练的水平，这是一个有点尴尬的项目，既不是短距离的纯速度，又不是长距离的有氧耐力，是速度＋耐力两者并存的项目，在训练中不太好掌握。事实上，在很长一段时间里，世界上200米距离各种泳姿的世界纪录鲜有改写，或者大幅度提高，就是因为这个项目难练。

然而，身边这样的评论多了，我自己也有些疑惑了：难道我的训练手段只适合调教200米选手？其他距离的选手我就培养不了吗？

答案是否定的，曲敬宇的改造就是一个例子。

曲敬宇以前是自由泳选手，来自广东。因为要参加广东省省运会，广东

中韩游泳交流赛合影（前排左起：宁泽涛、
林乐俊、刁基功、叶瑾；后排左起：曲敬宇、
赖忠坚、陈晓彤）

方面希望他尽可能多报参赛项目，以求获得更多金牌。为此，我就让他临时和齐晖"搭伴"练蛙泳，没想到曲敬宇副项开花，后来100米蛙泳也拿到了全国冠军并打破全国纪录。尽管是无心插柳之作，但给了我信心：看来，我也同样具有培养短距离选手的能力！

另一方面，我从以往带队经历发现，挖掘运动员的潜能、进行大刀阔斧的改项，是我比较得心应手的事情。这需要考验教练的悟性和勇气，而优秀运动员经过改项而实现突破的例子也不在少数。

宁泽涛也不例外。刚进队时，他除了蛙泳和自由泳技术还可以，蝶泳、仰泳很糟糕。2011年上半年，宁泽涛第一次参加全国游泳达标赛，他报了混合泳项目，比赛回来后，并非游泳专业出身的海军体工队队长王强就对我说："叶教练，宁泽涛的仰泳太差了。"我惊讶地说："你也看出来了啊？我还没有时间纠正他的仰泳技术，他就去参加比赛了，这个结果也正常。"

确实，一般运动员进队后，都是从中长距离自由泳和混合泳起步，相当于是"打地基"，只有"地基"扎实，才能盖起"高楼"。宁泽涛进入我组以后，经过认真观察，我发现他的四种泳姿确实无法均衡发展，没法游混合泳。于是，我就"考"年轻教练胡毛毛："毛毛，你带宁泽涛这段时间以来，都做了哪些工作啊？"这并不是批评或者指责毛毛，只是想了解他对宁泽涛做了哪些改造和再建工作。当时我的问话可能把毛毛吓坏了，以为我要训他，其实不然。后来，当宁泽涛真的取得成绩后，毛毛和我开玩笑说："我们要是一开始就把宁泽涛改好了，怎能体现您的英明啊！"

2009 年济南全运会，是齐晖的谢幕战，也是宁泽涛的第一次大赛。比赛前一天，宁泽涛的体温超过了 38℃，我的心揪了起来。对游泳运动员来说，心肺功能至关重要，带着高烧参赛，很容易引发心肌问题，甚至诱发心肌炎。当时，队医建议宁泽涛弃赛，但他本人还是坚持要参赛，而且不服用退烧药，只靠喝水和按摩来调节。最终，他获得了 400 米混合泳第七名。

全运会后，面临新的训练周期。我心里琢磨，明知道宁泽涛在混合泳方面不会有太大的发展，该怎么挖掘他的其他泳姿和潜力项目呢。在日常训练中，我经常安排四种泳姿的 25 米短距离冲刺，在多次冲刺中，我发现他的自由泳冲刺技术不错，有爆发力，有短距离自由泳节奏和速率。慢慢地，经过反复观察和研究宁泽涛的各方面情况，我逐渐形成了一个大胆的想法：让他改项，拼一下 50 米和 100 米自由泳。

100 米自由泳，这是我执教以来从来没有挑战过的领域，这个项目在游泳界历来被称为"飞鱼大战"，胜者那是"王中之王"，一般也由欧美选手垄断。此前，中国男子游泳选手在世界大赛短距离自由泳的最好成绩，是上海名将蒋丞稷在 1996 年亚特兰大奥运会上创造的 50 米自由泳第四名。

让宁泽涛尝试这个项目，我基于两方面的考虑。其一，听说他此前在河南训练时，两腿膝盖均受过伤，随着年龄的增长，他的右膝骨头钙化严重，伸不直，走路时会出现疼痛，训练也受到影响。而主项蛙泳和混合泳对蹬腿和打腿有很高的要求，这明显限制了他的发展。其二，他的 25 米自由泳节奏和爆发力都非常好，尝试 100 米自由泳有很好的基础。

人们常说，天赋和勤奋缺一不可，勤能补拙，但是，对绝大多数体育项目来讲，你要出类拔萃，天赋必不可缺。

宁泽涛的天赋，在于他突出的领悟力。

郭红岩是宁泽涛的启蒙教练，她曾在我面前直夸这个弟子聪明。她说，宁泽涛 8 岁时才接触游泳，在她招收的一个班的孩子中，大部分孩子要十天半月才掌握要领，但宁泽涛只游了两天就学会了换气，三天后就脱掉游泳圈。泳池是在室外，水有2米深，宁泽涛胆子大，一个人在水中扑腾，让其他同龄孩子异常羡慕。每次上岸后，他会注意自我总结，在下一次训练中及时注意改进。因此，他在业余体校学游泳，只训练了3个月就进入了业余体校大班，其他孩子至少训练一年，成绩达标后才能从小班升到大班。对于这些，我并没有向宁泽涛求证，因为我想在训练中，自己去摸索和掌握他的特点。

在对他进行自由泳技术改造的磨合过程中，宁泽涛的表现证实了我对他的判断："悟性强"。一般孩子在改技术的初期，动作不太标准实属正常，但在教练反复讲解很长时间后，很多人还是达不到要求，依然懵懵懂懂。但是，宁泽涛一点就通，而且动作能做出来，这说明他听明白了教练的意图，神经末梢的支配能力非常强。这让他在同一批队员中脱颖而出，成绩迅速攀升，得到我的青睐，以至于有时候，他做错了事情，孩子们会撇嘴议论"人家涛哥有后台！"我听到了，故意问他们："你们说的是谁有后台，是赵涛吗？"赵涛是他们的大师兄，组里尊称"涛哥"。孩子们都不说话，我知道他们说的是谁。

后来，我找了一个机会，专门和小朋友们聊到这个话题：

我："你们觉得叶练是不是有点偏向宁泽涛？"

队员："嗯，好像有一点。"

我："那我问你们，一个运动员，教练在教技术动作时，他能马上领悟，你说教练会不喜欢他？而有些人，说了10遍、20遍，死活改不过来，教练的话等于对牛弹琴，你们说教练能开心吗？这样的孩子他能进步吗？"孩子们低头不语。

木秀于林，风必摧之。作为海军队的总教练，我关注运动员之间的矛盾，并尽可能一碗水端平，但再怎么公平，那种发自内心的欣赏还是存在的。有时候，教练就得直面问题，因势利导，正面教育可以化解矛盾，激励小孩子们上进。

不过，尽管机敏聪慧，宁泽涛却也有明显的"短板"：体质不好。这对运动员来说，是致命的弱点。

在海军体工队，宁泽涛年纪最小，队里的哥哥姐姐们难免格外呵护他，而他又是出了名的"病秧子"，更是惹人疼爱。几乎每隔两三个星期，他身上就会出现状况：不是发烧感冒，就是胃疼，要不就是身上其他部位出现问题。如果他能连续三星期不出任何状况，倒要轮到我和队医觉得不正常了。

后来我了解到，也正是因为身体不好，父母才决定让他学习游泳，增强体质。宁泽涛是河南人，独生子，又是长孙，从小特别受宠，是那种"衣来伸手、饭来张口"的小皇帝。到了海军队后，他一方面由于不习惯南方饮食，一方面也是性格使然，经常出现挑食厌食的情况，还因为早饭不肯吃鸡蛋和牛奶被教育过。饮食不调，让他的胃出现问题，高强度训练后，他经常会出现呕吐症状。后来，宁泽涛成为重点队员，各级领导非常关心，请专家会诊，用中西医结合的方法为他调养身体，保证饮食营养，花了很长周期，才解决了他的难题。

此外，宁泽涛膝盖有伤，踝关节硬，打腿效率差，每堂课打腿训练计时游，连女孩子都游不过。如果全国游泳比赛设置打腿项目的话，估计连前 16 名都进不了。但是，只要手腿配合游，整套动作连贯起来，他就会完美发挥出强大的爆发力和手腿配合的合力，所向披靡。所以，我在执教策略上是扬长避短，在尽力发挥他的上肢优势的同时，想办法弥补他的打腿短板。

我认为：作为教练要充分发挥运动员的长处，不要因为弥补短板去花费太多的精力，否则就会得不偿失。

游泳项目要想提升运动员的成绩，无非是两个方法：一是增加前进力，二是减少阻力。这就好比"开源"和"节流"，减少阻力就是提高速度。

好不容易通过陆上各种训练手段把宁泽涛练得高高壮壮、一身肌肉，一遇到水上训练，他体力不支的问题就会冒出来。每次，只要他的体温一到37.3 摄氏度，我就只能给他调整，原来的训练计划就泡汤了。最初，我给他起了一个美名叫"玻璃瓶"，后来我觉得玻璃瓶还算结实，又换了个名字，叫他"泡泡"——美丽炫目但是易碎。我没少和他开玩笑："你简直就是我的'老师'啊，总是在给我出题目，让我去解答。你发烧了，我该怎么办；你哪里出差错了，我又该怎么处理……"

教练最怕运动员生病，队员一生病，训练计划就要调整，原本可以放开手脚，大干快上，现在必须要在中间停顿、补给、拐弯、绕道，最终迂回到原有起点。因为宁泽涛的身体状况，我必须随时为他设计好几套训练方案，身体情况良好怎么练，小病怎么练，腰扭伤膝盖疼痛无法下水了又该怎么练……可以说，练宁泽涛一个人，顶得上我训练好几个队员的工作量，而且总是在随时调整，真可谓计划不如变化快。

我就像是对待一株珍贵的温室兰花，又像是专治"疑难杂症"的老中医，每天变着法子给他调理身体、治疗疾病，又要保持他的训练数量、强度和质量，帮助他稳步提高。与此同时，我还要带领其他运动员共同训练。

其实，宁泽涛在身体素质上的每一点提高，比赛成绩的每一次提升，都凝聚着我们教练团队的无数心血。渐渐地，他生病的间隔期拉长了，挑食的毛病减轻了，我也找到了他身体和训练强度的平衡点，把他调理得"恰到好处"。

我也掌握了针对宁泽涛这个"病号"的身体特征：他能否训练，以是否发烧为标准。我跟宁泽涛说，没有医生的发烧证明，你就必须到训练场上，不能以自己的身体感觉为依据。尤其在比赛的关键时刻，我始终要求运动员们"用顽强的意志，顶得上，拼得出"。

针对宁泽涛转项 100 米自由泳后出现的各种状况，我不断调整自己的训练思路和计划。说实话，以前我根本不去关心短距离自由泳该怎么制订训练计划，怎么进行间隙、重复、包干，如何掌握强度和运动量……我好像又回到了刚开始当教练时的状态：看书，查找国外相关资料，训练中不断总结经验，分析比赛技术录像，抓训练计划执行后的反思，每一项计划都要达到什么目的，每堂课、每天、每周和训练周期的重点是什么，全靠我自己琢磨。有时候，一份训练计划，我都要琢磨很长时间。

说起训练计划，和老师的备课教案有相同，但又有区别，更需要教练因材施教、灵活机动，更需要不断吸纳新的理念和方法，我从《游泳信息》《游泳季刊》《游泳杂志》等专业期刊中搜寻国外知名教练的训练计划，从中"甄选"精髓，吃透并努力转化变成自己的东西，为我所用，然后根据各个队员的实际情况和特点，逐一制订计划。有人以为照搬菲尔普斯的训练计划就可以复制出更多的传奇，那是天方夜谭。训练计划有些内容是共性的，但也肯定有特殊性在里面，有的你可以从他的计划中找到，但有的可能教案中是没有的，不一定示人。在我看来，教练就像一辈子都在玩智力游戏，总是不断挑战自我。

我的训练计划和运动员成绩情况，每天都记录得清清楚楚，每周有小结，每次比赛后也有写总结。在队里，我也让年轻教练和运动员写比赛总结，总结的框架是：比赛的整体情况，比赛中进步和亮点所在，存在的不足及原因，改进的方向。他们写好后，我会认真批阅，总结到位的给予肯定，总结不深入、不到位的指出问题，有时还会写上一大段评语。这是我多年执教养成的习惯，目的是想培养年轻教练员和运动员思考问题的习惯和分析问题的思路，让他们少走弯路，把我的经验，手把手地教给他们，让他们尽快掌握训练方法，能够通过每一堂课的计划内容、每一场比赛的总结分析来提高自我。这些训练计划和总结，就好像是我的论文集一样，凝结了无数的心血和智慧。

我这个人总有一种执念，就像小时候织毛衣、做鞋子一样，持之以恒，竭尽全力，绝不三心二意、半途而废。对自己是如此，要求运动员也一样。

2010年，世界军人游泳锦标赛在德国举行，我带海军游泳队部分队员前往。那时，宁泽涛还没有成绩，但我觉得这个孩子是可造之才，就有意带他到国际赛场经受锻炼。

新飞鱼传说

可以说，军人的无畏、男儿的果敢和运动员的坚毅，宁泽涛身上都有，但与此同时，独生子的娇气、年轻人的稚气、90后的张扬个性，他也一样不缺。

相比齐晖这一代，宁泽涛们性格更鲜明，主见也更大。生于互联网时代，又是网络的"原住民"，哪个不喜欢上网和社交媒体？但在海军游泳队里，他们的兴趣爱好却遇到了挑战。

部队运动队实行半军事化管理，要求非常严格：他们没有手机、没有电脑，周一到周五不能使用电子产品，只有周六、周日可以给家里打电话。每天晚上6点到9点，运动员有空就看看书，或看看电视新闻和娱乐节目。海军体工队条件比较简陋，没有专门的电视室，即便是金牌选手，房间也不配电视机；如果队员要看电视，只有在规定时间到公共区域集体收看。

远离喧嚣，脱离诱惑，看似枯燥而单调的生活，蕴含着部队的育人理念。训练是工作核心，所有的工作都要围绕核心来展开，而磨炼意志、学会专注、保持定力，这些良好的习惯可以助力运动员的成长，促使青少年运动员自我约束，一心一意扑在训练上。所以，我们提倡环境育人、制度育人、管理育人，运动员要承受挑战身体极限的训练模式，他们的休息时间必须充分保证；如果晚上追剧或者上网玩游戏，势必影响正常休息，体能恢复就会有问题，训练效果就会大打折扣。

我通过研究发现，世界上大部分短距离自由泳运动员一天的训练量只有6000~7000米，平均每堂课也就3000~4000米，但我认为那是成熟的短距离选手。宁泽涛刚刚从混合泳转到100米自由泳，运动量不宜过少。尤其是100米的后程冲刺能力，是需要有氧耐力做保障的，所以我按照8000米左右的总量来设计他每天的训练，这其中包括各种距离的冲刺和技术训练。平时运动量的积累，好比银行储蓄，累积得多，到期后提取的也就多，而比赛成绩的爆发，就需要我们日积月累的训练储存。在实训过程中，当一个主要训练内容结束后，我会让运动员用最简单的方法自测即刻脉搏指标，来评价身体机能状况。若即刻脉搏达到 30 次 /10 秒钟（相当于 180~200 次 / 分钟，正常人是 70~80 次 / 分钟），属于合理水平。脉搏恢复的要求是：1 分钟后恢复到 20 次 /10 秒，2 分钟后要恢复到 18 次 /10 秒，这属于正常现象；若是 1 分钟后恢复到 23 次 /10 秒，2 分钟后恢复到 20 秒 /10 次，就属于偏慢。根据数据分析，我会对运动员如何完成强度负荷做出合理的判断，然后有针对性地进行下一步训练内容的安排。

宁泽涛经常会和小伙伴们累得瘫在泳池边，一水儿的大孩子，就这么齐刷刷用讨饶的小眼神看着我。这时，我的肢体语言只有扭身、错开眼神。言外之意：求饶没用。他们肯定在心里埋怨我，当年齐晖训练时也曾抹过眼泪，我同样没有"心慈手软"。后来宁泽涛在亚运会夺冠后，在采访中透露过，他曾在训练时偷偷在水里哭。要不是媒体曝光，我还真不知道他哭过，但是，他的这种情绪不会在我面前流露，更不会直接表达出来。作为教练，我知道他们的想法，也理解他们的艰辛，可是，"不经一番寒彻骨，怎得梅花扑鼻香"，竞技体育没有捷径，没有人可以随随便便成功，运动员必须承受常人难以忍受的极限挑战，才有可能成功登顶。作为教育者，我深知怎样才能帮助他们成才，如果我在训练场上对他们放宽要求，比赛场上他们怎么可能与如狼似虎的对手去抗衡呢？又怎能实现为国争光的梦想？

在我和整个团队的精心呵护和培育下，宁泽涛从小荷尖尖到锋芒毕现，这个昔日的"病秧子"，开启了属于自己的时代，交出了漂亮的成绩单。

2013 年 4 月 5 日，全国游泳冠军赛在河南郑州举行，这也是全运会前的一项重要赛事，是全运会游泳比赛的风向标。为此，国内泳坛各路诸侯和专家极其关注，尤其是比赛中涌现的新秀——他们往往作为全运会上的"秘密武器"，在这次比赛中试水亮相。宁泽涛就是这样的角色，赛前人们闻所未闻，赛中一骑绝尘，赛后名扬四方。他先是在 100 米自由泳中以 48 秒 60 的成绩打破了由陈祚保持的 48 秒 73 的全国纪录，随后又斩获 50 米自由泳金牌，在最吸人眼球的自由泳短距离项目中独占鳌头。有教练对我说："叶教练，这匹黑马藏得够深！"其实，对我来说，宁泽涛的表现是在我预料之中，因为在平时的训练中，他已达到了这样的成绩。

宁泽涛在参加全国游泳冠军赛期间，他的母校——河南省体育场体校曾经专门组织小运动员去给"师兄"加油。但那时，孩子们对宁泽涛的名字极为陌生，他们的偶像是奥运冠军孙杨和叶诗文。

可是半年之后，宁泽涛从全运会凯旋，再次回到母校时，孩子们争相和他合影，索要签名，还拉着"宁泽涛冠军"的横幅，兴高采烈。

在孩子们崇拜的目光中，宁泽涛走上了徐徐展开的星光大道。

第十二届沈阳全运会前，我们王强队长经常在我耳边念叨：谁谁要拿金牌，谁谁要拿金牌……我告诉他：如果要说金牌，我这次把宝押在宁泽涛身上！结果，我的预言成为现实：宁泽涛先是在男子 100 米自由泳决赛中以 48 秒 27 的优异成绩夺冠，并打破亚洲纪录，接着在男子 50 米自由泳预赛中游出 21 秒 91 的成绩，打破亚洲纪录，并在决赛中摘得桂冠。

宁泽涛荣膺 100 米自由泳冠军并打破亚洲纪录

在整个比赛过程中，宁泽涛显示了超强的心理素质。100 米自由泳出发之后，我发现他落后对手半个身位，此时的我蒙了，心里急问怎么回事？但宁泽涛很快调整好了动作节奏，在第一个 50 米处已占据了优势，而后 50 米，宁泽涛势不可挡，不再给对手任何机会，第一个触壁。赛后他告诉我：出发入水时，他的手没有合并拉住，巨大的冲击力让他的肩部有点拉伤，但他顶住了压力，扭转局面，最终超越浙江名将吕志武，获得冠军。

强大的心理素质，过硬的实战成绩，让我对他充满信心。其实，很少有人从专业的角度去解读他的 50 米自由泳成绩。宁泽涛是在 100 米比赛肩膀受伤的情况下，居然连续在 50 米自由泳预赛、半决赛和决赛三场比赛中进入 22 秒以内。而 22 秒对 50 米自由泳来说就是一道坎，就好比田径 100 米跑进 10 秒大关，此前，从来没有亚洲人能够突破，而宁泽涛居然在一次比赛中三次超越，其实力可见一斑。

其实，在沈阳全运会前的 7 月，在西班牙巴塞罗那举行的游泳世锦赛上，中国男子游泳选手没有人能进入 50 米和 100 米自由泳前 16 名。宁泽涛在全运会上的成绩，如果放在巴塞罗那游泳世锦赛上，可以进入前八。

不过，在我看来，宁泽涛即使去了世锦赛可能也不会游出佳绩。因为游泳世锦赛期间，他还没有完全准备好，还在持续练习功夫阶段。显然，如果没有那个夏天的心无旁骛，就不会有他在沈阳全运会的强劲爆发。

很多孩子都说，训练场上的我"最可怕"！这个"怕"，倒不是我会对他们实施惩罚而让他们心生畏惧，而是因为他们知道我的眼睛比较"毒"——我总能准确地指出他们技术上的错误、态度上的怠懒。其实，他们每个人都有懈怠的时候，而懈怠的结果，往往体现在动作上的不充分和技术上的不完善，他们并不想让教练看破，但我总能明察秋毫，挑出瑕疵，让他们心里发虚。所以，与其说他们怕的是我，不如说他们是怕自己，怕自己不达标，怕自己不完美，怕自己的无力感，怕自己最终会失败。

对于宁泽涛，我从来没有问过他怕不怕我的问题。他年纪小，离家来部队的时候，有时候会在我面前流露出孩子气的一面。但后来随着年龄的增长、成绩的提升，他的心气提升上来。我了解到，他在宿舍的床板上，曾悄悄贴上了"我要破亚洲纪录"一行字，以此自励。我知道这个孩子是有目标的，对自己有要求，可以高看一线。

全运会夺冠后，宁泽涛接受了众多媒体的采访。

"上半年训练比较苦，一堂课教练安排在 8000~9000 米运动量，给自己积累了很厚的底子，所以才能让我在最后时刻能够顶住，最后冲上去……这几年，我和我教练、家人经历了很多，上半年也是一直伤病，冬训荒废掉了。这次比赛能够取得这样的成绩，是教练从底下往上拽我、拉我，让我不放弃。为此，我要感谢叶练……我希望能代表国家队出战世界比赛……我希望能够站上奥运会最高领奖台，毕竟在历史上，亚洲人从来没有站在短距离自由泳的最高领奖台。我作为中国人、亚洲人，希望像刘翔一样去实现这个梦想！当然我不能说，我现在已具备这个实力，但是从现在开始，我有这个信心，相信在叶瑾教练的指导下，我能做到这一点。"

宁泽涛语言表达能力很强，得到了媒体的一致赞誉，也体现了他的自信和逐渐成熟的一面。

在我眼里，他还是他，和以前没什么不同，并没有因为是全运会冠军就有所改变。可是，在外界看来，帅气的面容、健美的身材，再加上泳池里的一流表现，宁泽涛开始吸引粉丝的关注。

在外界看来，我打扮时尚得体、精致有范。其实，我的骨子里，是一个喜欢严谨雅致的上海女人，在外部交往中，我觉得自己还是有一定的亲和力的。作为教练，我希望自己能够春风化雨，而非急风骤雨，所以在执教过程中，能忍、不当众发火是我的原则。当然，也有破例的时候。

凭借 2013 年第十二届全运会和东亚运动会的优异成绩，尤其是在接力中屡次实现逆转并夺冠的突出表现，宁泽涛终于如愿入选国家队。为了宁泽涛能圆梦，更是为了中国游泳人的共同期盼，我打破了自从北京奥运会后长住上海、一心经营海军游泳队的平静日子，重新开始了离开父母、丈夫和女儿的北漂生活。

在国家队有两个训练泳池，一个50米的长池，另一个25米短池。因为比赛大多是在50米池进行，为更好地适应比赛，宁泽涛提出申请，要求去长池训练。可是，我在担忧，他从小习惯了短池训练，突然改到大池训练，距离长了，转身减少，训练负荷必然相应增加；另一方面，长池使用频率高，很多运动员在泳道里"煮饺子"，经常出现互相碰撞的现象，肯定会影响训练效果。但出于对队员的尊重，保护他的积极性，我同意了他的请求。果然，宁泽涛去了之后，碰到了我预料中的状况，训练完成质量并不高，有点游不动的感觉。

2014年7月，也是仁川亚运会前夕，在国家队游泳馆一次训练时，我冲宁泽涛发飙了。这是一堂亚运会前的专项训练课，我要求几组冲刺训练，其他队员都顺利完成了，唯独宁泽涛始终落在后面。这哪里还是去年全运会上那个打破亚洲纪录的无敌小飞鱼？

"太慢了，再来！"我的音调高了几度。

可是，宁泽涛在泳池中总是有气无力的样子，这样的训练状态我已经忍了他好几天。我不禁怒火中烧，冲着泳池中的宁泽涛吼道：

"你对今天的表现满意吗，你认为你就只能游这个成绩？！"

我那怒发冲冠的样子，显然吓到了旁边的助理教练胡毛毛和其他教练，他们一边劝解，一边拉我往门口走，"叶练别生气，您不要太累了，先回去休息吧"。在助理教练的劝说下，我离开了泳池。

晚上，宁泽涛叩响了我的房门。

"叶练，您不要生气，您这个年龄，不要那么冲我叫，那样不好……"宁泽涛的语气软绵绵的。他用这样的语气作为开场白来向我道歉，言下之意，你这么发火，让其他教练看见不合适，他似乎是站在我的角度，为我考虑个人形象问题。

"你知道我为什么生气吗？"我忍无可忍，当面指出了他的问题所在。"到大池训练是你提出来的，我也提醒过你，大赛前转换泳池训练不合适，大池训练会增加强度负荷量，你会感觉很辛苦，你自己表态说没有问题。但是你今天完成的成绩，让我实在看不下去了。你自己说说看，我能满意吗？"

"叶练，我错了！"他态度诚恳，承认错误。

我也放软了口气："我并不是对你到大池训练有意见，而是对你不了解自己的身体状况而着急。你在训练中表现出来的急躁和消极态度，只会让你越来越浮躁。现在出现这种不利局面，在我的预料之中，我们要勇敢去面对，去解决。"

这些年，队员的每个动作、每个神态表情，都像电脑程序一样储存在我的脑海里。训练场上，我即使不拿秒表，只要看看他们的技术和游速，我就能知道他们大概的成绩，这个误差一般不会超过 1 秒。好在这次冲突过后，宁泽涛在训练态度上有了很大的改观，能够积极贯彻我的训练意图，按要求顺利执行所有的计划。总体而言，在训练方面，他对我是比较信赖的。

自从 1982 年在新德里举行的第九届亚运会开始，中国体育代表团一直牢牢占据金牌榜第一的位置，但亚运会游泳比赛中，中日两国之间的较量却一直处于胶着状态。宁泽涛的出现，让中国男子短距离自由泳项目有了战胜日本队的希望，引起游泳界的高度关注，公众对他的期待也一直在升温。

面对期待，"中国飞鱼"是否能够成为"亚洲飞鱼"？甚至，他是否能够走得更远，令国人期待。

登"亚洲之巅"

2014 年 4 月，日本选手盐浦慎理在日本国内比赛中，打破了宁泽涛所保持的 50 米自由泳亚洲纪录。仁川亚运会将至，这对宁泽涛而言是一种巨大的压力。我也将亚运会 50 米自由泳比赛定位为"天王山之战"，宁泽涛只要 50 米自由泳拿下，100 米自由泳就是一马平川；如果拿不下 50 米自由泳，那么接下来 100 米自由泳的前景也会扑朔迷离。为此，我及时调整训练策略，宁泽涛的赛前训练就是围绕 50 米自由泳来进行。

9 月 22 日，韩国仁川，宁泽涛的第一次亚运会。宁泽涛参加的第一个决赛项目就是 50 米自由泳。赛前，由于代表团事先预计稳拿的孙杨 200 米自由泳意外失手，日本选手萩野公介以微弱优势抢走金牌，团队气氛有点凝重。

对宁泽涛而言，这是他走向亚洲的第一战。自从进入海军队以来，宁泽涛总是出现各种各样的状况，伤病意外层出不穷，但我执教他已有 6 年，心里很清楚：宁泽涛是典型的大赛型选手，压力越大，动力越足。

因为性别和性格关系吧，宁泽涛心理素质较好，心里有谱，不需要额外叮咛。不像齐晖，比赛前需要我安排细致入微，甚至要我陪伴在身边，直到走进赛场。我很赞赏宁泽涛的自信，但赛前我也会找一个合适的时间点，那就是在他准备活动下水之前，简单提示一两句比赛中应该注意的事项。等到水上准备活动结束，我就直接离开泳池，独自坐上看台。他的整个休息和检录过程，我都不用管他。

随着发令枪响，决赛开始，八条飞鱼齐刷刷地跃入水中，选手之间的差距很快拉开。我关注到处于五道的新亚洲纪录保持者盐浦慎理刚稍稍领先，另一位日本选手伊藤健太也紧随不舍，此人曾多次在日本全国比赛中夺冠，有 50 米全程不

颁奖后宁泽涛与教练合影

换气的绝技。四道的宁泽涛在前半程紧咬住对手，最后 25 米憋气冲刺，以 21 秒 95 的成绩夺得代表团首金，盐浦慎理以 22 秒 11 的成绩拿到银牌，伊藤健太拿到铜牌，另一中国广东选手余贺新收获第四名。好样的！我攥紧了拳头，挥了挥。

在平时 50 米自由泳训练中，我一直尝试让宁泽涛练习憋气，但他因为身体状况，从来没有成功过。可是本次比赛中，他本能地调动所有能量，尽管没有达到全程憋气的最佳状态，多少影响了一点节奏，但最后 25 米的憋气，却足以让他拼出一块亚运金牌。回到热身池后，他对我说："叶练，回去之后，我一定要认真练习憋气。"

初战告捷后，宁泽涛又在 4×100 米自由泳接力中出战，为中国队夺金担当最强棒。26 日晚，男子 100 米自由泳赛决赛拉开帷幕，宁泽涛一出场，便显得气定神闲，有一种舍我其谁的架势，观众掌声阵阵。我对他很放心，比赛就要有王者的气度！

比赛出发后，卫冕冠军、韩国名将朴泰桓暂时领先，但宁泽涛很快冲到第一；后半程，宁泽涛迅速拉大了和对手的距离，并以领先朴泰桓一个身位的优势触壁！成绩是 47 秒 70！

这是一个值得振臂高呼的成绩！不仅把宁泽涛自己保持的亚洲纪录提高了 0.57 秒，也是 2014 年世界泳坛排名第三的好成绩，也相当于 2013 年世锦赛的冠军成绩。更重要的是，亚洲选手此前从未游进过 48 秒大关，这个突破说明宁泽涛已经完全具备了向欧美选手发起挑战的实力！

宁泽涛夺冠后，有记者问他："你现在最想做的是什么？"宁泽涛笑着说："我现在就想和教练、家人拥抱。"

我不知道这番话，但他确实是这么做了。一回到热身池见到我，他一把扯下自己脖子上的金牌挂到了我的胸前，和我热情拥抱。我当时真的很激动，没有丝毫刻意做作，完全是自然情感的流露。我非常欣慰，宁泽涛从改主项，到边调养身体边训练，这么多年的坚持，我的心血没有白费，在短距离自由泳项目，宁泽涛用实际行动，闯出一条路，填补了中国男子游泳的空白。

宁泽涛获胜后与教练拥抱

在"三大战役"之后，亚运会游泳比赛的最后一天，我发现，宁泽涛在队友面前的称谓已从"包子"换成了"涛哥"。

亚运会泳池大战的压轴戏是男子 4×100 米混合泳接力。决赛前，四个参加接力的小伙子和教练们一起开会。"我也有点紧张，但我会全力以赴。"涛哥率先开口。毕竟，日本队在这个项目中连续稳居世界大赛前三名，就算是前面拿了三块金牌的涛哥也心里没底。

"有涛哥，怕什么啊？！"队员们你一嘴我一舌，"你就是我们的主心骨！""这块金牌，我们拿定了！""我们前面尽力去拼,最后一棒就交给你了！"

我最后表态："大家要树立信心，我们是冲击金牌，就要有敢把皇帝拉下马的气势。最后一棒，只要和对手不差一个身位，宁泽涛绝对有能力追上！"从全运会和东亚运动会的表现来看，只要宁泽涛的训练扎扎实实，比赛时就能最大限度地释放能量，而且他的团队意识很强，越是集体接力项目，越能发挥水平。2013 年全运会时，他代表解放军队参加这个项目的接力比赛，在最后 50 米，正是他的奋起直追，竟从第五名拼到了第二。

4×100 米混合泳接力决赛是本届亚运会最燃的一场比赛，中国队出场队员是徐嘉余、李响、李朱濠和宁泽涛。比赛走势完全在预料之中，第四棒的宁泽涛出场前，日本队与中国队之间拉开了将近一个身位的距离。宁泽涛用了"拼命"的接棒方式入水，数据显示：他接棒时间为 −0.02 秒。在游泳比赛中，交接棒时有规定的正负时间差，如果他再快一点，也就是 −0.03，就要被判犯规，取消成绩了！这是真正飞一般的感觉，百分之百最高效率的出发。前 50 米，宁泽涛用前程爆发力冲击老对手盐浦慎理，渐渐缩小了差距；转身之后，宁泽涛已经追了近半个身位。有戏！

作为教练，我很少在比赛场上大声呐喊。那天，我真的是情不自禁，亢奋得大叫起来。之后，有朋友告诉我："你那时还蹦得老高呢！"我心里也在想：我果真如此吗？我也算是"老夫聊发少年狂"吧！

宁泽涛进入冲刺阶段，他以拼命三郎的架势，运用憋气战术，向着终点猛冲。观众的激情被全部点燃，游泳馆陷入疯狂呐喊声中。央视男女主播激情澎湃，语速快过宁泽涛的冲刺速度，几近语无伦次，"宁泽涛加油，好样的，中国军人，中国旗舰，乘风破浪"！最后 10 米，在全体观众震耳欲聋的呐喊声中，宁泽涛终于追上盐浦慎理，并率先触壁，成绩是 3 分 31 秒 37，打破亚运会纪录！宁泽涛也创造了个人最佳成绩 46 秒 91！一个新的传奇数字诞生了！

一场酣畅淋漓的胜利！为中国游泳队实现了逆转，日本队拱手交出了垄

宁泽涛与队友一起勇夺仁川亚运会 4×100 米混合泳冠军

断了20多年的混合泳接力金牌，中国队创造历史！虽然，宁泽涛个人成绩只是接力中的分段成绩，不能算作正式比赛成绩，但对从来没有触碰过47秒大关的运动员来说，这速度实在令人欣喜若狂！

观看宁泽涛比赛，与当年看齐晖比赛的心情截然不同：齐晖200米蛙泳只要最后50米转身后基本能看出胜负了，而100米自由泳比赛的激烈程度真的是让人窒息，激战中，选手们几乎都是同时触壁，水花飞溅，如果不是凭借电视转播回放，根本就看不出谁快谁慢，故显示屏成绩出来之前，一切都是未知数。

仁川亚运会上宁泽涛狂揽四金，又是100米自由泳首位游进48秒的亚洲人，星光闪耀，再加上他阳光帅气、没有丝毫杂质的外表，人们对他的关注度骤增。加上现代信息技术迅疾的传播，一时之间，宁泽涛成为社交媒体上的热搜词。他英俊的外貌、挺拔的身材、迷人的微笑，是一个完美的"小鲜肉"，其知名度迅速冲破游泳圈和体育界，成为万千民众的宠爱，一个超级偶像诞生了。

2014年亚运会宁泽涛登上冠军领奖台

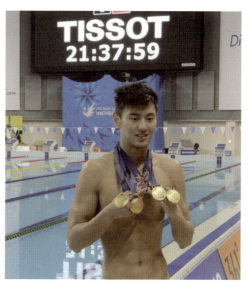

2014年亚运会宁泽涛获得4枚金牌

亚运会游泳比赛结束，当时我们还在仁川，网上出现"小鲜肉"一词。我实在搞不懂什么意思，在微信上请教朋友，朋友说，可能是源自电影《阿凡达》，原是"新兵"的意思，后比喻性格纯良、感情经历单纯且长相俊俏的男生。于是，我想到宁泽涛也确实符合"小鲜肉"的标准。在仁川，宁泽涛受到无数中国、韩国粉丝的围堵，把我着实吓着了，真的是里三层外三层的人群，走路都无法走。回到国内，机场迎接的场面更为壮观，粉丝们彻夜守候，机场出口被围得水泄不通；媒体也在疯狂追星，照相机、摄影机、长枪短炮都用上了。宁泽涛等明星选手春风拂面，被粉丝包围着，鲜花、礼物、大幅欢迎标语和如影随形的年轻女孩。我在一旁，只是默然微笑，但是回到队里，我们专门开会，向全体队员提要求：宁泽涛取得了好成绩，可喜可贺，但他还是我们中的一员，还有漫长的路要走，不能叫他"小鲜肉""国民老公"。我也认真地告诫宁泽涛："现在网络非常发达，什么声音都会有，有些东西我们要一笑了之，不要太往心里去。我们有更高的目标，现状不允许我们沾沾自喜，我们要用加倍努力，回报社会，回馈粉丝。"

亚运会归来，宁泽涛不再是一年前那个渴望进入国家队、渴望正名的新秀了。光阴荏苒，他已经从刚进队时身高仅一米六、病恹恹的 13 岁小男孩，成长为线条结实、肌肉有力、身高超过一米九的大小伙了。而经历大赛考验的他，也已明白，他必须担当起更大的责任，为中国游泳再立新功。

10 月中旬，全国游泳锦标赛在安徽黄山举行。对国手们来说，大都在这里参加副项比赛，权当全年赛事的休止符，或者冬训前的热身；对嗷嗷待哺的年轻小将们，则是一个非常好的平台，他们会全力以赴，以期拿到奖牌。

由于宁泽涛的参与，本次游泳比赛吸引了无数观众。17 日晚 100 米自由泳决赛发令枪响起前一瞬间，看台上，一直在加油助威的观众突然鸦雀无声，时间仿佛被点了静止键。随着枪声响起，游泳馆又瞬间燃爆，宁泽涛一入水就有领先优势。因为是大赛后的调整，没有任何负担的宁泽涛显得非常放松，在水上轻盈飞翔，最后 10 米还稍微放慢了速度。当他以超过其他对手近一个身位的明显优势触壁时，一个崭新的亚洲纪录诞生了！47 秒 65，他改写了自己在仁川亚运会刚刚创造的 47 秒 70 的男子 100 米自由泳亚洲纪录。

"他游疯了！"岸边的运动员和教练员们啧啧称赞，纷纷向我祝贺。谁也没有料到，宁泽涛会在距离亚运会结束不到三周的时间里，把自己保持的亚洲纪录门槛再次提高。我微笑不语，因为我最了解他的情况，也相信我的训练计划具有强大的"后作用力"。

许多圈内人士都好生奇怪：宁泽涛不是一再说自己禁不住折腾，亚运会后感觉很疲劳，吃不下饭、睡不好觉，体重下降严重吗？就是在这种状态下，居然还能游出亚洲纪录！

在采访中，宁泽涛是这样说的：

"赛前我没想到会破纪录，今天前半段的感觉不是很好，我是抱着去拼的心态进行比赛，没有去想成绩。亚运会后，我休息和恢复了一段时间，现在感觉还很疲劳。我觉得自己需要提高的地方还有很多，还需要更多的训练。"宁泽涛一边喘着粗气，一边接受采访。

确实，宁泽涛从仁川亚运会回到郑州，放假四天，看望了身体欠佳的姥姥，然后返回上海海军队训练基地，进行恢复和调整训练，并没有为接下来的全国锦标赛做特殊准备。

不过，我对自己的训练效果和宁泽涛的情况很有自信。

"正常来说，按照我的训练计划，运动员良好的竞技状态会有一段时间的延续性，在两个时间间隔不长的比赛中，第二次的比赛状态有时可能还要好于第一次。亚运会结束了，宁泽涛的好状态其实依然在延续，只是他自己感觉疲劳罢了，能力还是摆在那儿。所以，回来后，我并没有给他制定打破亚洲纪录的目标，让他凭自己的感觉游就行。结果令我惊喜，但在这样级别的比赛中再创新高，这完全不在我们的计划之列。"我对熟悉的媒体记者这样说。

其实，我在赛前就知道宁泽涛的状态不错——他在决赛前热身准备活动的成绩，比在亚运会时的赛前准备还要快！但我什么也没说，只是让他专心比赛。

比赛时，他前 50 米就游出了 22 秒 83 的极佳成绩，我心想，有戏！果然，他飞了 90 米，最后 10 米速度有点往下掉，但最终显示在电子屏幕上的亚洲纪录让全场欢呼！我最担心的是，他不要太累了；如果生病受伤之类的话，会影响备战国际赛事，那就得不偿失了。

2014 年 12 月 17 日，我带领全组队员来到昆明海埂训练基地，这是宁泽涛第一次尝试高原训练。昆明的天空那么蓝，气候那么舒服，但是宁泽涛却产生了强烈的高原反应，非常不适应，在陆地上有气无力，在水里也不再生龙活虎。我小心翼翼地制订渐进式的训练计划，但还没有上强度，他就顶不住了，不得不在泳池边紧急吸氧。随后的三天，他都卧床不起，需要吸氧恢复身体。

看着他虚弱的样子，我非常心疼。他本来体质就不太好，高原训练对于其他运动员能够提高有氧能力，但是"彼之蜜糖、吾之毒药"，对宁泽涛来说可能就适得其反。事实上，高原训练可能更有助于中长距离选手，对短距离选手的帮助并不大。另外，我原本也希望借此机会能和其他优秀教练交流切磋，特别想取得高原训练的经验，以求训练手段上的突破，但事与愿违。

由于高原反应太大，训练又很辛苦，我对他的高原训练前景不乐观，但宁泽涛却选择了坚持，而且一再和身边人，尤其是随行记者朋友强调："别告诉我家人，我怕妈妈知道后会掉眼泪！"小伙子长大了，懂得有困难要自己扛。

周末，我利用休息时间，带孩子们到训练基地周边去放松调整，最令人难忘的是，我们来到被称为"高原明珠"的滇池。只见湖边老树苍劲，绿荫护堤，游人如织；湖中碧波荡漾，微风徐来，数以千计的海鸥恣意地在空中遨游；

远处是城市林立的高楼和蜿蜒伸展的山的轮廓。孩子们看到飞舞的海鸥高兴极了，我们以飞翔的海鸥为背景，留下合影，也留下那一个冬天的故事。

2014 年昆明冬训间隙，师徒在滇池放飞心情

这是宁泽涛第一次、也是唯一一次高原训练的经历，为期三周。我们乘兴而来，却抱憾而归。

澳大利亚训练

2008 年以来，中国游泳成绩稳步提升，一度成为仅次于美国之后的第二游泳强国，人们总结出一条成功经验——"洋务运动"。

随着整体国力的提升，中国体育的保障日益提升，"请进来，走出去"成为发展模式。相对于美国以赛代练的大学训练模式，中国游泳队尝试赴澳短期集训、回国后马上调整的模式，似乎更适合中国运动员。为此，中国游泳队先后多次赴澳大利亚，请澳大利亚著名教练丹尼斯和肯·伍德等知名教练指导，我也曾带海军队、国家队选手多次加入"留学澳大利亚"的大潮中。

2012 年 6 月，我带领索冉、孙梦月和曲敬宇前往澳大利亚，跟随肯·伍德教练进行训练。肯·伍德被称为王牌教练，他手下的弟子一共为澳大利亚带来 61 项国际大赛冠军，蛙王琼斯、蝶后施佩尔等名将均出自这位教练之手，他也曾经训练过我国奥运冠军刘子歌、叶诗文等选手。

肯·伍德教练的训练计划分 A、B、C 三个强度，每天贴在白板上，运动员根据自己的能力选择其中一个计划来执行。需要说明的是，伍德教练的训练计划都是大运动量，运动员每周要安排 10 次水上训练和 2 次陆上健身房训练，且没有针对性的调整和缓冲。无论是提高运动员速度的短距离冲刺，还

是延长包干，比如 10 个 100 米，一个快的一个慢的，全部要求带出发。他的弟子众多，教学很分散，学员都是自己付费，今天累了明天自行休息，等调整好了再来。显然，这种训练缺点就是没有针对性，不够系统。因此，澳大利亚那些年来很少出现优秀的中

叶瑾与 肯·伍德教练合影

长距离选手。运动员们往往都有自己的工作和学业，完全是出于对游泳的热爱，每天一早就来训练，训练完了之后再去上学或者上班，教练员就好像国内健身房的私人教练。反观我们举国体制下的专业运动员，不用为生计发愁，每天可以专心训练，训练之余就是休息，这种幸福感实在是满满的。

外国同行的敬业精神令人钦佩。伍德先生当时已经 84 岁了，但他依然凌晨三点多就起床，四点多到游泳池。他永远早到半小时，等候运动员到来，在布置计划前，他会在白板上给运动员写上一段励志的短语。比如：

"生活就像牌局，不要质疑你手中是否有好牌，我们只要做出正确的选择！"

"失败并不可怕，可怕的是你已经放弃。"

我想，伍德先生日复一日，将心灵鸡汤写在泳池旁的白板上，用心良苦，他的学生一定会从中得到启迪。事实上，正是他为人师表的实际行动，告诉了学生：既然选择了游泳，就要甘之如饴、不怕辛苦。

伍德先生上课，他整堂课都是站着，没有坐下来的时候。这种严谨自律的训练态度很值得我们学习，在这一点上，他和我有很多共同语言。有几次，他通过翻译和其他教练说："叶在训练场很用心专注，喜欢研究业务，碰到难

题总是与我们积极探讨。"

但是，全身心投入训练的中国运动员也遇到了难题：整体而言，澳大利亚教练比较重视极限训练，而忽视调整和休息；另一方面，人的体质也有差异，我们这种来短期集训的运动员，每堂课都去突破极限是不现实的，身体根本吃不消。

2015年上半年的冬训，我们来到澳大利亚的黄金海岸，教练是格林姆，感觉收获不是很大。回国参加全国比赛后，我们再次来到澳大利亚，在墨尔本布朗教练所在的俱乐部训练。布朗教练的前弟子马格努森，曾经获得过短距离自由泳世界冠军，我和宁泽涛对于这一次的外训充满了期待。

第一次见到布朗教练令我印象深刻。他对我们的到来，表达了由衷的欢迎：

"你们是天使，来到了我的身边。你对宁是已经做了一个'大蛋糕'，我要在上面'裱花'，让他更完美！"

布朗的训练特点是，对于短距离运动员的能力训练要求高、强度大，这让宁泽涛明显感到水土不服。宁泽涛体质本来就弱，在这种高强度的刺激下，身体反应特别大，经常会在训练中呕吐，每次他一吐，这一堂课，包括接下来的几堂课都泡汤了，而这样的情况几乎每周都会发生。

这让场地边的我如坐针毡，不得不经常提醒布朗：

"布朗教练，这么高强度的刺激，会不会把运动员练伤、练废了？"

"布朗教练，您的专业方面我很尊重，但是说实话，宁泽涛的体质比较弱，和其他运动员情况不一样，我希望在训练过程中考虑下——他的实际身体情况。这种极限强度的训练负荷，我在国内很少采用；一旦队员受伤病了，一切都会前功尽弃。"

根据当时情况，我提出建议：第一，中国运动员一般在早上训练时，很难一下子提高强度，我们一般会在下午的训练中逐渐上量和强度；第二，运动员的后程能力差了一些，我建议填充有氧训练内容，而不仅仅是冲刺。

刚开始时，布朗很坚持自己的训练风格，一定让我们完全按照他的训练要求走，但随着我的多次沟通，同时也看到宁泽涛的身体反应和训练效果，他渐渐接受了我的建议，并在设计训练计划前征求我的意见。于是，训练强度有所减弱，提高强度的训练也逐渐放到了下午，同时也增加了有氧训练。

布朗向我"保证"："叶，相信我，我一定会好好保护你的宝贝的！"

于是，每次宁泽涛呕吐后，他都会来征求我的意见："他还要不要练？"我会坚决地回答："不要游了，我了解宁泽涛的情况，如果这个时候继续练的话，他身体的这根弦就会断掉，到时候会引发更严重的后果。"布朗同意我的看法。

在墨尔本，叶瑾与布朗教练交流宁泽涛的训练情况

在我看来，出国训练是学习国外教练的先进训练理论，但归根到底还是要立足自身，洋为中用，要融会贯通，不能简单照搬。

有一次，外训回来之后，我的助教继续按照外教的训练计划来练，结果在随后举行的比赛中，几乎所有队员的成绩都退步了。我当时就说："我们要坚持自己的理念，这是我们经过多年检验的成功的训练手段，绝不能丢弃和忽视；一切好的训练手段，归根到底都要适合我们的运动员。'西风压倒东风'，全盘否定自我，这是最要不得的。"

当然，国外教练有很多我们值得学习的地方——比如他们对比赛速度等方面的训练，对运动员潜力的挖掘，他们每堂课都有"心灵鸡汤"并使之成为训练计划的一部分。对于运动员的出色表现，他们从不吝啬赞美之词，还会使用各种夸张的肢体语言来赞美队员。当队员们回到国内，他们会用邮件跟踪队员的状况，分享一些他们对训练和赛事的理解。运动员取得了好成绩，他们的祝贺邮件也会翩然而至。与性格含蓄内敛的中国教练相比，老外这种溢于言表的赞美方式，让运动员"心花怒放"。这就好像是自家孩子对父母的赞美和批评麻木了，但对于外人的评价却非常在意一样。

外教们看到了中国教练的敬业和认真，也从我们身上学到了很多训练方法，但他们无法理解我们24小时在线的工作状态，觉得中国教练员超常付出，既让人尊敬，也觉得失去"自我"，有些不"人道"。确实，像我，既是教练，也是队伍的"大总管""超级大保姆"，我不但要和外教共同商量制订训练计划，每天起早摸黑、一堂课不耽误地训练，还要负责队伍的吃喝拉撒和出行安全。出国训练绝对不是普通人出国游玩那样舒适悠闲，而是负荷更重、付出更多，是劳心劳力的"苦差事"。

出国训练比我们想象的要艰难得多，但改变环境后的乐趣也是显而易见的。

第一次去澳大利亚训练时，我带着曲敬宇、索冉和孙梦月3名队员，到肯·伍德所在的雷德克里夫市高绩效中心。我们租住在雷德克里夫海滩附近的一个公寓，环境不错，而且公寓离超市很近，买菜只要3分钟。

我们一天的工作基本上是从凌晨4点开始。闹钟响起，我就要起床，顾不上洗漱，先要做好简单的早餐。每顿饭的食材，都是我去超市买回来，一日三餐，都要有计划。早饭做好后，我就去叫队员们起床。

4：30，队员被喊醒，大概用10分钟就能洗漱完毕。吃完简单早餐，收拾好训练装备后，他们喜欢嘴上叼着面包，手里拿着牛奶，前往

在澳大利亚训练时，队员们正在用早餐（左起：曲敬宇、索冉、孙梦月）

训练池。住地到游泳池有十几分钟的路程，因为还是凌晨，满天都是星星。这种感觉让我想到 40 年前在南京部队做运动员时，我们在夜里 2 点训练的情形；同样是顶着星光，但 40 年光阴荏苒，我依然是一个行者，让人唏嘘，也让人骄傲。每次，都是队员们走在前面，我一个人在后面，为了解闷，我也习惯听着手机上的音乐。走着走着，孩子们都走远了，四周寂静无人，只有空旷的原野和我呼吸的声音，有时候还能听到青蛙和鸟叫的鸣奏曲。澳大利亚是野生动物的天堂，有时候会突然蹿出小动物，让人心头一惊。

5：00，队员们开始在露天泳池训练。我们是夏天过去的，正是澳大利亚的冬天，气温低，孩子们每次下水前都要挣扎一番。水里看起来热气腾腾，其实非常冷。后来，我们冬训过去时，那里则是夏天，一天中温差比较大，特别是刮风的时候，水温较低，还得防晒防雨。

8：00，训练归来，队员们休息，我去超市买菜，做午餐。

12：00，吃饭后，队员们帮助收拾洗碗，我要把晚餐的食材从冰箱取出，收拾停当，以便晚上操作。一切结束后，进入午休时间。

16：00—19：00，是训练时段。训练回来后，我又要开启"厨娘模式"——做饭，还要准备好明天的午餐，有时候炖鸡汤，最多时我要做 7 个人的饭菜。

有一次，我们住地与超市距离较远，我左手拎着 5 公斤的菜，右手拎着约 5 公斤的牛奶和果汁，就好像少林寺中两手拎着水桶的武僧，要走上 15 分钟的路程。我没走多远，就累得不行，站在半路上歇了好半天才鼓起劲来，走回公寓。我总给自己找心理平衡：这些工作有益于减肥、锻炼身体，多好！我能养活一帮人，多有成就感！按理说，我可以让运动员一起帮忙，帮我把东西从超市拎回来，但我想让他们多休息一会儿，也就忍了。

因为一个人带队太累了，第二次出国训练时，我把助理教练齐晖也带上，她负责开车、采购食材，分担了我的一些事务，比我第一次带队员随肯·伍德教练训练时轻松了一些。

在国外，很多热心的华人朋友看到我们的困难，总是伸出友爱之手，帮助我们渡过难关。为了改善伙食，开餐馆的华人老板时常给我们送来有特色的中国火锅；有的华人朋友在家做好包子和中式点心，送到驻地，犒赏我们，让我们在异国他乡备感温暖。

后来，我也让队员们体验生活，带他们去超市采购，做饭时轮流帮厨。这种安排收到非常好的效果，队员们增强了澳大利亚生活的体验，加强了团队协作精神，吃饭时大家话题更多，其乐融融。

出国训练很艰苦，但我们也学会积极乐观、苦中作乐。在雷德克里夫市，星期日我和队医打算去海边，享受愉快的周末。没想到，小火车的方向坐反了，地图也看不太明白，我们在一个叫不出地名的地方下了车，完全蒙了。多亏热情的澳大利亚本地居民，看我们着急地比画着手势，知道是迷路，就热心地带着我们下了车，再走了一段路，来到另一个车站，详细告诉我们在哪个车站下车，我们才辗转来到了海边。

由于不会英语，我也会闹出一些笑话。有一次我想买面粉，买回来一袋好像是面粉的东西，结果包饺子的肉馅已经拌好了，揉面后却是硬邦邦的。好尴尬的场面，我马上急中生智，说这是做葱油饼，等我把饼烤好后，谁知道是个咬不动的硬家伙，孩子们龇牙咧嘴地做怪样，我看着这堆饼发愁，想着如何"化腐朽为神奇"……

不过，每当我在生活中出洋相的时候，就是队员们最开心的时刻。我的败笔，却是孩子们的爆料的趣闻，他们纷纷拍照，还配上文字，发在朋友圈，展示教练的"劳动成果"。宁泽涛的点子多，他出主意，给我解围："叶练，要不我们吃羊肉泡馍好了。"我转念一想："嘿，这小子挺聪明，把硬饼放在羊肉汤里就能吃了，合适！"结果，晚上我烧了一锅羊肉汤，把坚硬的饼掰下来放在纯鲜的汤里，孩子们一扫而光。

其实，我的厨艺并非那么"不堪"，我有做锅贴的绝活。最开始来到海军游泳队当教练的时候，我带队员在北京异地训练，过年时我就做锅贴给孩子们吃。我做的锅贴融合了上海小笼包的特色，一口咬下去，肉馅里面还有汤汁，孩子们惊讶不已，交口称赞："好吃！太美味了！没想到叶练还有这一招！"到现在为止，那一批孩子都还惦记着我的"叶氏锅贴"，我对自己的手艺自信心爆棚，因此每次带队出国训练，我总会露一手绝活。

2015年世锦赛前，我们去墨尔本跟随布朗教练训练。因为有多次外训为做饭苦恼犯愁的教训，我在盘算如何纾困。有一次朋友聚餐时，我提了一嘴："谁愿意陪我去澳大利亚训练，帮助我们做饭！"没想到原南京部队游泳队时的老战友、美女画家丁琳举起双手："我去我去！"我说："你行吗？"边上有个朋友敲边鼓，对我说："她烧菜蛮好吃的。"根据我对她的了解，平时烧菜也就是夫妻两人，最多就能做一些家常菜吧。但看她那么积极主动，愿意为我们服务，我当时就答应了："那你去办签证。"两周过后，她打电话告诉我说："签证办好了。""那么快？"她的答复是："我得抓紧，担心其他人与我竞争上岗。"出国前，她先生一再叮嘱："你一定要把菜烧熟了，

在墨尔本的公寓，教练员、运动员和工作人员合影（左起：齐晖、丁琳、索舟、宁泽涛、叶瑾）

不要让运动员吃坏了。"一语道破天机,但为时已晚。

出国后,我们7个人的饭菜全赖她一人掌勺。午餐、晚餐每顿四菜一汤,菜谱不能重复,真是把她搞得手忙脚乱。平时在家当惯了"大小姐",突然一下子要每天围着灶台转,而且澳大利亚的食材跟国内不一样,还得动脑筋如何洋为中用,做得美味可口,着实难为她了。为了做好伙食保障,我每天都要和她商量第二天的菜谱,她再去研究做法。她做的咖喱鸡和咖喱牛肉味道不错,可惜就是发挥不太稳定,有时汁没有收好,变成一锅汤。所幸的是,训练后的孩子们实在是饥肠辘辘,每次都是消灭干净。

丁琳当厨师,其实也出过不少洋相。有一次,一个中国朋友送来两捆西芹,她炒出来的芹菜我觉得不对劲,我问:"怎么这么老,咬不烂?你没有把芹菜边上的筋撕掉吧?"第二次,她再做的芹菜,她撕掉了筋,算是可以吃了,没想到几天后,我在放蔬菜的纸盒里看到了一把芹菜心,我不解地问:"你留着准备干吗?"她居然一头蒙:"这是准备扔掉的啊。"我哈哈大笑:"侬结棍咯,最好吃、最嫩的菜心你要扔掉?你真是'菜盲'一个,还当厨师啊!"从此,这个话题成为我们朋友聚会时的笑料。

丁琳老师(右)与叶瑾、布朗教练(中)合影

不管菜做得如何,我由衷地感谢我的好闺密,她雪中送炭,为我减轻了很多负担,宁泽涛能在世锦赛上获得冠军,也有她的一份功劳。在我们这个团队中,她是"开心果",善于与队员沟通交流,非常幽默,大家都很喜欢她,都热情地称她为"丁老师"。宁泽涛的嘴最甜,他说:"丁老师厨艺不错,我喜欢!"

这次外训有五周的时间,丁琳切身体会到了我的不易。后来,她逢人就说："叶瑾看起来风风光光，其实，超常的艰辛付出才是她成就事业的根本原因。"

我想，我只是中国教练群体中的一员，我所经历的艰辛，其实也是中国优秀教练所面对的日常。

喀山奇迹

宁泽涛获 2015 年游泳世锦赛 100 米自由泳冠军

2015 年 8 月，世界游泳锦标赛将在喀山举行。作为教练，虽然清楚爱徒宁泽涛已具备相当的实力，但满碗的饭好吃，满口的话不好说，我不想、也不愿在媒体面前去预测宁泽涛能够走多远。原因很简单，弟子齐晖是一个例证，大赛不好打。

宁泽涛的主项是男子 100 米自由泳，这是世界上最快、最具观赏性的"水上飞鱼"项目，也是最能体现人类极限的项目。这个项目历来由欧美运动员垄断，数据显示，游泳世锦赛自 1973 年以来，中国男子，乃至亚洲男子游泳选手从未进入过该项目的决赛，更别提获得冠军了。也正因为如此，突破欧美人的统治，摘取这颗皇冠上的明珠，成为几代中国游泳人最大的动力和梦想。

在短距离项目中，中国男子泳将前赴后继，近 20 年并没有取得突破。奥运会中国运动员的最佳战绩是在 1996 年亚特兰大奥运会上，上海选手蒋丞稷在 50 米自由泳和 100 米蝶泳中收获两个第四名，无缘奖牌。而中国男子在世锦赛短距离项目上的最好成绩，也要追溯到 1998 年，中国蛙王曾启亮在澳大利亚珀斯举行的游泳世锦赛上，获 100 米蛙泳银牌——这是中国男子游泳在世锦赛短距离项目中的最好成绩。

　　我和宁泽涛"不想"或"不愿"对比赛前景进行预测，并非内心"不敢"，恰恰相反，我们师徒是有备而来。我们定下的目标是：最低要求，确保前八，实现突破；中位目标，收获奖牌，更上层楼；最高目标，力争金牌，登上巅峰！

　　北京时间 2015 年 8 月 6 日，第一次参加国际大赛的宁泽涛站在了世锦赛男子 100 米自由泳决赛的出发台，他的对手有美国奥运冠军阿德里安、澳大利亚名将麦克沃伊和阿根廷的费德雷克等好手。在此之前，像往常一样，决赛前我对他的叮嘱不多，也没有给他提出很高的要求，只是从技术角度引导他："把你前面四场比赛中最好的状态都拿出来，把最完美的技术集中表现出来就好了。注意出发、转身和干脆利索的到边，把细节做好，你就成功了！"

　　发令枪响后，八条飞鱼几乎呈一条直线齐头并进，肉眼可以看到略微处于领先地位的是 2 道的阿德里安和 4 道的麦克沃伊，宁泽涛和以往大赛一样，前半程相对偏慢，与麦克沃伊有一个手臂的距离，但 50 米转身后，宁泽涛显现了后程优势，从一个手臂缩小到一个头、再到一个手掌的距离，在最后 5 米时，感觉与麦克沃伊并驾齐驱。到边时，他手掌绷直，狠狠触壁，力度和角度都堪称完美，稳、准、狠！这就是他在平时训练中严格按教练要求去做的完美体现！

宁泽涛获胜后的激情呐喊

最终，八位选手的成绩显示在大屏幕上，宁泽涛以 47 秒 84 的成绩勇夺冠军，澳大利亚麦克沃伊以 47 秒 95 拿到银牌，阿根廷费德雷克以 48 秒 12 拼得铜牌。

那真是热血沸腾的场景：随着宁泽涛向对手的迫近，我们中国队所有教练、运动员和工作人员心都跳到嗓子眼上，全都握紧拳头，大声呼喊："宁泽涛，加油！加油，宁泽涛！"而央视现场主持周雅菲更是激昂慷慨："宁泽涛，宁泽涛，冲啊，加油，来吧，创造历史！"随着她的话音落下，宁泽涛创造了历史——不仅是中国游泳的历史，也是亚洲游泳的历史！

通过转播镜头，我们可以关注到几个令人难忘的镜头：

夺冠后的宁泽涛在水中摘下泳帽，高高举起印有五星红旗的泳帽，庆祝属于他个人，也是属于中国游泳的胜利时刻。

在登上领奖台的那一刻，宁泽涛先是用右手指示左胸上的五星红旗图案，随后在升国旗、奏国歌的环节中，他以军人的身份，向国旗行庄严的军礼，无数的电视观众泪光闪烁。

在颁奖环节，20 世纪 90 年代的短距离游泳之王、男子 100 米自由泳前世界纪录的创造者、被人尊称为"游泳沙皇"的波波夫为宁泽涛颁发金牌。宁泽涛见到了自己的偶像，并接受偶像的祝福和问候。"我太激动了，都忘记了告诉波波夫，我是他的粉丝。"宁泽涛后来对我说。

有一个场景同样令人动容。夺冠后的宁泽涛，跑过来和我拥抱，也和在场的每一位中国教练和队员拥抱，最后，一头扑进他父亲的怀里，像孩子一样泪如雨下。哭了好一会儿，他才恢复了平静。他哽咽着说："我觉得太对不起家人了，从小就没有陪伴过父母，疼我、照顾我的姥姥也去世了，因为要备战世锦赛，我没能去看望她……为了实现这个梦想，我付出的太多了……"

是啊，为了这一天，宁泽涛付出了多少，作为教练，我最清楚。少小离家，9 年军旅生涯，多少的伤病，无数次的求医问诊，特别是国外极限训练，

波波夫为宁泽涛颁奖

在最高领奖台上，宁泽涛行庄严的军礼

发生了严重的呕吐反应……这一切，如果没有顽强的意志品质，根本扛不下来。有时，甚至是一件看似微不足道的小事，也会让我这个教练担惊受怕。

那是 2014 年上半年，我带宁泽涛去澳大利亚集训，临回国前一天晚上，我们组织队员烧烤聚餐，其乐融融。宁泽涛表现得很主动，由于餐具太多，他急中生智，拿了一个洗衣服的镂空篮子，装满了各种餐具。由于担心餐具会被摔坏，他双手捧着篮子，摇摇晃晃地搬到餐桌，没想到晚上睡觉的时候，他觉得手腕有剧烈的疼痛感，队医王飞半夜没有睡觉，给他服止痛片止痛。回国后，宁泽涛因为手腕受伤，只好在全国比赛中弃权。回到上海后，我找了华山医院和 411 医院的资深骨科专家，达成了统一的治疗方案——打封闭。齐晖当年也有过一次手腕疼痛发不出力的情况，打封闭之后，再也没有疼过。这一次给宁泽涛打封闭后，他觉得痛点周边还有疼痛感，误以为封闭针没有打对地方，还怀疑自己是过敏性体质。事实证明，自从打过封闭针后，他的手腕再也不疼了，能够正常训练和比赛了。

成绩实在是来之不易！我关注到比赛中的最后 25 米的逆转登顶，这是我们在海军游泳队 25 米小游泳池和身训房中自制的简易陆上专项体能铁片拉力器上付出的成果，是无数个日日夜夜、日复一日枯燥训练的结晶！日常训练中，

刻苦训练中的宁泽涛

我就要求宁泽涛练习 25 米憋气，因为不换气就不会影响动作的连贯性和发力，就能减少阻力，加快速度。同时，我狠抓他的触壁细节，要求手指必须伸直，用力触壁！别看简单的到边技术，一个手指甲盖的距离，就能赢得宝贵的 0.01 秒，就能决定冠军和亚军的归属！

面对记者的提问，宁泽涛显得非常成熟。他对父母、对教练、对团队表达了由衷的感谢。他还说：

"我很骄傲，我是中国人；我很骄傲，我突破了人种界限，创造了奇迹，实现了中国男子游泳短距离项目的突破，将中国人的名字铭刻在世界短距离项目历史中。"

从 2013 年全运会首次打破亚洲纪录、到 2014 年仁川亚运会百米大战的胜利，再到喀山游泳世锦赛，宁泽涛实现了从"中国飞鱼"到"亚洲飞鱼"，再到"世界飞鱼"的三级跳。

其实，宁泽涛在喀山世锦赛的成功也有运气的成分。单就成绩而言，宁泽涛的夺冠成绩没有 2013 年世锦赛冠军成绩快，当时马格努森夺冠成绩为 47 秒 71，可惜马格努森这次因伤缺席比赛；另一夺标大热门、东道主选手莫洛佐夫状态奇佳，可是他竟然在半决赛中因为出发抢跳，被取消了成绩。两大强敌闪退，8 位决赛选手谁都有机会争取金牌，而宁泽涛是那个善于把握机会的人，拥有临门一脚的霸气和狠劲！

这是一个中国少年的梦，现在因为有幸运之神的眷顾，我们梦想成真！我们总是讲机会是给有准备的人，而宁泽涛也确实为之准备好了一切！

当然，如果能够让我选择的话，我宁愿他不要在喀山爆发，而是把时间推迟到一年后的里约奥运会，那该多好。这是后话。

宁泽涛夺冠后，在运动员区的中国教练员和外国教练员纷纷向我表示祝贺。那一刻，自豪之情油然而生：我是中国教练，我带出的弟子实现了历史性的突破！

宁泽涛获世锦赛100米自由泳冠军后与教练合影

宁泽涛的100米自由泳世锦赛金牌，实现了中国几代游泳人的梦想，证明了在世界泳坛，中国男子选手一样可以称雄百米自由泳！中国人、亚洲人、黄种人绝对不输给欧美人！同时也证明了中国教练的成功之处，我们通过多年艰苦训练，经过中西合璧、取长补短，实现质的飞跃和成绩的爆发。

从喀山世锦赛凯旋，我的亲友集体到机场迎接我。我90岁高龄的爸妈也来了。当我接受鲜花的那一刻，忍不住又红了眼睛，心想：要不是家人的付

叶瑾90岁的老母亲到机场迎接女儿凯旋

昔日战友及恩师诸达乐到机场迎接叶瑾（右起：宋宇静、齐晖、叶瑾、诸达乐、丁琳、周邦依、顾祖伟、曹云华、谢秀兰）

出和支持，我不可能心无旁骛，全身心地投入我热爱的游泳事业之中。到机场欢迎的，还有我的恩师诸达乐、老战友丁琳、弟子齐晖等人，他们共同为我送上祝福。

宁泽涛夺冠后，新华社记者写了一篇评论，题目为"大赛金牌中国造'外教制胜'不足取"，全文如下：

中国游泳界曾经有过"盲区"，认为聘请外籍教练是证明自己无能；好在自从备战北京奥运会前夕，中国游泳打开大门，积极采取"请进来、送出去"的办法，中国游泳拉近了与世界水平的距离。随着孙杨、叶诗文、宁泽涛的出现和中国游泳整体实力的厚积薄发，一种盲目崇拜外教的"外教制胜"思想又悄悄蔓延，否定自己、缺乏自信，同样不可取。

如果滥用这种思维逻辑，对功利主义、投机主义者会有非常大的误导作用，以为只要将运动员送到国外，就能换回来世界冠军、奥运冠军。外教都是"金牌制造商"，这可能吗？现实吗？

客观来说，无论是训练和比赛观念的更新，对运动员心理的调动等，外教们确实有独到之处，然而中国游泳近些年的最大成功在于走自己的路，教练员整体执教水平和能力大幅度提高，这是经过几代人摸索和总结出来的成功经验，绝不是靠几个外教，仅仅训练 4~6 周的时间就能创造的奇迹。否则，外教的本国运动员为什么没有夺金？而只有短期执教的中国选手却可以全面开花？！

前中国游泳队总教练陈运鹏指出，无论是只带了宁泽涛 5 周训练的澳大利亚教练布朗，还是孙杨当时的外教布莱恩，在个人职业生涯中都没有培养过优秀的短距离和中长距离优秀选手。布朗是世锦赛男子 100 米自由泳冠军马格努森小时候的教练，但是马格努森夺冠时已经另换了教练；布莱恩也是丹尼斯的助教，自立门户时间并不长。

中国教练多年来给运动员打下了牢固的训练基础，外教在此基础上进行短期、高强度的速度训练，取得进步在情理之中。对中国运动员而言，与外国选手同池训练，使他们具备了国际视野，再加上外国教头善于用口头语言、肢体语言正面激励，从而让运动员产生深度自信，这是外教优势所在。

此前，带出过奥运冠军的中国教练员都有同感："我们中国教练掌握着队员最主要最核心的训练手段，包括有氧耐力、赛前赛后调节，全年训练安排。即使在国外训练，我们也都及时跟踪、并根据队员身体机能进行个性化调整。这些方面外教短期内是无法做到的。"

然而，中国运动员很多时候有些盲目天真，明明自己教练和外教说的是同一个训练理念，采用的是同一种手段，却只认可外教，只在出国训练时对外教言听计从，在国内训练时依然听不进本土教练的话，缺乏冷静分析和独立思考。事实上，外国教练在和中国教练的共事中学到了很多中国教练独特的训练方法。

事实证明，经过多年"请进来、送出去"的战略实践，中国游泳已经具备了拥有国际视野的优秀教练群体。当然，我们也有不足，也还在虚心学习和努力，但这并不妨碍迈入世界顶级水平的中国运动员对本土教练的信心！

大赛金牌中国造，中国游泳当自强！

可以说，这篇评论道出了所有中国教练的心声，也让我们昂首挺胸，对中国游泳充满自信！

退役事件

世锦赛归来，媒体不吝赞美之词，海量的粉丝趋之若鹜，宁泽涛完全在云雾之中。其实，他也想做一个凡人，但有那么多人抬轿子、吹喇叭，他显然会有"失重"的感觉。

当时，有位和我交情不错的资深教练意味深长地提醒："叶瑾，要是这

被媒体和粉丝围困的宁泽涛

次世锦赛不拿金牌，能走上领奖台就好了。"他欲言又止，话只讲了一半。他是过来人，培养的学生拿过奥运冠军，也拿过世锦赛冠军，我明白他想表达的意思。我答道："我也是这么想的。"也有教练说得比较直白："这冠军来得早了一点，要是放在明年就好了，接下来的日子可不好练啊！"他的话太中肯了，完全说出了我的担心。

不过无论如何，世界大赛拿金牌总归是好事，后期有问题，那不是前面的错。

有些事情是在计划之内的。国家队赞助商吉利汽车在游泳世锦赛出征前发布了奖励计划：获得单项冠军的运动员及其主管教练分别奖励一辆"吉利博瑞"轿车；获得集体项目冠军的运动员及其主管教练每人奖励一辆"吉利博瑞"轿车。为鼓励本届世锦赛中国游泳队在短距离项目上取得突破，还特地规定：凡获得短距离自由泳项目（50米、100米）前三名的运动员及其主管教练员，奖励"吉利博瑞"轿车一辆。明眼人一看就知道，这是因人设奖，还搞了"双保险",故大家开玩笑说:"领导也太偏心了,我们都不是亲生的。"

其实,对于这些奖励,我并不看重。我对宁泽涛的要求很简单:"放下一切,平平静静地回到泳池中,扎扎实实地和我配合好;只有踏实训练,才可能有比赛的成绩和荣誉。"实际上,宁泽涛当时回到海军队,每天晚上都是和其他队员一样,按照规定上交手机和电脑。

世锦赛归来后,9月底国际泳联短池世界杯系列赛北京站的比赛又在眼前。短池世界杯北京站在水立方举行,这是每年的常规赛事了,见证了宁泽涛的成长和变化。宁泽泽自己也深有感触,面对媒体,他是这样说的:

"2013年我第一次参加世界杯,觉得很新奇,想知道这种比赛是什么样子,因为只有两天赛程,要完成很多个项目。我报了50米自由泳和两个接力项目,结果发烧了。"他的这番话,让我想起,两年前的宁泽涛有点年少轻狂,心气浮躁,发型也比较有个性,还烫了一个时尚的头发。当时,他觉得好玩、刺激,但我正告他:"你烫染了头发,跟社会上的小混混有区别吗?你想保留,就不要走进部队营区。"他是个机灵鬼,看我发脾气,就知道情况不妙。后来再出现在我面前时,他的头发还原成正常了。过去三年里,宁泽涛在我的绝对掌控下,从全运会冠军、亚运会冠军再到世界冠军,一年一个台阶。

宁泽涛还回顾2014年的世界杯短池赛:"那时因为亚运会刚结束,我又要紧接着参加在黄山举行的全国游泳锦标赛,比赛太频繁,比赛时间也太接近,我生病了,所以只报了接力项目。"

"今年这一次呢,我只参加50米蝶泳单项,主要是还要准备10月初的世界军人运动会——这是四年一次的大赛,我希望通过50米蝶泳调动自己的速度,为军人运动会做准备。"宁泽涛继续回顾。

"从20岁、21岁,到今年的22岁,我每年都来水立方参加比赛,明年23岁,我相信还会来到这里。随着年龄的增长,我对社会、对世界的看法和理解也不一样,正在从一个大男孩逐渐转变成一个男人,肩上的责任也不一样了。我希望能够做得更好。"

宁泽涛的回忆道出了几多辛酸，也确实是太不容易了。我也期待着他遇见更好的自己。结果在 2015 年短池世界杯中，只拿到了 50 米蝶泳的铜牌。

可是，树欲静而风不止。世界杯比赛期间，宁泽涛成了最大明星，在泳池里时刻都会有志愿者和工作人员冒出来，要求合影和签名。比赛结束后，他又用很长时间和志愿者们集体合影、签名，然后还有大量的观众，团团围住他，要他签名。宁泽涛脾气好，不善拒绝，从游泳馆门口到上车的地方，只有短短几十米距离，但他耗费了一个多小时！

他的一切举动，在粉丝们看来都是如此得体，如此令人动容，是十足的"暖男"，太绅士了。可是，粉丝们未必知道，宁泽涛回到酒店已经深夜了，他肠胃本来就不好，比赛前不能吃晚饭，赛后最需要的，就是立即补充能量和休息！

作为教练，我希望他本着对游泳事业负责和对自己身体健康负责的职业态度，赛后应尽快回到酒店吃饭和休息。如果照顾不好自己，身体健康受到影响，影响了训练和比赛，那才得不偿失。

宁泽涛向颁奖嘉宾敬礼

2015 年 10 月 2 日—11 日，第六届世界军人运动会在韩国举行，中国解放军体育代表团由 300 多人组成，其中，游泳项目有 10 男 9 女参加全部 38 个小项的比赛。

比赛场馆不错，就是住宿安排有点诡异。驻地与比赛地有点远，要一个多小时车程。我们住在移动的铁皮房，四人一间，像房车一样，一排排非常整齐，中午太阳暴晒后开冷空调都不凉快，晚上又透心凉，还得开地暖。

10 月 7 日是游泳比赛第一天，宁泽涛在男子 50 米自由泳决赛中，出发后一度被对手落下了半个身位，直到最后 15 米才成功超越，最终以 22 秒 35 夺冠。

随后，宁泽涛参加了 4×200 米自由泳接力。中国队前三棒暂居第四名，形势危急，宁泽涛出任最后一棒，又一次上演绝地大反击。最终，中国队以 7 分 20 秒 85 夺冠，领先亚军韩国队 0.89 秒，并打破赛会纪录，而宁泽涛单棒个人成绩为 1 分 46 秒 7。200 米自由泳本来不是宁泽涛的主项，能游出这样的成绩确实不错。

赛后，宁泽涛在接受媒体采访时说："夺冠没有秘诀，靠的是年复一年、日积月累的刻苦训练。"但是，当我表扬他的时候，他有些"飘"，半开玩笑地说："我是天才！"我也以玩笑调侃，"什么天才呀！天才的人多了，不训练、不努力，天才能成功吗？"这话我是旁敲侧击，是有意点醒他，不知道他是否听明白、听进去了。

遗憾的是，宁泽涛的"意外"总是特别多。在第二天上午的赛前热身时，其他国家的选手从池边跳入水中时，踩到了他的肩膀，导致软组织急性挫伤。尽管他忍痛参加 100 米自由泳预赛，以小组第四进入决赛，可是到了晚上，他的肩膀又肿又痛，抬不起手臂来，只好弃权。后面几天的比赛，本来他还要参加 4 个接力项目的比赛，结果全都因为这次意外受伤而泡汤了。

对运动员来说，伤病是难免的，但是，对宁泽涛来说，这种意外似乎多了点，而且有些事情真的是太冤了。

不过，解放军游泳队是超级战队，比赛中还是夺得了 4 个单项第一，2 个接力冠军！超额完成预定任务，队员们都是好样的！

运动员的大红大紫是一把双刃剑，有利的方面不用说，有害的方面就是外界的诱惑给运动员的思想造成冲击，训练的专注度下降了。

2014 年仁川亚运会后，宁泽涛就不再是以前那个专心训练的他了，他的身边开始频繁出现不相干的人，比如突然冒出来个"叔叔""阿姨"之类的，身上也突然出现奢侈品。他穿上了"偶像的外衣"，在众人的追捧中有些不知如何应对。

2015 年冬训开始后，宁泽涛和组里其他 3 个男孩子一起训练，他的 50 米自由泳居然游不过另外 3 个游副项的队友。我当时就批评他："自由泳是你的主项，你怎么可以游不过副项的队友？"他说："我尽力了！"然后突然把水镜一翻，帽子一甩，径自离开泳池，走了，组里所有的运动员和我面面相觑。

后来，助教胡毛毛告诉我，他进了更衣室，在里面哭。因为冬训刚开始，肌肉反应比较大，他实在游不动了，而我不体谅，反而批评他不尽力游，这让他觉得在众多队员面前有失面子，也冤枉了他。我让毛毛教练转告宁泽涛："你告诉他，今天不下水完成计划，我以后就不管他训练了。"后来，他走出了更衣室，继续下水训练，我看他下水了，就离开了泳池，没有再说一句话。

那天在回去的路上，我一直在调整自己的心绪：运动员小的时候，为了提高运动水平，我严格要求并付出了全部努力，他都能理解和接受，但是等他真的成功之后，习惯了鲜花和掌声后，就很难听进批评和意见了，我只是简单的一句话，就让他有如此强烈的反感。这样下去，还能走多远？我只能忠于我的教练职责，提出我的意见和建议，至于他是不是配合，就要看他了。

好在一直到 2015 年世锦赛前的训练，他还是很踏实。世界冠军的头衔，让他的社会活动增多了，我不反对，但前提是不能影响正常训练，毕竟我们的目标是里约奥运会。我多次试图和他聊如何对待名利，引导他"走好人生每一步路，做好自己的事情，不要过于计较利益，被利益捆绑，我们要懂得行善积德，要懂得去分享"。但是他不再像以往那样点头称是，对我这些近似"老古董"的劝导，虽不予正面反驳，但也回敬我："叶练，你只要管我的训练就行，其他的事情您不用操心了。"这样不愉快的对话有过几次后，我就不再说什么了。

可以说，对于成名后的宁泽涛，对于他的转变，我心有余而力不足；除了训练场上我能掌控，其他事情，包括广告代言和参加社会活动，都不是我能了解和掌控的。但话说回来，作为独立的个体，他也有权处理个人事务。

11月2日，宁泽涛作为中国青年代表之一，跟随中央首长参加了首届中韩青年领导者论坛，同行的都是各行业的青年才俊。出发前我一再叮嘱他："有空的话一定要坚持训练，跑跑步，做做力量练习，不能不动，要保持机能水平，否则再进入训练会很辛苦。"他脑子很清楚，回答："叶练，我会注意的，我也着急。"

但是，最不应该发生的事，还是在最不应该发生的时间节点发生了。

11月底，宁泽涛因为广告代言与国家体育总局游泳管理中心领导产生了分歧，他竟然向海军队和体育总局游泳运动管理中心递交了《退役报告》。当时，我正在上海处理队伍的事情，宁泽涛把《退役报告》交给了我的助教齐晖。当齐晖打电话告诉我的时候，我惊呆了！我怎么也想不到，短短一个月的时间，刚从韩国参加完中韩青年领导者论坛归来的他，会因为广告代言的分歧而做出如此决定。

他的商业代言和社会活动，向来都是由国家队和游泳管理中心来接洽处理，我并不知道确切的情况。无论如何，游泳池是他奋斗了多年的事业和战场，好不容易在喀山世锦赛取得了一点点突破，自己的运动生涯还没有达到顶峰，为什么要提出退役？

当我急匆匆赶回北京时，我看到了静静躺在抽屉里的《退役报告》——一张薄薄的A4纸。"退役报告"四个字让我触目惊心！

我又气又恼，脑袋都蒙了，退役这么重大的事情，这孩子竟然没有和我商量，他的父母也没有和我通过气啊。从小处说，看在我们师生情分上，也要征求我的意见；从大处说，作为一个已有10年军龄的军人，当你穿上这身军装的时候，你就意味着奉献与牺牲，怎么可以因一己之私，做出有悖常理的举动？

事出反常必有妖。自从宁泽涛进队这些年来，他的父母经常会与我联系，如果我主动打电话给他父亲，对方第一反应："叶练，包子怎么啦？惹你生气了？"自从亚运会后，家长主动问询的电话少了——这其实也正常，毕竟孩子大了，需要大人操心的事相对少了。但奋斗了那么多年，刚刚加冕世界冠军，在如此关键的奥运年，广大粉丝、全国人民都在看着我们，而我们居然没有相互沟通，没有想到如何共同去解决难题，却无情地把矛盾推到风口浪尖？

当时，我真的是急火攻心，幸亏我的心脏足够强大，强按下焦虑，赶紧联系各方，积极沟通。接下来的日子，各级领导轮番上阵，给他做思想工作，他要求退役的事情才平息下来。

从教练员的角度，我考虑的是训练和比赛任务。任何一个运动员，一天不练自己知道，三天不练所有人都会知道，宁泽涛这一闹情绪，耽误了三个月的系统训练，直到 2016 年 2 月去澳大利亚外训，他才开始恢复训练。而正常的冬训开始时间是 12 月，奥运年就这样白白损失了三个月，让我有种出师不利的感觉。

我多么希望日子永远停留在宁泽涛备战 2013 年全运会的那一年啊，那时候的他，心无旁骛，心里只有训练；那时候的他，眼睛里闪烁着希望和憧憬，一心盼望着进入国家队，能够披上国字号战袍，在国际比赛中为国争光。事实上，他在全运会后的那一年冬训最扎实系统，否则他不会在亚运会连续多场比赛爆发，更不会在随后的黄山全国锦标赛中再次打破亚洲纪录。到喀山世锦赛时，他在 100 米自由泳比赛中，可以说是发挥得淋漓尽致，没有丝毫保留。但是，宁泽涛也暴露了连续作战能力不足的欠缺，这导致他赛后身体不适，开始发烧，退出了 50 米自由泳决赛的争夺。世界军人运动会也是只参加了一天的比赛，就因为意外受伤而放弃了后面的其他比赛。

2015 年底至里约奥运会，我经历了前所未有的煎熬。这种煎熬不是来自训练本身，比如当初齐晖遭遇"高住低练"的反常，而这次则是完全来自外界的干扰。

关于宁泽涛事件，外界关注的焦点是宁泽涛和国家队因广告代言产生的纠纷问题。因为涉事双方都没有与我探讨过这个问题，所以我不了解具体细节，也不便做过多的说明。

关于明星运动员的管理，这个话题近些年来一直都在探讨。在国际泳坛，包括澳大利亚的"大脚鱼雷"索普、美国的传奇人物菲尔普斯、日本蛙王北岛康介、韩国的朴泰桓等，他们在声名大振后有过一段时间的迷茫和困惑，吸大麻、醉驾、和教练闹掰……但是，他们最终认识到了自己的价值还是在泳池里，于是他们最终回归泳池，留下那么多的佳绩和传说。

当然，我也在反思，当年那个机灵的小男孩竟然成了"国民偶像"，对我而言，是老革命遇到了新问题。在这样的情形下，是高高在上、运用威权说教、使用雷霆手段，还是以长辈对后辈的包容、引导、循循善诱，去化解存在的困难和问题？有时候，我们确实想去塑造一个人，希望他是完美无瑕的，成为一个"雷锋式"的人物，但在时代背景已经发生巨大变化的今天，每一个青年都有自己的诉求。对一代新人的教育，我们必须放下身段，欣赏生命的独立，尊重个体的选择，永远把探讨问题作为解决问题的先导。我想，作为教练是如此，作为团队的管理者、决策者也理应如此。

但是，我还是想说一些"老古"的话，因为"老古"的话里有中国文化的智慧。德国哲学家康德说过：所谓自由，不是随心所欲，而是自我主宰。越自律，越有话语权，身体和人生都是如此。一天两天的自律，外人看不出来，但是一年两年，甚至十年二十年，自律的人和不自律的人，终将走上截然不同的道路。

因此，所有的优秀，背后都有苦行僧般的自律；只有心无旁骛、坚持到底的人，才能到达事业顶峰，睥睨世界。

体坛风云人物

在中国体坛，每年年终有两项体育大奖为全国观众和体育迷所关注，一项是"CCTV 体坛风云人物"评选，另外一项是"中国十佳劳伦斯冠军奖"。

"CCTV 体坛风云人物"年度评选由中央广播电视总台主办，中央电视台体育频道承办，被誉为"中国体育界年度规格最高、程序最严谨、结果最权威、社会影响力最大的评选活动和明星秀场，是中国体育的荣誉殿堂"。该评选的前身是创办于 2001 年的《中国电视体育奖》。而"中国十佳劳伦斯冠军奖"的前身始于 1979 年的"全国十佳运动员评选活动"， 2004 年，这一评选与"劳伦斯世界体育奖"合作，产生了"一个有世界影响并具中国色彩的体育奖项"——十佳劳伦斯冠军奖，有"体坛奥斯卡"之美誉。该奖的主办方是中国体育记者协会和中国十佳劳伦斯冠军委员会，旨在通过体育的影响力和号召力去传播公益力量， 倡导"体育改变世界"的劳伦斯精神，体现社会责任，推动中国体育走向世界。

应该说，两个奖的分量都很重，对中国观众产生了很大的影响力，无论哪个奖项获奖或被提名，都是个人体育生涯的至高荣耀。

我有幸两次参加"CCTV 体坛风云人物"现场颁奖典礼，宁泽涛都获得了"最佳男运动员奖"，而我两次获得了最佳教练员奖的提名，而这两次最佳教练员奖的获得者，均是中国女排总教练郎平。我是郎指导的粉丝，非常敬佩她，她是能够在平凡中见神奇的帅才教练，排球是集体项目，能够带动和凝聚那么多运动员，在对抗中取得胜利，非常不容易，她的获奖实至名归。

2014 年，宁泽涛凭着仁川亚运会上的优异表现，与乒乓球世界杯冠军张继科、国际田联钻石联赛摩纳哥站男子跳远冠军李金哲、亚运会羽毛球男单冠军林丹、举重世锦赛冠军廖辉等人同获最佳男运动员奖的提名。

2014年体坛风云人物的颁奖典礼定于2月1日在北京五棵松万事达中心举行。为了参加颁奖典礼，也为了不耽误宁泽涛的训练，我单独带着宁泽涛来到北京，住进国家队公寓。

叶瑾与郎平教练合影

一天晚上，我在走出浴室门时意外滑倒，后脑勺磕到了大理石90度的台阶上，顿觉脑袋疼痛难忍，一摸后脑勺，鲜血染红了手指。当时因为外出比赛，队里没有医生。我赶紧用手机给宁泽涛打电话，他在理疗中心做康复按摩，接到电话后，飞快地跑回了宿舍，看了看我的伤口，一脸镇静。他接下来的一系列举动让我刮目相看。他先是打开手机查询附近的医院，然后利索地呼叫出租车，当出租车到了公寓门口时，他又坚持陪我到天坛医院。在出租车上，他又打电话联系上了正在北京学习的队医王飞。到天坛医院后，他忙前忙后，为我挂号、填表，陪我打麻药。当时已经太晚了，我怕影响他休息，等队医来了之后，我让他回公寓。

我的脑袋上缝了四针，麻药过后疼得不行，整个晚上没有入眠，一直忍到早上。由于后脑勺的头发被剪掉了一大块，头顶上戴着白色弹力纱帽，看起来很恐怖。为了遮人眼目，我找宁泽涛要了一顶运动帽，想骑自行车去游泳馆看他训练。他一早敲开我的房门说："叶练，您给我

叶瑾头部受伤／宁泽涛送的帽子

计划，我自己去练，好好休息吧。"我说："没关系，你一个人去训练可不行，没人陪你，我得去。"

我执意要去游泳馆，宁泽涛不让我骑车，我们就一起搭乘班车到游泳馆。我在岸边看着他训练，还自拍了我的脑袋发给朋友看，一副若无其事的样子。朋友见我的照片，打趣道："你准备这个造型走红地毯啊！"其实，我的脑袋疼得要命，伤口疼，缺觉！可是我不能睡，不能丢下他一个人。

事后，宁泽涛告诉我，他当时看到我的伤口时"都吓坏了，伤口看起来很可怕，一元钱硬币大小的伤口血淋淋的，肉都翻起来了"！但是，只有他一个人在场，没人可以依靠，他只能强装镇静，脑子里拼命思考，该怎样尽快带我去医院……

说实话，我很感激宁泽涛的勇敢和镇定，不是每个孩子在遇到这样的突发事件时都能够这样有条不紊，并且及时有效地处理。我嘱咐宁泽涛，我受伤的事情不要跟任何人提起，他答应了。我没有和家人说这件事，是怕他们担心，等我回到上海，那是 10 天以后，拆线了才和家人说。我也没有与海军队及国家队领导汇报此事。这缘于我从小培养的意志品质，自己能承受的，绝不给他人添麻烦。

参加体坛风云人物颁奖活动的嘉宾和获奖者，都要化妆，穿上礼服。化妆师在给我化妆梳理头发时，发现了我脑袋上的伤口，伤口上还贴着一大块白色的纱布。化妆师非常有经验，把我的头发盘上去，巧妙地盖住纱布，谁都没有发现我的"小秘密"。

后来，国家游泳队的干事贾蕾发现了我的"小秘密"，她说："我觉得你从来不戴帽子的，怎么戴帽子了，原来有隐情啊！"海军队的副队长听说了此事，特意打电话来问候我，"诈出"了我受伤的事情，便向部队领导做了汇报。领导得知后，立即来到国家队看望慰问，让我非常感动。

颁奖典礼时，有工作人员让我和宁泽涛分开走红毯，我不知其所以然，

2014 年 CCTV 体坛风云人物年度评选叶瑾获最佳教练提名奖，与宁泽涛合影留念

2015 年 CCTV 体坛风云人物年度评选叶瑾再获最佳教练提名奖

就说："一切听导演的安排。"在签名板亮相时，宁泽涛很熟练地递给我马克笔，让我先签名；走红毯时，他始终走在我的后面，落后一步，显得非常有绅士风度。一群粉丝立马围上来，要求与宁泽涛合影签名。看到宁泽涛这么受欢迎，我内心非常开心：这是我培养了多年的孩子！

颁奖结束，我问工作人员：为什么让我和宁泽涛分开走？工作人员回答："宁泽涛的粉丝多，怕你受到冷落。"我说："你太小看叶教练了，我会在乎冷落吗？我看见有那么多人喜欢宁泽涛，喜欢游泳人，我会很高兴的啊！"

2016 年 1 月，正是宁泽涛出现剧烈思想波动、想退役的时候，但他凭借2015 喀山世锦赛 100 米自由泳冠军，战胜了业绩非凡的马龙、苏炳添、孙杨和易建联，再次获得了 2015 年体坛风云人物"最佳男运动员奖"。平心而论，就成绩而言，他没有马龙和孙杨亮眼，马龙拿到了乒乓球世界杯团体冠军、世乒赛男单冠军和国际乒联世界巡回赛总冠军，乒坛无出其右；孙杨在喀山世锦赛上收获两金，发挥非常稳定，依然是中国游泳的定海神针。宁泽涛在发表感言时说："我个人非常希望获得'最佳突破奖'，突破对我来说意义更深刻、更重要，因为突破代表着创造，代表着书写历史。2016 年里约奥运会是我最大的挑战，与对手的较量在毫秒之间，我要踏踏实实地走好之后几个月的路，里约见分晓。如果要用一个词去总结 2015 年，我认为，2015 年是'态度'，2016 年就是'拼'！"

他说得多好啊，掷地有声，说出了运动员的心愿，我衷心希望他能脚踏实地，实现自己的诺言。

因为宁泽涛的优异表现，2015 年，我也再次获得最佳教练员提名，获得提名的还有男篮宫鲁鸣教练、女排郎平指导、男足外籍教头斯科拉里和苏炳添的教练袁国强。记得当时，弟子齐晖陪着我走红毯，进入颁奖典礼现场。最终，主持人宣布，最佳教练是女排世界杯冠军教练郎平。

我始终觉得自己是幸运的，做自己喜欢的事情，陪伴孩子们实现梦想，没有比这更美妙的了。

看着台上致辞的宁泽涛，看着获奖的郎平指导，我内心无比激动：多么希望里约奥运会上，宁泽涛能拼出一方天地，再次回报全国人民的厚爱。

可是，2016 年我们会迎来什么？我们在聚光灯下毕竟是短暂的闪亮，而我们接下来的路程却是如此漫长，有多少风雨等待着我们，除了勇敢，我们别无选择。

奥运年风波

移动互联网时代改变了我们的生活，新闻传播力变得空前强大。名人可以享受网络时代的福利，但同样也会受其负累，变得举步维艰。都说"人红是非多，谁都躲不过""天下熙熙皆为利来，天下攘攘皆为利往"。作为宁泽涛的教练，我眼看着宁泽涛在媒体的长枪短炮、粉丝的狂热追捧和商家的热情围猎面前，心与泳池渐行渐远。

如果时间能够倒流的话，我宁愿把他在喀山世锦赛时的状态调整得再差一点，不要拿冠军，甚至只要进入决赛或者前三名就行了，我想要把他的状态最高峰留在里约奥运会，那该多好！可惜我不是神奇魔法师。

2016年1月，宁泽涛获得2015年CCTV体坛风云人物"最佳男运动员奖"。其实在那个时候，他还处于不想练的思想状态，直到过完春节，他才在多方劝说下回归。大年初四，我们飞往澳大利亚墨尔本布朗教练的训练营地。

我很着急，却又无可奈何。距离奥运会的时间不多了，宁泽涛才进入冬训，时间不等人啊。现在他需要身体和心理的双重回归，但身体跟上高强度的训练节奏需要时间，而让他重新融入团队、成为默契的团队成员，同样需要时间！宁泽涛的生日是3月6日，教练组早在2月底就开始为他筹划23周岁生日。为了给宁泽涛一个惊喜，我们特地到当地有名的蛋糕店，为他定制了一个游泳池图案的生日大蛋糕。生日那天，当宁泽涛看到带着五个跳台、五条泳道的蛋糕送上来时，他"哇"的一声惊叫起来，开心极了。我们一起为他唱生日歌，与他一起度过了他人生中重要的一天。

在澳大利亚，宁泽涛继续跟随布朗训练。虽然我把宁泽涛前一段时间的状况跟布朗做过沟通，但布朗在训练时，还是让他上强度。宁泽涛没有训练根基，就好像一辆汽车，刚一启动就要求立刻飙到200公里的时速，身体根本吃不消，于是他经常在训练中呕吐。只要他一吐，这堂课就算歇了，训练质量和系统性就无从说起。宁泽涛很努力地在坚持，但还是经常用可怜巴巴的眼神和表情看着我。有一次，他在一堂训练课上提出："叶练，这个计划我实在是顶不下来了，能不能调整一下？"考虑到我们出国训练就是"受虐"

教练组为宁泽涛定制的生日蛋糕

在墨尔本为宁泽涛过 23 岁生日（前排右二齐晖、宁泽涛、叶瑾，后排右二索舟，左二覃海洋）

来的，队员跟随外教训练时，我们中方教练要尽可能地尊重外教的意见，并协助外教让运动员去努力执行训练计划。于是，我只好说："还是听布朗教练的吧。"

有一次，当我们都到了游泳池后，布朗教练突然发现宁泽涛没有和任何一位教练打招呼，就自作主张回去休息了。布朗大发雷霆，当即让翻译给宁泽涛打电话："不管什么情况，你必须立刻、马上到泳池来！要不以后我就不带你了。"宁泽涛很快就赶到了泳池，并向布朗教练致歉。就这样，我们在澳大利亚训练了 6 周后回国。临走前，全组运动员与外教合影留念，虽然照片上我们笑容依旧，但我们心里对这次外训并不满意。

一周后，我们备战 4 月在广东佛山举行的全国游泳冠军赛。在媒体和粉丝眼里，宁泽涛是当时国内体坛最有颜值、最有商业价值的明星。粉丝们早就算出了"宁泽涛套餐"门票所需费用——看他的50米自由泳、100米自由泳，以及4×100米自由泳三项比赛（预、复、决三场）需要1500元。在游泳馆购票点，我发现观众排成长龙，他们都是冲着宁泽涛来的。据悉，宁泽涛的粉丝来自全国各地，近至广东本地，远至哈尔滨；粉丝们又以80后、90后居多，此外，还有70后的"妈妈粉"。

看到宁泽涛受到这么多热情高涨的粉丝，以及媒体、志愿者甚至裁判的青睐，我特别感动，但更多的还是希望他们不要影响宁泽涛的训练、比赛和休息，希望大家能够给他安静的环境。

事实上，自从宁泽涛在佛山亮相后，他几乎没有片刻安宁，所到之处全是闪光灯，多多少少也影响了他的训练和休息。有的媒体记者举着摄像机直冲酒店房间去拍摄，根本不管他是在做理疗还是休息；甚至他在泳池热身和比赛前后，还有不少裁判也会拦截他，要求合影。看台上，各种横幅标语，几乎都是针对宁泽涛的。

不知道是水土不服，来自外界的干扰太多，还是他本人的压力过大，宁泽涛自从到了佛山后，一直出现干呕等身体不适的症状。因为他的肠胃确实一直不太好，医生给他吃了胃药。4月7日上午，宁泽涛迎来第一场战斗：100米自由泳预赛。他顺利进入半决赛。半决赛中，他游出了47秒96，这是赛季世界第二好成绩，而且，前半程的成绩超过了他在喀山世锦赛夺冠时的

全国游泳赛场热情似火的粉丝

游泳比赛火爆的售票现场

分段成绩。

说实话，我不担心他的比赛成绩，作为比赛发挥型选手，他总是能够充分甚至超水平调动自己，就算他恢复训练的时间不长，基础不足，但是拿下全国比赛冠军还是不在话下。

此外，本次比赛他已经达到了奥运会的参赛标准 A 标，参加奥运会是没有问题的。我最担心的是他的身体，毕竟只练了两个月。赛后，他自己表示："今天感觉还不错，确实后程有些吃力。原来想游到 49 秒的，还是跟着感觉走吧。以这个成绩进入决赛我很满意。半决赛能游进 48 秒，也表明了自己处在世界级的水平，希望里约奥运会能有个好的表现。"

想不到的是，宁泽涛在 100 米自由泳半决赛后，回到更衣室就吐了。到了酒店后，队医给他检查的结果是低烧，他的体温很快就升到了将近 38 摄氏度。吃了退烧药后，他告诉我说"浑身疼，脑袋像要炸了一样疼"。我就给他按摩头部，手才轻轻搭上他的太阳穴，他就喊疼，我一摸，他的脑袋确实发烫，给他按摩头部的同时，队医在给他按摩肌肉。他这样的状况让我很着急，辗转反侧一夜无眠。第二天早上再来看他，他说从凌晨开始拉肚子，早上起来恶心呕吐，喝了点白粥。中午，宁泽涛吃了点面条，但还是不舒服。根据他的身体情况，我和国家队领导讨论后，决定让他退出 100 米自由泳决赛。

用医学术语来说，宁泽涛患有肠易激综合征，训练或者比赛强度大的时候就会有这样的身体反应。之前，他去看过这个病，也开了一些药，但是，这些药是否属于安全药品，运动员能否服用，都需要进一步核实。所以，一般情况下，他只能进行保守治疗。

当宁泽涛100米自由泳决赛弃权后，我成了媒体追踪的焦点。一走进游泳馆，我就被记者们围住了，我只好在泳池边的混合采访区向大家解释宁泽涛的身体情况，恳请观众朋友们谅解。

宁泽涛也通过社交平台，向广大观众和泳迷朋友们表达了自己的歉意："如果搁在以前，退赛我可能不会有犹豫。不过现在，我会考虑到观众的感受，很多朋友是特意请假来现场看我的比赛，为我加油，我要和大家说对不起，让大家失望了。"

此后，在佛山冠军赛上，宁泽涛的50米自由泳和接力项目都没有上场。比赛最后一天，在女子50米自由泳决赛之前，突然看台上人头攒动，一片哗然，人潮正迅速向着二楼入口的走道上涌，"宁泽涛来了！宁泽涛来了……"看台上，观众站起来高呼。因为这个小插曲，女子50米自由泳决赛时间被推迟了一小会儿。宁泽涛在人群中穿行，先是坐在看台上观看比赛，但是，没想到观众们都在向他的座位聚拢，他赶紧跑下台阶来到泳池边。他想亲自向观众、向媒体和赛事组织方表示感谢

叶瑾向媒体说明宁泽涛的身体状况

和歉意。

在佛山比赛期间，还发生了一件影响深远的事情，只是当时我们都没有意识到，最终却酿成了一个巨大的风波。

我们抵达佛山后，国家队提出希望宁泽涛参加 4×200 米自由泳接力，目的是争取里约奥运会这个接力项目的参赛资格。此前，在喀山世锦赛上，中国队的接力成绩还不够优秀，而强棒孙杨，年初又在澳大利亚训练时脚趾意外骨折，缺席本次佛山冠军赛。考虑到宁泽涛去年 10 月在世界军人运动会上曾游出令人惊艳的 200 米自由泳接力 1 分 46 秒的优异成绩，这相当于是目前仅次于孙杨的中国第二好成绩。所以，国家游泳队领导确信，宁泽涛能够接替孙杨，担起重任。按照队伍的设想，宁泽涛哪怕放弃单项，也要参加 200 米自由泳接力，其他选手则通过 200 米自由泳单项比赛，选拔出成绩最好的 3 位与宁泽涛联手，力争在与国外队伍的比拼中，进入世界前四排名，再加上去年世锦赛的前 12 名，将总共有 16 支队伍获得进军里约奥运会的入场券。

在信息发达的互联网时代，国家队各个教练组一直都是信息共享互通，队伍很清楚宁泽涛的训练情况和竞技状态，但领导还是把希望寄托在他身上。在接到接力任务的时候，我很客观地反映情况，向教练组明确表示："宁泽涛现阶段的训练不充分，平时没有专门安排 200 米距离的练习，竞技状态无法和去年 10 月时相比。"

但既然是组织决定，我就把这个信息传达给了宁泽涛。最开始的时候，他欣然同意，但第二天，他改变了主意，表示不想上接力。

"我的训练情况大家都知道，这一段时间我就没练过 200 米，我肯定游不出去年的成绩来，别因为我一个人拖累了大家。"

我个人觉得宁泽涛的理由很充分。我本来也想让他参与接力，但是又考虑他才恢复训练不久，200 米距离需要速度和耐力的结合，不同于 50 米和 100 米纯粹的短距离项目，确实不知道他能游出什么成绩来。我也觉得，不能因为他这一棒游得太慢，影响了中国游泳队冲击奥运满额门票的重任。

在忐忑纠结中，我们决定：这次冠军赛，宁泽涛不参加200米自由泳接力；等他的训练到位、竞技状态好转后，只要队伍需要，宁泽涛可再上接力。

始料未及的是，计划永远也赶不上变化，宁泽涛参加了100米自由泳预赛和半决赛后就发烧病倒了。事实证明，别说是竞技状态，就连他的身体情况都难以继续比赛了！

更没想到的是，后来居然有很多人认为，宁泽涛是以状态不好、身体欠佳为由，拒绝参加接力项目比赛，这是缺乏集体观念的表现，也直接导致了中国队最终以0.2秒的微弱差距，被挤出世界前16，遗憾地以世界第17位的排名，无缘里约奥运会，无法实现中国游泳队满额参加奥运会的美好愿望。

他们把宁泽涛不愿出战，视作失利的重要原因。

从结果倒推过程，确实容易让人误解：宁泽涛是选择了拼单项而没有保接力，而且他还游出了当时世界第二好成绩。然而，那只是"看起来很美"的表象，他当时的训练能力也就是勉强拼了两场100米，然后就发烧病倒了。谁也不知道，他放弃了100米，拼尽全力去游200米接力，成绩又会是怎样？从我作为教练的角度来预测，他的表现不会乐观，肯定比其他队友慢。更为直接可见的是，宁泽涛后来确实病倒了。反过来，如果你是宁泽涛的教练或父母，明知不可为，你会让他做无谓的牺牲吗？

佛山冠军赛后，宁泽涛休息了几天。5月7日凌晨，在奥运会倒计时100天之际，我们再次奔赴澳大利亚训练。这个时候正是澳大利亚的冬天，每天早上都要抵抗寒风出门训

墨尔本冬天清晨室外游泳池训练画面

练。说实话，宁泽涛练得很努力，情况也比 2 月份时好了不少，但是距离巅峰还有差距，因为很多训练强度和内容他依然达不到要求，依然会被练到吐，呕吐后就休息，休息好了再练。他依然会用可怜巴巴的眼光在泳池里追着我，用眼神乞求我，给他减少强度或者让他休息。此时的我，一方面也是心疼，但训练本身就是需要经受极限，而且布朗教练执意要这样练，确实让我左右为难。

对于那一段经历，宁泽涛在接受采访时说：

"进入奥运会倒计时 100 天的备战，感觉很累很无聊。我很少跟父母打电话，觉得孤独极了，但也学会了承受，内心慢慢成长。"

除了训练的艰辛和孤独，还传来了竞争对手的最新消息：2015 年世锦赛亚军、澳大利亚选手麦克沃伊，游出了 47 秒 04 的当年度世界第一好成绩。这是令人感到窒息的残酷消息，宁泽涛的奥运前景迷雾重重。

由于在国外训练可以避免干扰，我向国家队提出了申请，希望延长在澳大利亚的训练时间，但是没有获得批准。于是我们按照原定计划，于 6 月 29 日回国。

令人万万没想到的是，6 月 30 日，一则重磅消息让各家媒体炸开锅，名为卡帕多西亚的鹰的博主发表了《曝宁泽涛恐被取消奥运资格 因私接广告顶撞领导》的文章在网络疯传。文章列举宁泽涛的种种"劣迹"：私签广告与国家队集体代言撞车、缺席接力缺乏团队精神、顶撞领导等，其奥运会资格恐被取消。我的脑子一团蒙，心里堵了个大疙瘩。

与此同时，我和海军游泳队几乎同时接到来自国家队的指令，让我们从澳大利亚回国经停上海时，直接出关，不用回北京；并告知，国家队已没有宁泽涛的名字，理由与上述博文一致。

头顶上的问号变成了叹号！和海军队领导协商后，领导让我服从命令，这是作为军人服从大局的角度出发。没想到，我在告知宁泽涛关于国家队的决定后，他自己订了从上海飞回北京的机票，坚持要回北京。没办法，作为他的主管教练，领导要求我跟着他，所以我没有出机场，直接转机回到北京。虽然我有自己的想法，但服从命令是军人的天职，领导还专门调派工作人员随行。

正如从天堂到地狱一般，从被追捧的焦点人物，一下子成为人们避之唯恐不及的隐形人。由于被国家队除名，天坛公寓不再保留宁泽涛的房间，责令他三天之内清理行李，腾退公寓；食堂的餐卡被消磁，进出游泳馆的门禁卡也失效……刚从寒冷的澳大利亚回来，炎热酷暑的北京让我无所适从，内心一片冰凉。

宁泽涛是整个事件的主角，他顶着巨大的压力，只能去蹭其他队员的餐卡吃饭，蹭别人的卡进出游泳馆训练。而这个时候的我呢，每天需要面对媒体、粉丝、舆论、体育系统那些认识和不认识的人，我真是寝食难安、无法呼吸。我是宁泽涛的主管教练，是海军游泳队队长，我要对他负责，对队伍负责，他的所有、好与坏都与我有直接关系。当他享受鲜花和掌声的时候，我可以躲在一边；而当他承受压力和非议的时候，我应该去做力所能及的事情，尽可能去帮助他。

成名后的宁泽涛确实有些不遵守队伍纪律的事情，这可以用队纪、队规来处罚他，最让我揪心的是无缘里约奥运会，这样的结果让我难以接受。不管怎样，他在过去四年里付出了努力，取得了一定的成绩，运动员的青春如此短暂，他还没有在奥运会的舞台上表现过，我不忍心让这四年一次的奥运机会就此失去。于是，我鼓起勇气、强打着精神，和各级领导一起，开始"拯救宁泽涛"的工作，只希望为他争取参加奥运会的机会，但所有的工作必须"依法办事，依规办事"。

短短十几天好像过了好几年，每一分钟都在煎熬，我的心就像失控的过山车一样，忽上忽下，始终悬在半空中。

7月2日，恰逢国际体育记者日，宁泽涛在微博上以"包子"自称，发表个人声明。全文如下：

首先祝所有体育记者节日快乐！最近突然冒出来一些关于包子的消息，很多领导、媒体、亲友、包粉都很关切，纷纷来电关心和求证。正如媒体前几天在训练现场报道的，我和国家游泳队的小伙伴们正在全力备战奥运，前两天总局领导亲临视察，更让我们士气高涨。距离里约奥运会只有一个多月的时间了，能在奥运会上为祖国争取荣誉，毫无疑问是所有运动员一生的最大梦想，也是我每天刻苦训练、勇往直前的最大动力。

对于某些传闻，包子不想回应，因为那只会给奥运备战制造更多杂音。同时，包子一直相信清者自清，谣言终将止于智者。

现在，正是我们运动员冲刺备战的关键时刻，代表团上上下下也在紧锣密鼓地做着各项筹备工作。举国上下，万众关注，四年一回，不容有失！

在此，包子恳请大家用真心去关心和支持中国体育，为所有即将出征的奥运健儿创造一个能安心备战的环境，毕竟国家利益高于一切，祖国荣誉至高无上！

PS：有人说包子最近变成瘦版酱肉包了，嘿嘿嘿，那都是澳大利亚集训的"后遗症"，备战加练也会让体重降下来点儿，都是正常的，大家不必担心。无论白包酱包，配上五星红旗的包子，才是最美的，你们说呢？加油，咱们里约见！

他在声明中，言语看似轻松笃定，好像并没有为奥运会的参赛资格担心，而实际上只有我知道，包括去里约的往返机票、住房等申请表格上，根本就没有我们的名字！我没有告诉他这些，也不想让他知道我们当时的处境有多么绝望。在几乎到处碰壁的情况下，我依然在上下奔走，为他争取机会。我想到我在摔倒后脑袋缝针、打着吊瓶都坚持去游泳馆训练的场景，但这两周我却无法出现在游泳馆，这该是多么急火攻心的焦虑！不过我给自己打气：

一定要坚持，直到最后一刻！只要他能入选奥运会，我就要全力帮助他。

这期间的艰难过程我不想再回忆了，只能说，幸好我的身体足够结实，心脏足够强大，熬过了这些不休不眠的日子。

7月18日，2016年里约奥运会中国体育代表团成立动员大会在人民大会堂举行，宁泽涛最终入选游泳队大名单。直到那一刻，我悬着的心才算落地，20天的"过山车"日子终于结束了。

在动员大会期间，宁泽涛仿佛成了"人肉背景墙"，各个队伍的运动员都过来和他合影。看起来一切问题好像迎刃而解、雨过天晴了，但我还是不踏实，因为我还在"另一条战线"上奋斗：那就是把他的训练抓起来。前一段时间，我在全力争取他的奥运参赛资格，在我没有亲自去游泳馆指导他的训练时，他采用的是布朗教练的计划，是国外训练计划的延续，由队医给他计时，我通过队医了解他的训练情况。但是，他的状态到底如何，我并没有把握。当他确定进入奥运名单后，我和他交流，问他"接下来的训练，你是用我的训练计划，还是用布朗的计划"，他说要按照我的计划练，这是对我训练理念的信任。

7月20日晚，我们作为第三批出征人员，前往圣保罗备战。出征很低调，没有合影，没有欢送，也没有宣誓。我们从天坛公寓游泳队宿舍楼下来，在暮色中静悄悄地出发了。

我们先在圣保罗进行10天左右的适应性训练和调整，然后前往里约，这是我亲手指导宁泽涛备战奥运会的关键时刻。

宁泽涛在出征前发布了出征感言：

出征里约奥运会誓师大会师徒在人民大会堂前合影留念

"每次离开祖国奔赴赛场，心中都有很多的感慨，也非常珍惜每一次比赛的机会。人生只有经过泥泞的道路，才能看见最曼妙的风景。感谢包子粉的支持！每一次的划水奋进，都是为了自己内心的淡定、从容和坚忍，为了自己默默无闻的坚持和自我痊愈的勇气，也是为了自己永不放弃的梦想！为祖国点赞，为自己加油，里约，我来了！"

这是宁泽涛的第一次奥运之旅，参加项目有：100 米自由泳、50 米自由泳、4×100 米自由泳和 4×100 米混合泳接力。

"我会尽自己最大的努力，一场一场去拼，我希望通过自己的努力和付出，突破自己的最好成绩。能够代表祖国参加这样的赛事本身就是一种荣耀，只要在奥运会赛场上拼出自我，对我来说就是一种胜利。"

宁泽涛其实心中有无数的话要说，但他隐藏了所有不悦，扛下了所有，用微笑迎接未来。

在里约奥运会开赛前，2016 年度有 5 位选手进入"48 秒俱乐部"；在当年世界最好成绩排行榜上，宁泽涛的 100 米自由泳成绩排在澳大利亚的麦克沃伊和美国的阿德瑞安之后，与意大利的卢卡并列第三位，处境不利。而且，凭纸面上的成绩，宁泽涛落后麦克沃伊多达 0.92 秒，相当于落后半个多身位。里约奥运会，他能如愿进入决赛，并且站上领奖台吗？

无言的结局

2016 年，从年初到坐上飞往巴西的航班，因为人为的因素和伤病困扰，宁泽涛一直处于起起伏伏之中，人生中经历的大事，似乎都在这一年经历过了。虽然最终搭上这个航班，但我和宁泽涛都是身心俱疲，略感安慰的是，我们都有一种突出重围、涅槃重生的释然。

我对里约还是有一定的了解，2011 年 7 月，第五届世界军人运动会我曾随解放军体育代表团来过这里。四年过后，巴西的经济整体不太景气，奥运场馆建设标准不高、推进缓慢，里约的社会治安也不乐观。对此，代表团出征前也介绍过里约的现状，我们都做好了吃苦的心理准备。

不过，为了备战奥运会，国家体育总局特地在巴西第一大城市圣保罗设立训练基地，很好地帮助我们适应了时差和当地生活，专心备战奥运会。训练营设在一个当地有百年历史的俱乐部里，设施齐全，伙食也非常好，能够吃到更加适合中国人口味的中餐，训练、生活十分便利。

到了圣保罗，我找回了最初带宁泽涛训练时的那种忘我状态——周围的热闹喧嚣都和我们无关，每一堂课宁泽涛都是按照我的训练计划认真完成，练得比较扎实，没有呕吐等强烈不适的症状。或许是能一起坚持，度过了此前的 20 天煎熬劫难，最终能够出现在中国奥运代表团的阵容里，我们更是倍加珍惜这样的机会。我们每天进出来去都是同行，仿佛天地间相依为命的两个人，彼此支撑扶持。短短的 10 天，可以说是近一年来他最投入、最完整的 10 天训练，这让我对宁泽涛的情况心里有了底。只是他的体重比一个多月前下降了 6 斤，对大多数运动员来说，赛前降体重不是好事，尤其是像宁泽涛这种身体素质的人更是如此。

离开圣保罗，我们进驻奥运村。奥运村坐落于里约城西南部的巴哈区，占地 20 万平方米，公寓楼有 31 栋，都是 17 层的高楼，呈带状分布，有 3604 个套间；奥运村内餐厅、银行、超市、邮局、医疗室、宗教室、洗衣房、健身房、美容沙龙、娱乐休闲室等一应俱全。房间设施基本可以，二室一厅，卧室有 13 平方米，还内套一个卫生间，客厅公用，运动员和教练员基

叶瑾在奥运村公寓里为宁泽涛自制的遮光窗帘

本都是两人一个房间。我经历过 2011 年世界军人运动会，当时条件艰苦多了，对现有的条件已经很知足了。由于房间较小，放两张床后，行李箱都码放不下，宁泽涛为图清净，索性一个人搬到了厨房间住。可是厨房没有窗帘，我就帮他找了大床单遮光；没有固定的绳子，就用我们奥运证件上的挂绳来固定，发扬了我们自力更生、艰苦朴素的一贯作风。

我和女队员们住在一起，一个带卫生间的小单人间。当我想洗澡时，发现热水器没有凉水，调低温度也没有反应。于是我拔掉电源，重新启动热水器，这回显示屏出现了温度。要说对付艰苦条件，我算是过来人，从我经历过的悉尼、雅典，包括历届军运会都是如此，只有北京奥运会是例外，感觉越是奥运会这样的大型综合性赛事，各方面条件越不尽如人意。相比之下，参加游泳世锦赛都是住酒店，吃住都按照酒店的标准，单项世锦赛真的是太幸福了。

奥运村餐厅感觉比一个足球场还要大，是一个临时搭建的大篷，可以同

时容纳 5000 人就餐，然而种类并不丰富，适合亚洲人，尤其是中国人口味的菜品则更少。我只是在第一天时走了一圈，此后就挑一些简单的蔬菜沙拉、牛排和酸奶吃。走在奥运村，在不同肤色、不同语言的各国运动员、教练员之间穿行是很有意思的事情。为丰富奥运村的生活，奥组委也组织一些活动，供运动员们消遣放松。可惜，我无暇感受和体验奥运村的生活，满脑子想的都是比赛。

里约奥运会游泳训练馆人满为患

让人费解的是，奥运会正式比赛场馆居然也是临时建筑，四周蒙着遮光布，装饰以奥运标志。旁边的热身池也是用帐篷搭建起来的，两个 50 米泳池并排隔开，各自有 10 条水线；每条泳道最多时有 30 多名选手，有点像游乐场，好像下饺子一样；岸边也站满了运动员和教练员，拥挤不堪，还有许多运动员在边道排队，进行出发训练和 25 米冲刺。

里约属于热带气候，高温湿热，天气好像孩子的脸，晴雨无常，说变就变。狂风大作的时候，简陋的帆布帐篷根本抵挡不住，灯也在随之晃动，总担心帐篷会被狂风掀翻。另外，交通也不敢恭维，往返奥运村和游泳馆的班车神出鬼没，摸不清定时开班的规律。

然而，奥运会毕竟是奥运会，规模宏大，收视率高，竞争场面激烈，这和单项世锦赛的情形有天壤之别。平时看起来不显山露水的运动员，到了奥运会年都会施展看家本领，突然爆发，真刀实枪地备战和比赛，很多好成绩因此而诞生，而有些带着世界排名第一光环的选手，反而在大赛中金牌旁落，甚至无缘奖牌。

8 月 8 日，宁泽涛参加的第一个项目是男子 4×100 米自由泳接力。遗憾的是，由何健彬、林永庆、余贺新和宁泽涛 4 人组成的中国队，在预赛交接棒时出现违规抢跳，被取消了比赛成绩。

8 月 10 日，宁泽涛参加了第一个单项 100 米自由泳比赛。他进入了半决赛。半决赛中，预赛并列第 14 的宁泽涛被安排在第一组第一道。同组的有卫冕冠军、美国选手阿德里安，世界排名第一、喀山世锦赛银牌获得者澳大利亚的麦克沃伊，以及俄罗斯悍将莫洛佐夫等选手。

从比赛过程看，他的出发反应时间为 0.69 秒，除荷兰选手之外是全组最慢的。前 50 米，宁泽涛的成绩是 23 秒 08，暂列第六；后程成绩为 25 秒29，追赶乏力。当他以 48 秒 37 的成绩触壁后，大屏幕上显示小组第 6，这与他去年登顶喀山世锦赛时游出的 47 秒 84 和两年前仁川亚运会上的 47 秒 70

叶瑾赛前与宁泽涛交流

的成绩，都有较大的差距。我心里很清楚，他的这个成绩进不了决赛。当两组半决赛总成绩出来后，作为世锦赛冠军的宁泽涛以第 12 名的排位无缘决赛。

缩在泳池边的角落里，宁泽涛盯着大屏幕上的总成绩看了许久，才慢慢走过媒体所在的混合采访区，脸上带着歉意的微笑："谢谢大家，但我尽力了。"见到我时，他说的第一句话是："叶练，谢谢你，我真的尽力了。"我说："你已表现了你的训练水平了。"我拍了拍他的肩膀，以示安慰和鼓励。

从教练员的角度看，宁泽涛在 100 米自由泳预赛和半决赛中，如实表现出了他前一段时间的训练水平，这是他训练能力的真实反映，他确实是尽力了。训练是底子，没有良好的训练水平是不可能在比赛中展现出好成绩的。同时，比赛也是训练的一面镜子，他的训练情况什么样，比赛就什么样。

我很清楚，他自从世锦赛夺冠后的这一年来，没有进行很好的耐力基础和力量储备训练，只想凭借短期外训的高强度训练、依靠比赛临场发挥而取胜，那是不可能的事情。男子 100 米自由泳在世界大赛上的竞争极其激烈，不允许有一点点闪失。剖析他的比赛进程，他在前 50 米的成绩和他在喀山世锦赛夺冠时的成绩差不多，只是后程能力下降，最后 15 米的冲刺不如过去，而在以往，这正是他的杀手铜。

从另一个角度看，宁泽涛的国际大赛经验并不算丰富，只参加过一次亚运会、一次世锦赛，他的第一次奥运会亮相表现中规中矩，毕竟他是唯一进入 100 米自由泳半决赛的亚洲选手，依然是亚洲第一人。可能是宁泽涛从亚洲冠军再到世界冠军的"前两步"走得过于顺利和幸运，让外界对他的奥运表现有了更多的想象空间。

从竞技角度分析，不是所有运动员都能够在奥运会上发挥出最高水平。换句话说，就是热门选手在奥运会上的成功率也并不高。奥运会前，澳大利亚队有 11 项世界排名第一，似乎能够掀翻美国，成为第一游泳强国。结果呢，只有霍顿和不被看好的查莫斯拿到了两个冠军，其他人的成绩全部倒退。

从 100 米自由泳选手的身材体形来分析，获得冠军的澳大利亚 18 岁小将查莫斯身高 1.93 米，体重 90 公斤，人高马大、肌肉结实，而本来就体重偏轻的宁泽涛原本有 80 公斤，奥运前的体重只有 77 公斤，游在半决赛的边道，可以说被其他选手制造的巨浪"压住"了。

尽管如此，我必须承认，宁泽涛的比赛调动能力非常强，他在里约总共游了四场 100 米自由泳，成绩基本稳定在 48 秒 5 左右，无论是 4×100 米自由泳接力预赛、100 米自由泳预赛和半决赛，还是最后一天的 4×100 米混合泳接力决赛。

8 月 13 日，由徐嘉余、李响、李朱濠和宁泽涛组成的中国队在最后一个项目 4×100 米混合泳接力决赛中上阵，对手包括美国、英国、澳大利亚、俄罗斯、日本、巴西和俄罗斯。里约奥运会 100 米仰泳亚军徐嘉余出任第一棒，他触壁时排在第四位。李响在蛙泳中把名次追到了第三名，可惜就在交接棒的那一瞬间，他还没有触壁，蓄势待发的李朱濠就已经启动，脚离开了出发台，以 −0.05 秒的反应时间抢跳,接任第三棒蝶泳。李朱濠自己并不知道抢跳了,拼尽全力保持第三名。宁泽涛最后冲刺，和澳大利亚的 100 米自由泳冠军

混合泳接力结束后队员们的焦虑及遗憾

查莫斯展开直接对决，最终查莫斯以 46 秒 72 的单棒成绩，力压宁泽涛的 47 秒 95，帮助澳大利亚获得铜牌。美国和英国分获冠军和亚军。中国队本来可以名列第四，并改写亚洲纪录，但最终还是因为交接棒犯规被取消成绩。

接力项目上中国男队的最好成绩是在伦敦奥运会取得的，当时，孙杨率领的中国队获得的 4×200 米自由泳接力的铜牌。本场比赛哪怕最终排名第四，中国男子混合泳接力也创造了该项目的奥运最好成绩，可惜由于抢跳，错失创造历史最好名次的机会。宁泽涛刚触壁的那一刻，我心里念叨着，宁泽涛能以接力第四名和打破亚洲纪录的成绩告别里约奥运会，也算有个交代，留下一个奥运纪念，没想到最终以犯规收场。宁泽涛和队友们无奈地接受了现实，一切努力化为乌有。面对记者，宁泽涛是这样说的：

"今天大家都非常棒，我非常感谢他们三个，他们确实在前面给我创造了很大的优势，这个成绩比亚运会时还有提高，真的非常感谢他们。我在最后一棒的最后 5 米肌肉都硬了，没有顶上去。"

在总结自己的第一次奥运会时，宁泽涛补充说：

"很享受这次比赛，也学习了很多，回去要好好总结自身问题。确实在世界顶尖的舞台上，我和这些高水平的运动员还是差很多，特别是从细节上，我还需要继续努力。"

两个接力都是犯规，100 米止步半决赛，宁泽涛的最后一个项目是 50 米自由泳。由于宁泽涛的比赛状态，他以 22 秒 38 获得小组第 5，总排名为第 30 位，成绩慢于他在两年前仁川亚运会上的 21 秒 94，我们的里约奥运会到此结束。

唯一的欣慰的是，宁泽涛没有病倒，暂且可以用"走过了、经历了、参与了、尽力了"来安慰自己，但细数来路，我和宁泽涛又有多少不甘？真的是无言的结局。

长期以来，我给运动员们灌输的思想都是"要做恒星，不做流星"。宁泽涛在刚开始赢得全国冠军时也表示过"不做流星"，然而，他从 2013 年全运会的崭露头角、2014 年仁川亚运会的声名鹊起，再到 2015 年世锦赛耀眼夺目，而最重要的 2016 奥运年却黯然无光。短暂的三年，就像一颗"流星"在泳池边消失了。

在比赛结束后，我与宁泽涛在里约奥运会泳池边，留下了我们师徒的合影，我们以微笑结束我们的征程，正如我们微笑着出发。

这是我教练生涯的第四届奥运会，有太多的地方需要总结。

明星运动员商业开发的尺度该如何把握？这一直是困扰中国体育的一个难题。如何让运动员、教练员、运动队实现商业价值的共赢，培育出可以参照的最佳模式，还需要继续摸索。

叶瑾与宁泽涛在奥运赛场留下的最后合影

首先，作为管理部门，对明星运动员过度宽松、任其随意发展肯定不行，而过度管控，忽视了合理的个人诉求的做法，也是违背市场经济规律的。其次，从教练角度来讲，教练最能掌握运动员的思想状况，也决定了运动员训练的可持续性发展，是承上启下的角色，不应该忽视教练员的意见和建议。第三，运动员的诉求应当得到重视，这也是国际奥委会为什么要设立运动员委员会的目的之一；另一方面，作为举国体制下国家培养的运动员，千万不能忘记了国家利益和为国争光的初心。

在这里，我想到几个"如果"：

我始终在想，运动员在成名后需要沉淀和思考，如果来自各方面的"关怀"少一点、外界的"声音"少一点、商家的"热情"少一点，可能就会有截然不同的结果。

我也在想，如果获得世锦赛冠军后的这一年来，宁泽涛能够按照原来的节奏踏实训练，里约奥运会上他应该可以站上领奖台。因为奥运冠军查莫斯的成绩是 47 秒 58，而亚军蒂默尔斯和铜牌得主阿德里安成绩分别是 47 秒 80 和 47 秒 85。宁泽涛只要拿出喀山世锦赛夺冠的 47 秒 84 的成绩，他就能够获得奥运铜牌；而如果他能游出在仁川亚运会夺冠的成绩，那么他也是能走上领奖台的。

如果没有那么多的变故……

那么多的如果，一旦有一条成立，都有可能扭转命运，改变最终的结果。

按照我的分析，100 米自由泳有一个规律：谁的后程能力强，力量分配合理，谁就能发挥出最高水平，有望成为最后的王者。宁泽涛在喀山就是这样获胜的，到了里约，原本名不见经传的查莫斯也是如此登上了奥运冠军的王位。

里约奥运会后，国家队的新一期集训名单中不再有宁泽涛的名字。鉴于复杂的关系和背景，宁泽涛似乎已厌倦这种现状，再次明确向部队提出了退役报告。

就像所有的父母子女一样，最终的结局是离别；作为教练，我的人生比普通家长多了很多场的目送，一次次目送孩子们的背影渐行渐远。这一次，我又站立在泳池的这一端，看着宁泽涛一去不复返，是遗憾，是伤心，是失落，五味杂陈……

人生的机遇就是如此变幻莫测，前一刻还是欢声笑语、温情相伴，下一刻却是繁华落尽、曲终人散。

里约奥运会后，我返回上海家中，放下行李，匆匆地洗漱后倒头就睡。真心讲，多少年的征战，心累了，真想就此告别一线队伍，不再亲力亲为带队员了，毕竟岁月不饶人啊。

但是，我在梦中遇到了众多的弟子，他们用渴求的眼神看着我，说："叶练，你不能撇下我们不管，我们需要您帮助我们去实现梦想，您不能离开！"

宁泽涛的无奈回眸传递几多遗憾与不甘

第七章

新锐覃海洋

三进三出

覃海洋军装照

里约奥运会后，我想彻底调整一下，长期的征战太折磨人了。可没来得及享受难得的假期，享受天伦之乐，新的任务就来了：上级领导让我继续留在部队，备战2019年武汉世界军人运动会和2020年东京奥运会。这两个指令分别来自部队和国家体育总局。前者是希望我在世界军人运动会上，助力主场作战的中国队完成金牌和总分第一的目标；后者则是国家体育总局游泳训练管理中心领导希望我带领"希望之星"，在2020东京奥运会上有所突破。

这个"希望之星"，就是覃海洋。

覃海洋进入我组可谓一波三折。在我所带过的弟子中，从来没有一个人像他那样跌跌撞撞、大费周折，也从没有一个人像他这样执着坚持，把我叶教练奉若神明。

我第一次见到覃海洋是在2008年的夏天，覃海洋9岁，个子不高，白白净净，游泳技术比较全面，水感不错。我对这个湖南株洲土家族小孩的最初印象主要来自他妈妈，应该说，覃海洋的成就在很大程度上是她妈妈决策和坚持的结果。覃海洋三进三出海军队的曲折经历，也让我佩服这对母子的执着和坚持。

2008年奥运会前夕，当时我正带领齐晖备战北京奥运会。趁我回上海的机会，曾经的"小虎队"队员、现在上海闵行区海军训练基地当教练的毕磊，带了一个叫覃海洋的湖南小孩来到我前面。毕磊跟我说：这孩子条件不错，是我挖掘来的"宝贝"。我观察覃海洋后，告诉毕磊："孩子的年龄还太小，你先在业余队培养培养。"

若干年后，毕磊（右）从加拿大回国时与叶瑾、齐晖（左）合影

一个月后，我和覃海洋的妈妈有过一次"偶遇"。当时，我刚完成下午的训练任务，正从泳池走回宿舍，这段路程只有短短的 100 多米，走走也就两三分钟。正当我要步入宿舍楼时，一个身材高挑的长发女子出现在我的面前，她自称是覃海洋的妈妈，叫覃燕。覃燕说话麻利，直奔主题：

"叶练，很高兴认识您。"

"谢谢，我知道你的。"

"说实话，没有见到您之前，我就非常熟悉您，您就是我的偶像……"

覃燕的话像连珠炮似的。其实，她对我的了解，基本上是从各类新闻报道中看到的，看来她是做过功课的。

这是我和覃燕的第一次见面。与覃燕的交流，自然引起我对海洋的关注，通过向其他教练侧面打听，我摸清了覃海洋的一些基本情况。

贾海洋，9 岁，1999 年 5 月 7 日生，来自湖南株洲，土家族人，出生时有七斤多重，一岁之后就长到了 20 多斤。覃燕自我检讨说，由于年轻，带孩子没经验，没有多带孩子到外面晒太阳，覃海洋很小的时候曾因缺钙而产生鸡胸等现象，想通过游泳来改变他的身体形态。在孩子 5 岁时，覃燕开始带他游泳，小海洋很快显示了与水的亲和力，爱上了游泳，并很快在儿童组比赛中崭露头角。

挂牌在闵行区少体校的海军游泳训练基地

由于株洲当地缺少有名的游泳教练，覃燕将目光投向国内其他高水平地区。功夫不负有心人，2008 年暑期，她看到了网上的一则消息——海军游泳训练基地在上海闵行区少体校举办暑期班，除招收本地生源外，也招收外地有潜力的学员。这个消息让覃燕非常振奋，让她看到了希望，于是，她兴冲冲地带着孩子来到了上海。没想到，海军游泳队办的暑期班热度很高，大受欢迎，男生暂时没有床位了，母子俩只能遗憾地打道回府。临走时，覃燕特地对教练说，如果有空缺，请马上联系家长。过了没几天，教练就给覃燕打来电话，说有男生床位了，问她还愿不愿意带孩子过来。覃燕二话没说，带着儿子又来了，小海洋终于出现在暑期班的游泳队中。

这是覃海洋第一次接触正规的游泳训练，一个月后，暑期班结束了。回家后，海洋告诉妈妈："我很喜欢在上海训练，我还要去！"妈妈提醒他，自己要工作，他也要上学，如果要在上海训练的话，你就要自己孤身一人留在上海，不能经常见到爸妈。没想到，覃海洋还是非常坚定，"妈妈，那我也要去上海"！

于是，这才有我和覃燕的第一次见面，推荐人就是毕磊。我当时没有留下他，因为他的年龄太小，不能确定未来的发展，也不宜揠苗助长，而且他还需要进行正常的学业，所以，我建议海洋先打好基础、学好文化，一年中可以利用寒假和暑假来海军队参加训练班就行了。

于是，小海洋成了闵行区体校和海军队的常客，每次都是短期班，先后经历过毕磊、王寒馨、谭律、李钰、齐晖、吴学佳等 8 位教练员的指导，小小年纪"熬"成了海军队的熟人。

海洋性格中有慢热的一面，因为正常情况下，但凡有一个教练看上他，都会先下手为强，而教练们对他的反应普遍是：这孩子慢条斯理，慢得让人着急，和他说话得缓半天才会得到回应，有点费劲。我接触下来的看法是：孩子小，比较萌，不知道怎么和

覃海洋与启蒙教练赵菲合影

教练交流。在我看来，他的水感不错，改技术时一点就通，是很灵的孩子。

转眼到了2014年，覃海洋15岁，他将第一次参加上海市运动会。开赛首日，比赛日程对他很不利：上午参加最后一个项目1500米自由泳，而晚上参加的第一个项目是100米蛙泳，这中间的休息时间很短。覃燕有些担心他的体能恢复不过来，而且大家对他的期望值很高——这对他造成压力，未必是好事。果然，他的第一炮没有打响，1500米自由泳得了第二名，他自己也挺失望，情绪低落，蔫蔫的。业余体校的赵菲教练给我打来求助电话，希望我开导覃海洋，当时我婉言拒绝了，理由是我没有带他训练的经历，不了解他，比赛期间更不知道应该说什么，索性不要施加影响为好。我告诉体校教练："现在是比赛期间，你不要着急，1500米本来就不是他的强项。正常情况下，100米蛙泳他拿第一应该没有问题。你淡定一些，不要慌。"在我的劝说下，赵教练情绪平复下来。晚上的比赛，覃海洋果然不负众望，顺利拿下100米蛙泳冠军，应验了我的预测！年轻教练夸我"像大树一样沉稳，给他们信心"。从这以后，我被他们称为"大树妈妈"。

这一年，覃海洋还面临着人生的重要选择：是选择做专业游泳运动员，还是回去上学？海洋父母认为：孩子15岁了，如果还飘着，那只能说明资质不足，职业前景堪忧，不练也罢；我们是冲着海军队来的，现在海军队要征召的话，我们选择进海军队！

海军游泳队经过研究，决定让覃海洋入伍。

令人意外的是，覃燕有点"得寸进尺"，她向海军游泳队提出附加条件：覃海洋要是进入海军队，就必须在叶教练组，并且在签订的合同里，要增加覃海洋跟随叶瑾教练训练这一条。

在正常情况下，任何队伍招收运动员，都是教练员挑选各自看上的队员，从来没有过运动员自己挑教练的先例。当时我正要带领宁泽涛参加 2014 年仁川亚运会，心思都在宁泽涛身上，没有考虑过覃海洋进队跟哪个教练的问题，只是从爱才的角度，希望他进队。现在，覃燕直接来了一个"通牒"，让海军游泳队和我都有点不知所措。

为此，海军游泳队内部也有不同意见，认为家长不懂规矩，个别领导及教练甚至提出放弃覃海洋。最后，体工队领导还是充分征求我的意见。我的意见有三条：

第一，我本人因为要带宁泽涛等队员，世锦赛和奥运会的任务极其繁重，目前肯定无暇顾及覃海洋的训练，所以从本人的实际情况来看，我暂不宜带训覃海洋。

第二，覃海洋的情况大家都看在眼里，是一个有潜力的孩子，"惦记"他的人很多，包括地方队教练和领导，甚至还有国际学校和俱乐部，故覃海洋的选项很多。对此，我们还是要认真考虑家长提出的诉求，审慎决策，以免人才流失。

第三，覃海洋母亲是一个非常有主见的人，也非常坦诚，她也多次跟我私下沟通过，讨论覃海洋的未来。她可能一直认为，我是国内蛙泳和混合泳最有经验的教练，海洋来海军队也是冲着我来的。覃燕甚至也明确跟我表示："如果叶教练不带，我就把孩子送到加拿大训练。"我的想法是，人必须留下，我再做做覃燕的思想工作。

这期间，覃燕几乎天天晚上给我打电话，劝说我亲自带海洋，经常说到晚上 11 点多。我再三对她表示："感谢你对我的认可，但是你也别为难我，海洋在海军队进进出出那么多年，他也熟悉适应这里了，当然换一个地方去训练也不是不可以，只是一切都需要从头再来；从我个人而言，不管是不是我来带他，我都希望他留在海军队。"

覃妈妈"钦点教练"的做法史无前例，我执教多年来从来没有经历过这样的事情。经过各方协调，2014 年底，覃海洋终于穿上了军装，成为我的弟子。他的入队经历真是太漫长、也太曲折了，稍微有点退缩，我就会与他失之交臂，多亏了覃燕的坚持。

后来我了解到，覃燕为了孩子，手写了好几本厚厚的日记，一点一滴记录了孩子的每一点成长。从海洋刚出生的情况，到 9 岁到上海参加夏令营训练时的曲折，再到后来进入海军队、国家队的经历，每一处记录，都体现了这位母亲的专注和付出。

除了出国训练，无论海洋在哪里，覃燕每个月都会过来看他一次。令人感动的是，覃燕平时甚至每次都通过电话、微信交流，把有关训练和比赛的信息、感想都记录下来，不仅及时跟踪了解孩子的动态，也成为一份珍贵的资料保存下来。

其实，海洋的爸爸对儿子也是非常关心，覃燕的好多想法，是海洋爸爸提出的，通过覃燕来传递给我，我再影响海洋。覃爸爸虽然没有时间陪伴孩子，但是付出的心血和精力绝对百分之百，这让我对孩子的家长刮目相看。

都说父母的品质和人格对孩子有潜移默化的作用，会影响孩子一生的成长。从覃海洋父母身上，我看到了太多的闪光点，努力，坚持，锲而不舍，百折不挠……覃海洋同样也具备这些优良品质。

覃燕很注意亲子教育，我想她一定是看了很多书，也懂得心理学。她跟孩子沟通很有分寸，尝试改变自己，尊重孩子。只要是海洋在国内的比赛，她都会前来观看，但她从来都是远远观望，不打扰孩子，也很少近距离接触。

最初，覃海洋不希望在比赛地和赛场看到妈妈，覃燕就说："你爸爸工作忙没时间，我相对清闲，你就权当给我一次外出旅游的机会吧，你比你的，我玩我的。我不会干扰你，不会分散你的注意力，你安心专注比赛就行了。"

实际情况也是如此，覃燕到了赛地后，都是入住自己订的酒店，自己吃饭，比赛期间始终低调，穿着运动服，在看台上和队伍在一起，帮孩子们照看衣物，安静地看每一场比赛，为每一个队员加油。她总是盯着大屏幕上的成绩出神，从她的脸上可以读到遗憾、失望，也可以读出喜悦、快乐。她对我感慨道："在泳池里比赛的这些孩子，每个人都付出了努力，都值得尊重，都应该得到掌声。"

听了她的肺腑之言，我心里暖暖的，这样善解人意、主动融入团队的家长真是太难得了。因为有这样的内外环境，我对海洋的发展很有信心，心想只要海洋踏实训练，一定会有光明的未来。

海洋妈妈的自述

每每有人问我："海洋那么小，你怎么就忍心把他送到离家那么远的地方，为什么？"

为什么？答案就在这里。父母对于孩子的爱，是以分离为目标的，而在这个过程中，我希望我能用一份柔软而坚定的爱，来引导海洋的成长，海洋很幸运，因为他走在正确的路上。

我想：绝大多数成功者的路，不是开始就设定好的，而是在勇敢尝试探索和坚持的过程中渐渐清晰起来的。而当你发现了那个属于你的目标，你也就有了为之不懈奋斗的动力！

现在，海洋在叶教练的带领下有了明确的目标，就是到世锦赛和奥运会的舞台上展示自己。我想，2000 年是叶瑾教练的奥运之路的起始，而 2020 年是海洋的奥运之路的开端，也是叶教练的第五次奥运之行。在这里，我要坚定地为你们鼓掌！加油！

叶教练和海洋的缘分要从很早以前我对叶教练的仰慕开始。

2008 年的夏天，火炉长沙，碧绿的游泳池边站着三位家长。她们的共同特点都是陪孩子游泳，孩子也都游得不错，但苦于长沙游泳水平相对落后，想趁着暑假把孩子送到游泳水平更高的地方去训练，看一看，孩子们在外面的世界里是否同样优秀？而其中的一个家长，便是我。

正巧，我们之中的一位家长，他的弟弟在上海闵行工作，他告诉我们：闵行区少体校可以招收外地孩子，外地生还可以在上海当地学校学习和参加比赛。于是，这位家长就带着女儿先行一步过去了。我和另一位家长也非常向往，在网上查询闵行区少体校的情况时，发现海军游泳队与闵行区少体校合作办了一个游泳训练基地——海军游泳队闵行训练基地，由海军游泳队的教练过来带训，孩子训练得好，就有机会进入海军游泳队试训。于是，我就在网上搜海军游泳队的情况，当我打开海军游泳队的网页时，出现的第一栏词条、图片介绍就是叶瑾教练。她身穿白色海军服，脸上洋溢着迷人的微笑，而下面的履历更让我仰慕和敬佩，尤其是看到她

叶瑾与覃海洋的妈妈覃燕（右）、教练赵菲（左）合影

执教的蛙泳和混合泳成绩时，更让我心驰神往了。于是，我和另一位家长决定把孩子送到海军游泳队闵行训练基地。

当时，基地带训的是毕磊教练，他是叶瑾教练的学生。我们跟他联系的时候，他遗憾地说："我们目前只收女孩子，男孩子没有床位。"我想，我家海洋是男孩，不行再找别的地方去试试。没过几天，毕磊教练又打电话告诉我："覃海洋妈妈，我们这里有男孩子要回去比赛，有空出的床位，如果

你们想来，现在可以来训练。"

2008 年 7 月 19 日，我和另一位家长一起带着孩子，来到上海海军游泳队闵行训练基地。从此，我们向海军游泳队和叶瑾教练迈出了重要的第一步。

7 月 20 日，海洋开始跟着毕磊教练训练，10 天后，我收到毕磊教练发给我的信息，他写道："海洋这个小孩我是越看越喜欢，特地把他的一些基本情况告诉了叶指导，希望她在奥运会后能来亲自看看海洋。"这条信息给了我莫大的信心和鼓励，我觉得，海洋有更多的希望向叶教练靠近了。

2010 年夏天，为准备 10 月举行的上海市第十四届运动会，海洋被闵行基地的海军游泳队代理教练王寒馨送到了海军队叶教练组进行训练——那是海洋第一次进海军队试训，带训教练是叶练的助手齐晖。那个时候，由于海洋年龄太小，在市运会结束后，海洋又返回了闵行少体校，由赵菲教练带训。

在接海洋离队的那天傍晚，我看到了叶教练结束训练后正朝宿舍走去，这是我第一次见到叶教练本人。那时候我想：机会难得，我得冲上去跟叶教练说说话，说说我们家海洋的情况。于是，我快步走到叶教练面前："叶教练好！我是覃海洋的妈妈。海洋……"叶教练很优雅，始终微笑着，没有对我的唐突有丝毫的不愉快，反而跟我说："我知道海洋这孩子，毕磊跟我说过，王寒馨也和我说过。可是现在他还是年龄太小，最好回去一边读书，一边训练，然后再看看发展潜力和方向，到时你们家长再做选择。别担心，孩子以后也还是有机会再来我们队里训练的。"

海洋离开的时候，给他同宿舍的小伙伴们买了饮料和面包，当作临别礼物。当海洋合上门转身离开的时候，有小朋友问："覃海洋，你还回来吗？"海洋轻轻地、但很肯定地回答："回来！"

第二年暑假，海洋又去了海军游泳队试训。暑假结束后，照例回到闵行少体校上学、训练，参加各种业余组的比赛。

2012 年夏天，海洋第三次进入海军队试训。以前，大家都认为海洋年龄还小，先进队短期试训，等他再长大些再进入海军队。现在，海洋无论是身体还是技术，都有了很大的进步，所有教练都说这孩子好，似乎都在暗示：只要家长定下来，就可以办理进队注册。我心里暗想：一定要给他找最好的教练——叶教练，看看她究竟有多好！如果我家海洋能够在她手下训练，应该前程远大！

2014 年 5 月，我接到通知，海军队准备给海洋办理入伍手续，也要进行专业运动员注册。我想，现在是时候去找叶教练表达自己的愿望了。这已经不仅仅是我一个人的愿望，更是海洋的愿望，他渴望着能跟随叶教练训练。他这些年参加各级的游泳比赛，也屡次刷新各年龄组的全国纪录，就是想让叶教练看到他的努力，希望有一天能够跟着叶教练训练，得到更多更专业的指导，让自己走得更高更远。

我也知道，如果这次不能顺利进入叶教练组，海洋就无路可退了，只能离开海军游泳队。只是这么多年来我们一直在朝着叶教练的方向努力，不希望就此放弃。"一定要给海洋找最好的教练"——这个想法一直萦绕在我们心里，所以，现在要做最后、最大的努力！

接下来，我先是找到队里领导，表达了想让海洋跟叶教练训练的想法，然后也跟叶教练打电话，希望她能接受海洋。叶教练这样回答我："我是海军队的主教练，队里的每一个孩子我都同样关注。如果队里安排我接手海洋，我就听从队里的安排。"我也跟当时带海洋的教练进行沟通，坦诚地说了自己的想法，希望能得到理解和支持……可惜沟通未果。这条路不通，我只能带着海洋离开海军游泳队了，这是第三次离开。

得知我带着海洋离队，叶教练十分关注。本着为海军队爱惜人才的考虑，叶教练不厌其烦地与队里领导、其他教练和我沟通，希望海洋先回到海军队继续训练。其实，那段时间叶教练正带着宁泽涛在北京的国家队训练，紧张备战仁川亚运会。可她又是海军队总教练，海洋的事情让她不得不分出精力与各方协调做工作。最终，经过队里领导的慎重决策和多方协调，也是因为多位教练的大度包容，海洋第四次回到海军游泳队，并在 2014 年 12 月中旬的时候转到了叶教练门下。那时候海洋 15 岁，年龄尚小，还需要打基础，叶教练带着主要队员在国家队训练，海洋的训练就由齐晖教练负责。

也有人问过我：为什么一定要把海洋送到叶教练那里训练？这么坚定不移、这么执着努力？而且在我们海洋到叶教练组训练的时候，就已经有消息说叶教练就要年满 60 岁，就要退休了，海洋还能跟她练多久？

我仔细想过原因，海洋爸爸有一种"迷之自信"，虽然我们都是外行，但他在海洋还小的时候，就认定海洋在蛙泳和混合泳方面会有突出表现，如果要成为一名专业游泳运动员，就一定要给他找能力最强、最好的教练。当我们看到叶教练执教履历的时候，心里的那盏灯唰的一下就亮了。叶教练使人耳目一新的不仅仅是执教履历，更是对待队员的态度：训练上的严厉和对完美的苛求，生活中无微不至的关怀与温暖，成长中百般爱护。海洋是一个敏感而内敛的孩子，他的成长需要一个灵魂导师，我们坚信，叶教练就是最好、最适合海洋的教练。也正是因为叶教练快要退休了，海洋才更加要抓住机会去争取，不然，就真的没有机会成为叶氏弟子了。至于将来怎样，肯定会有相应的解决办法，我们不能因为还没有发生的事情，就困住自己，停住前进的脚步。

事实证明，我们的选择是正确的！接管海洋三年多来，叶教练对海洋的教导、与我们家长之间的联系和沟通、我们与海洋之间的三方意见表达，一直都是及时、通畅而有效的。叶教练对海洋倾注了师情师爱：有进步及时表扬，有问题及时发现，有错误及时批评指正。我一直保留着这些年与叶教练之间的沟通记录，记录下海洋成长的方方面面、点点滴滴。以下是摘录，可窥一斑而知全豹。

训练上的鼓励：

2015 年 3 月 4 日。今天训练 100 米蛙泳，成绩 1 分 0 秒 3，提高了不少，为此表扬他了。

3 月 7 日。今天 200 米蛙泳训练 2 分 10 秒，又进步了。我表扬了他，并和他击掌，以示鼓励，他好开心。

2016 年 2 月 25 日，墨尔本。今天 200 米蛙泳测验 2 分 09 秒

2015 年 10 月，覃海洋登上青运会冠军领奖台

8，如果比赛能游出这个成绩，就能参加奥运会了。

2018 年 2 月 24 日。海洋训练表现不错，训练成绩比全运会前有提高，看见他进步就开心。

训练中的严格：

2015 年 10 月 6 日……不是特别听话，不按你说的做！这个周日水上训练，又让我收拾了……

10 月 8 日。200 米蛙泳分段成绩显示，他是越游越慢，说明他的有氧能力下降很多，就是赛前太放松，就是跟着瞎混……

2016 年 2 月 25 日……你儿子跳水出发特慢，我看到都急死掉了，我跟他总结的时候说，这是最细节的东西，一定要养成好习惯……

成长中的呵护：

2016 年 2 月 22 日，墨尔本。元宵节——你家儿子吃汤圆用叉子，经典好笑吧？你没有教过？我给他换了勺子，齐晖说我……

2017 年 7 月 15 日，北京，国家游泳队。我发现他的脚肿消了些，这段时间训练我特别注意……从上海带来一个简易理疗器，我准备把它放到我的行李箱，带到布达佩斯去……

2017 年 11 月 27 日。这次出国，看到一个仪器，可以给你家儿子治疗青春痘，所以就买了，到时候我交给你，你给儿子。

2018 年 2 月 28 日，洛杉矶。晚上训练回来，孩子饿了，我给他买了 pizza，他喜欢吃，在微波炉里转……

这些点点滴滴，其实也在海洋心里温暖滋长，他也在用踏实的努力和一点一点的改变，回应叶教练给予他的教导和呵护。从 2015 年 10 月福州青运会在叶教练的指导下包揽 100 米和 200 米蛙泳金牌开始，到 2017 年青岛冠军赛以 2 分 08 秒 71 的成绩，第一次打破 200 米蛙泳全国纪录，继而在 7 月的布达佩斯世锦赛上以 1 分 57 秒 06 的个人最好成绩，拿到了男子 200 米个人混合泳世界第六，并将男子 200 米混合泳和 200 米蛙泳的世界青年纪录收归自己名下，才有在 9 月份的天津全运会上以 2 分 07 秒 35 的成绩，再次创造新的 200 米蛙泳全国纪录，这个成绩也让他有了更大的信心去冲击世界水平，去站上世界舞台。所以他在赛后接受记者采访时说："叶教练就像我另一个妈妈……"这是他内心对叶教练的感谢和最真挚的表达。

没有口号，没有豪言壮语，叶教练和海洋正在他们的第一个奥运周期里踏实努力地向前、向上走，内心笃定，脚步沉稳，未来可期！待续！

2018 年 6 月 5 日星期二

淡定哥

雅斯贝尔斯是德国存在主义哲学家、心理学家和教育家，他对教育的本质有精辟的论断，他说："教育的本质是一棵树摇动另一棵树，一朵云推动另一朵云，一个灵魂召唤另一个灵魂。"我认为，教育并不是一个人去雕琢另一个人，而是基于尊重下的召唤、陪伴、引导和成长。

这世上有缘和孩子共同成长的，除了父母，就是老师。教练是特殊情形下的老师，在孩子的成长过程中尤其重要，因为教练陪伴他们的时间，可能比他们的父母更长，而我们的引领也决定了孩子一生的走向。

在我的执教生涯中，来我手下训练的弟子，时间短者三五载，时间长的有十多年。我为自己是一名教练而骄傲，因为对这份事业的爱而坚持，也因为坚持而成就彼此，这是一份无限美好的事业。当我看到一个本自内向、不善言辞的十来岁的孩子，经过无数个日日夜夜的训练和教育，最终挂着勋章、信心满满地向我告别、走向社会大舞台时，我总有无限的自豪。

当然，这个巨大的改变，需要投入巨大的热情，付诸艰苦的努力，就像黑暗里的白月光，点亮了他们，也燃烧了自己。

执教过程中，我总会遇到新人的加入，而每一个孩子的加入，都有一个融入的过程。每个孩子都有各自的个性：有的胆大，敢于表达，见人不躲不闪；有的特别内向，不善言辞，面无表情。显然，后者需要我更多的关注。我就会千方百计找话题，让他说话和表达，一段时间以后，孩子见我，就会主动打招呼，也能开口自信地表达，性格判若两人。有的孩子过于调皮，也会给我出难题，他们喜欢挑战纪律，我就得动脑筋"修理"他们，让他们学会遵守规矩和纪律。

其实，因材施教、对症下药是老祖宗的智慧，我无非是遵循规律罢了。

覃海洋和宁泽涛是两种不同的性格。宁泽涛机敏过人，善于察言观色，主动意识较强；覃海洋呢，比较腼腆，不擅长与人打交道，反应总是慢半拍。教过他的许多教练对他的这种状态，多有批评。这种性格，可能更适合于某些艺术

飞机上的"淡定哥"

类专业，对于竞争激烈的体育运动，你必须反应敏捷，行动果决。

有人把良师的教诲比作"春风化雨"，我可能达不到这个境界，但你要改变一个人，确实必须做到"润物细无声"。你必须俯下身子，处在他的视角看问题，孩子最怕的是你的生硬说教和批评。我明白覃海洋性格中的不利一面，但要尊重他，跟他交心，让他觉得你是一个可以信赖和依靠的人。覃海洋刚入队时，有点认生，有交流恐惧，再加上近视眼，看不真切，平时从来不会主动与人打招呼，很多人因此认为这孩子心高气傲，缺乏礼貌。于是，我就时常找话题与他聊天，了解他的所思所想，并不失时机地告诉他："你要学会和人交流，交流有多种方式，说话是交流，举手示意是交流，微笑也是交流。教练希望你放松一点，如果你看到的人都朝你微笑，你会不会觉得很温暖开心？"他认真地点头。我接着说："你的视力不好没关系，即使你看不清别人的脸，分辨不出来每一个人的面孔，但你应该看到有人过来，这时候你就微笑，向对方点头致意，给他人一个笑脸，带给大家好心情。这样会不会更好？"

海洋妈妈覃燕特别会反思，说自己爱唠叨、脾气急，而海洋却是"慢羊羊"。她还记得有一次，她带海洋去赶飞机，一路上她都在着急，担心赶不上飞机，而覃海洋却说："妈妈，没关系，这一班赶不上，还有下一班呢。"妈妈静下心来，想想孩子说的也有道理，急躁、催促、抱怨无济于事。海洋爸爸性格相反，比较沉稳，从来不跟覃海洋说，你要加油啊，你要成为世界冠军之类的话，只告诉他一步步来，你会实现目标的。覃燕觉得，好多事情确实不能急，要保持耐心，静待花开，这是覃燕教育孩子的理念。

覃燕对我说："海洋从小在外寄宿，住在队里，一切都靠他自己成长，所以慢一点不是坏处，可以静下来思考。"

我觉得，从海洋的成长轨迹来看，只要克服了胆怯、交流恐惧之后，海洋的性格也是一种优势。他做事很沉稳，说话慢条斯理，走路四平八稳，就连比赛前上场，他都是慢悠悠地迈着四方步，不管现场音乐多么昂扬激越，观众席助威的呐喊声多么响亮，他依然好像老干部逛公园一样不紧不慢。这样的性格看似跟不上节奏，其实也是内心坚定、有主见的体现，不易受到外界的干扰和影响，故网友们送他一个绰号"淡定哥"，还有网友评论，称赞覃海洋"人狠话不多，性格内敛却意志坚定，颇有些大将之风"！

后来通过和覃海洋妈妈的沟通，我了解到海洋的沉稳个性和他父亲的教育有关。他父亲工作很忙，平时话语不多，但很有分量，看问题能切中要害，和妈妈的性格互补。爸爸从小就告诉海洋：男子汉要先做再说，不要张扬；要有责任感，敢于担当，理想和梦想不是靠语言，要靠实干……所以，覃海洋从小就养成了不吹牛、不说大话的严谨作风。实际上，在我看来，真正有智慧的人，懂得默默耕耘、厚积薄发，他们总在别人看不见的地方努力，在别人以为没有希望时等待时机。

度过了和海洋的磨合期，对于海洋的这种沉稳性格，我很认可。然后，我就开始对他的技术进行大刀阔斧的改造。覃海洋刚加入我组，我发现他竟然还不会正规的蛙泳转身，蛙泳腿都不知道怎么发力，成绩惨不忍睹。

覃海洋刚进队的那段时间，我的训练主要是围绕宁泽涛。我人基本上在北京，有时候还带宁泽涛出国训练，海洋的训练很多时候由助理教练齐晖带训。不过，只要我在训练场上，我就会盯着运动员的技术问题并提出改进意见。我比较注重转身技术，这是基本功，技术细节必须在平时训练中抓紧，形成良好的习惯，比赛时才能正常发挥水平；如果平时忽略技术细节，想在比赛时突然完美爆发，这几乎是不现实的。从专业角度看，转身技术在中长距离项目中至关重要，做好了就可以轻松提高成绩，这比提高游速要容易多了。我告诉队员，菲尔普斯的转身技术是超一流的，每个技术细节都细致规范，做到极致，你们也要从细节入手，力求尽善尽美。

改技术其实并不容易，习惯是一种很强大的东西，要改变习惯，就意味着与自己较劲。不仅如此，改技术还需要领悟力。有的技术动作，我给弟子们一一指出后，有人不以为然，这个耳朵进，那个耳朵出，其实是领悟力不够；也有人在很短时间内就做到了，可下次让他做，他早已还给了教练，这是习惯在起作用。覃海洋的悟性很高，我让他纠正转身技术，他会认真改进，坚决执行，慢慢地，他的转身技术日臻完善。我关注到，他从 2014 年全国青运会开始，到 2015 年世界军人运动会和 2017 年布达佩斯世锦赛，再到 2018 年雅加达亚运会和杭州短池世锦赛，他的转身技术渐渐和世界顶尖选手接近了。

覃海洋在水里的速度越来越快，但日常行动依然是慢动作。平时组里的集体行动，他总是最后"压阵"的那个人；号令集合时，他也肯定是最后一个到。有时候为了刺激他，我开玩笑地叫他"磨叽大王""淡定哥"，他笑眯眯的，不急不恼，只是稍微加快了一点动作，算是对我的正面回应。2017年世锦赛期间，有一次，我们在游泳馆门口等班车回酒店，其他运动员都上车了，之前还和我在一起的覃海洋没有跟着上车，我吓了一跳，生怕他坐错班车路线，去往其他的酒店。队伍干事立马下车去找他，发现他扎在一群外国运动员中间，神情自若！等到海洋上车后，我调侃他说："你真是个'淡定哥'，什么时候都不着急！"

随着运动成绩的提高，覃海洋也变得自信而合群，慢慢学会了调皮。2015 年，覃海洋第一次参加世界军人运动会，开幕式前，为了表达爱国情怀，也是为了追求喜庆"笑果"，他主动请缨，帮大家在脸上盖上国旗和 CHINA的印章。在比赛中，其他队友都披金挂银，唯有海洋因年龄尚小，战绩不佳，奖牌颗粒无收。为了安慰覃海洋，队友们把奖牌都挂在他脖子上，海洋倒是毫不介意，照单全收，和大家开开心心地合影。

覃海洋来海军队后不到半年，大家对他的评价就变了，都说他"特有礼貌，见到谁都笑眯眯的"。我很欣慰，其实，他可能根本就不知道自己看到的是谁，但是他把阳光带给了每一个人，也点亮了自己的世界。

海军游泳队运动员在第六届世界军人运动会赛场合
影（右起：刁基功、付海峰、索舟、覃海洋）

队友们把奖牌全部挂在覃海
洋脖子上

覃海洋和队友们关系变得融洽。刚开始他没有手机，和家人联系很困难。有一次，他用别人手机给妈妈打电话，妈妈问他怎么回事？他解释说是帮别人下楼去拿东西，帮忙一次，可以借给他手机打一次电话。他说："妈妈，我帮忙拿了两次东西，还有一次机会没有用呢。"妈妈觉得很好笑，小孩子之间彼此帮忙，怎么还能要求"回报"呢？为了给家人打电话，他动这个脑筋可不好，所以妈妈赶紧给他配备了手机。

别看话说得不多，覃海洋脑子很清楚、非常有心眼。2015 年宁泽涛过生日的时候，电视台记者来队里拍摄生日特辑，我半开玩笑地对孩子们说："电视台来拍宁泽涛过生日，你们穿得帅点，都去抢镜头啊，让爸爸妈妈在电视上看到你们。"结果等记者开拍的时候，一大群孩子一反常态，都畏畏缩缩地躲着摄像机镜头，不敢和宁泽涛太亲近，只有覃海洋紧贴在宁泽涛身边。在宁泽涛低头弯腰切蛋糕的时候，他笑得最开心，露出一口小白牙。大家后来看电视时，都笑着说覃海洋最会抢镜头。从这个很小的细节中，我再次确认了对海洋的认知：大智若愚，在不动声色中努力，低调而不张扬。拍摄中，他记住了我说的话，知道哪个角度能拍摄到他。其实，表现欲是优秀运动员很重要的素养，覃海洋先天不足后天补，我想在他内心，一定期待着自己一鸣惊人的那一天！

覃海洋话不多，接受媒体采访时经常用简短的话来应答，我称之为"三字经"，他用的话基本上是"嗯，是的""还行吧""还不错""还可以""差不多"……天津全运会获得200米蛙泳金牌后，中央电视台记者做栏目专访，因为有时间长度的要求，记者拼命地启发引导抛问题，他依然保持着三言两语的简短风格，把记者急得满脸通红、一头大汗。这几年，随着年龄的增长和频繁接受采访，他逐渐学会了表达，说的话也开始多起来了。

大部分优秀运动员都很自觉，知道自己的目标，但这不妨碍他们适当地"偷懒"，我把这看成是"偶尔的淘气"。覃海洋小时候训练很会偷懒，我与曾经带过他的年轻教练谈起过这个话题，教练告诉我："不偷懒，就不是覃海洋了。"可想而知，他是什么样的表现！刚接手时，我带他陆上训练，下达规定的动作次数。面对我时，他做得像模像样，但只要我假装马虎不关注，突然杀个"回马枪"，肯定被我逮个正着。随着时间的推移，有了心中的目标，他有了明显的进步，逐渐懂得了自律，我再想"逮"他，他也就不那么会"失误"了。不过，偶尔他也会有偷懒的时候，只要我发现他刚冒头的"小心眼"，我就会当即"扼杀"，虽然这也未免有点残酷，但我要培养他的习惯。

在成绩和荣誉面前，每个人都会有"飘"的时候。宁泽涛离开后，覃海洋成为队里的"希望之星"。一次大运动量训练后的调整课，因有事情，我去游泳馆晚了。到了游泳馆，听说覃海洋以身体不适为由，那堂课请假了。我很担心他的身体，午饭的时候在食堂碰到他室友，就问：为什么覃海洋没有来吃饭？队友说要给他打病号饭回去。其实，覃海洋本来是要去食堂吃饭的，看见我的影子，扭头就回宿舍，继续"装病"。当天下午的训练课他缺席了，第二天上午的训练课他依然没有出现，也没有请假。我从队医那里了解到他并没有发烧，我生气了，让助理教练谭律把覃海洋叫到泳池，责问他："你没有发烧，为什么不训练？你现在马上下水，按计划执行！"他二话没说就下水训练了，当时组里20多名队员在池边，看我对覃海洋这么毫不留情，都目瞪口呆。

"不能因为自己出成绩了，或者感觉练累了，就想缓一缓，放松对自己的要求。遇到困难就撤退，就放弃，算什么英雄好汉！我们不能当逃兵。"课后总结的时候，我继续"敲打"弟子们，希望他们时刻对自己高标准、严要求。

队伍管理和企业管理一样，教练员要懂得"羊群效应"：领头羊往哪里走、怎么走，羊群就跟着，一定要抓住"领头羊"，让他们发挥更多的正能量。不能因为"领头羊"有了成绩，就放任自流，一旦发现苗头就要及时制止。

不过，别看"淡定哥"不善言辞，但非常质朴，是一个心细的人。一次比赛结束后，我们几位教练和队员、队员家长一起合影，说笑间忘记了我的背包放在了哪里。当时正在散场，人很多，大家一通手忙脚乱到处翻找，覃海洋这时候从一旁走出来，不言不语地拿出了我的背包。原来他看我们去拍照、随手把包放在了一边的座椅上，他默默地跟过去，收起了包。

在接受采访时，覃海洋曾经多次说："叶教练不仅仅是我的教练，更像是我的妈妈，我成长中点点滴滴的进步，都离不开她的教导。"我们做教练的对孩子们倾注了无数的心血，帮助他们追梦，其实孩子们都看在眼里，记在心里，但能够说出这份感谢，还是让我非常感动。

三破世界青年纪录

2015年4月，全国游泳冠军赛在陕西省宝鸡市举行，这是覃海洋第一次参加全国大赛。赛前，大家对他寄予厚望，遗憾的是，他在赛前因饮食不当，导致腹泻，表现平平。我没有批评他，但他自己总结时很有自知之明："比

覃海洋获得青运会冠军后与教练合影

赛失利的原因主要在于自己，我以后再不能乱吃生冷食品。不过，现在早早经历这些小挫折，对我来说是好事情。"他能这么想，说明他是一个明白事理的孩子。

2015 年另一项重要赛事是 10 月 18 日在福州举行的第一届全国青年运动会。青运会的前身是创办于 1988 年的全国城市运动会，每四年举办一次，属于全国大型综合性体育盛会，其主要目的是发现和培养竞技体育后备人才，促进城市体育事业发展，为实施奥运争光计划服务。在本届运动会上，覃海洋包揽了 100 米和 200 米蛙泳两枚金牌，成为本届比赛中冉冉升起的新星。当站上颁奖台时，覃海洋酷酷的，脸上洋溢着灿烂笑容。我坐在观众席上，为海洋的进步感到由衷的高兴，在我眼前不时浮现 2008 年夏天的那个小男孩，而今，那个小男孩已成为男子汉，多么令人骄傲的时刻。

赛后，有记者写下了报道，即《酷酷的蛙泳"两金王"》：

来自上海长宁队的 16 岁小将覃海洋，在第一届青运会的蛙泳赛场上一枝独秀，包揽了男子 100 米、200 米蛙泳的金牌。今晚，覃海洋在 200 米蛙泳比赛中游出了 2 分 11 秒 89 的成绩，将个人最好成绩提高了 1 秒多。"能够创造个人最好成绩是因为今晚状态好。"夺冠后的覃海洋很淡定，言简意赅地回答着记者们的提问。

在 9 月举行的全国游泳锦标赛上，覃海洋以 2 分 14 秒 59 的成绩，获得 200 米蛙泳比赛的亚军。短短一个多月的时间，他便将成绩提升了近 3 秒，谈及原因，覃海洋说"9 月份时状态不好"；当记者问是如何调整时，覃海洋说是"自己慢慢就调整过来了"。覃海洋的回答总是很简短，今晚他还参加了

200 米个人混合泳半决赛，并以第四名的身份晋级明天的决赛。

几天前，覃海洋在 100 米蛙泳中以 1 分 01 秒 66 的成绩夺冠。"虽然 100 米蛙泳不是我的最强项目，但是青运会期间我整个状态挺好的。"2014 年，覃海洋入伍加盟海军游泳队，并师从金牌教练叶瑾，与宁泽涛是队友。听到记者问及自己的目标，覃海洋只说"继续努力"。在记者的进一步追问中，他回答说："想要游到世界顶尖水平。"至于还有哪些方面的差距？覃海洋说"什么地方都差"。这个回答让现场的记者都笑了起来。

2016 年 4 月，在全国游泳冠军赛暨里约奥运选拔赛男子 200 米比赛中，覃海洋收获了一枚铜牌，年纪尚小的他对于里约奥运会没有太多的想法。但一年后，他脱颖而出，加冕这个项目的新一代王者。

2017 年 4 月，全国游泳冠军赛青岛站比赛进入第五个比赛日。男子 200 米蛙泳金牌被大家认为是湖北选手闫子贝的"囊中之物"，因为他先后在 50 米和 100 米蛙泳比赛中三次改写全国纪录，具备了包揽蛙泳项目金牌、赢得大满贯的实力。然而，闫子贝在比赛中被逆转。在前 100 米，闫子贝以 1 分 01 秒 98 率先转身，覃海洋紧随其后；从第三个 50 米开始，覃海洋占据了领头羊的位置，越游越猛；覃海洋最后 50 米的冲刺更是漂亮，在观众的助威声中，以 2 分 08 秒 71 的成绩夺冠，把浙江名将毛飞廉保持的全国纪录提高了 0.83 秒，还打破了世界青年纪录！

覃海洋以 2 分 08 秒 71 的成绩，打破世界青年纪录

面对镜头，覃海洋对记者说："这个成绩比我的预期快，没想到能游进 2 分 9 秒以内。赛前的状态不是特别好，我特别紧张。检录时也觉得心虚没底气，不敢多想。赛前叶教练告诉我'放开了游，跟着自己的感觉走'。我

觉得心情挺沉，毕竟闫子贝太强了。不过，之前我的冬训练得不错，这次比赛是有备而来，想拼一把，破纪录，没想到今天能游这么快。"

在我看来，覃海洋的表现完全在意料之中。200米蛙泳赛前我就告诉他："你要有思想准备，前100米闫子贝一定比你快，你要拼后半程，最后的冲刺一定要加快频率。"比赛中他完全按照我的意图去做了，表现得很好，并没有被闫子贝的速度打乱节奏。

可喜可贺的是，在此前进行的200米混合泳决赛中，覃海洋还抢提一块银牌，成绩是1分57秒54，并且改写了世界青年纪录，也是当时该项目的世界第二好成绩。

为了备战本次比赛，我仔细分析了覃海洋的混合泳技术，觉得覃海洋的仰泳比较差，技术存在一定问题，所以在进入2017年的冬训期间，我重点改进他的仰泳技术。如今，通过比赛验证，他的仰泳水平提高了，四种泳姿比较均衡，混合泳和蛙泳成绩都提高了，接连两天刷新世界青年纪录，我还是很开心的，这证明我们的训练方法得当。我想，只要我们继续踏实训练，我们一定能向东京奥运会进军。

手握两项世界青年纪录，对将满18岁的覃海洋来说，的确是一件值得骄傲自豪的事情！但是，运动员在取得突破的时候，往往也会显得自负，并且不自觉地将这种优越感带入训练和生活之中，这是我不希望看到的。为防患于未然，比赛后我专门和他进行了认真交流。我说："海洋，你现在有两项世界青年纪录了，这意味着，全世界这个年龄段你是游得最快的运动员。但你一定要牢记，山外有山，我们只是迈出了万里长征的第一步，切不能骄傲自负。另外，作为中国运动员，你是中国教练带出来的！虽然我们现在也去外国短期训练，但90%以上的时间你都是自己教练带的，你就是'中国制造'！所以，我们也要有文化自信。以后你的训练模式，还是会有两种训练模式的交替和影响，我们一定要兼收并蓄，以我为主，这是叶教练长期以来的经验。

你一定要相信自己，相信自己的教练，古人云'二人同心，其利断金'，只要我们配合好，我们一定会走得更远。你有潜质，但也还需要提高很多细节和能力，从青运会冠军到全国冠军，这是你努力的结果。目前，我们要把目光放得更远，扎扎实实地走好每一步，教练希望在不远的将来，帮助你登上世界最高领奖台。"海洋静静地听着，认真地点头。

2017 年 7 月，覃海洋第一次参加世锦赛。对他来说，这是机会，更是锻炼与挑战。布达佩斯世锦赛前夕，他的世界排名是 200 米混合泳第六、200 米蛙泳第八。这个排名给人想象的空间，可是仔细研究他与世界顶尖高手的成绩，还是有很大的差距。200 米混合泳世界第一名至第三名有 0.4 秒的差距，第四名至第六名的差距是 0.33 秒；200 米蛙泳第一名至第三名相差 0.8 秒，第四名至第八名相差 0.9 秒。我们得出的结论是：200 米混合泳的选手成绩整体差距较小，取胜的机会相对大一些。所以在备战训练中，我把重点放在 200 米混合泳，训练手段主要围绕提高混合泳能力来安排，让覃海洋熟练掌握四种姿势的转换，并通过混合泳的训练手段来促进蛙泳水平的提高，这也是我多年的训练理念。

无论是国际比赛还是国内比赛，对兼报参加男子 200 米混合泳和 200 米蛙泳两个项目的运动员来讲，比赛日程安排非常不利。200 米混合泳预赛、半决赛在同一天，这没什么问题，问题是第二天的魔鬼赛程——上午是 200 米蛙泳预赛，晚上先进行 200 米混合泳决赛，然后是 200 米蛙泳半决赛，中间的间歇时间并不长，很难在两个项目上充分发挥水平。尤其是在高手如林的世锦赛上，每一场比赛都要全力去拼，争取晋级下一轮，不能有半点松懈，对覃海洋连续作战能力要求非常高。

我对覃海洋的训练能力很满意，也有信心，因为他的体质好，基本不生病，保证了系统训练不打折扣，可以说训练很扎实。在备战世锦赛的周期里，他每个阶段都达到了我的预期目标，有氧能力有所提高，中、短距离的自由

覃海洋的陆上训练课

泳水平通过压缩包干时间有明显进步；由于加大了基本技术中对手、腿的专项安排，他也有不同程度的提高；后期的速度练习，恢复得比较好；仰泳是覃海洋四种姿势的弱项，通过改进技术，完成质量也有提升。此外，在陆上体能训练方面，着重于他的爆发力训练，初见成效，整体力量也有比较大的提高。原来妈妈担心的鸡胸，现在转变成了满满的胸肌了，身上原有的"小肥肉"，如今也变成线条分明硬邦邦的肌肉。

平时，我喜欢在 25 米短池训练，这对打造运动员的动作节奏、转身技术等都有帮助。比赛前两周是调整期，我们进入 50 米长池适应训练。对于布达佩斯游泳世锦赛的预期，我希望覃海洋能够发挥出正常水平，有稳步提升即可。回想 2015 年我带宁泽涛在喀山世锦赛一鸣惊人，赢得 100 米自由泳金牌，再想想两年后，我带着新弟子再次出现在世锦赛的赛场，真的是千般滋味在心头。

2017 年 7 月 28 日，2017 年游泳世锦赛男子 200 米个人混合泳决赛在匈牙利首都布达佩斯游泳馆举行。覃海洋在预赛和半决赛中顺利突围，最终以第八名晋级决赛。决赛的对手有美国选手卡尔思、日本选手萩野公介等名将，另一位中国选手、来自浙江的汪顺以排名第七进入决赛。最终，美国选手卡尔思拿到冠军，日本选手萩野公介摘得银牌，中国选手汪顺夺得铜牌。在与高手的竞争中，覃海洋处于劣势，但还是发挥出个人最佳水平，锁定第六，并以 1 分 57 秒 06 的佳绩，再次刷新世界青年纪录，这个成绩比他在青岛全国冠军赛的成绩提高了近半秒。覃海洋在接下来的 200 米蛙泳比赛中，由于就在 200 米混合泳决赛之后进行，最终因体力消耗过大，止步半决赛，名列第 15 位，成绩为 2 分 10 秒 14。

总结本次世锦赛，我认为，我们达到了预期目标，海洋是个稳扎稳打的孩子，他能再创世界青年纪录已经很不错了，不能指望他一夜成名。

从布达佩斯世锦赛回来后，我们只有一个月时间备战天津全运会。这是覃海洋的第一次全运会，他对自己有期待，同时又有点担心：认为自己很难在连续两个大赛中发挥高水平。我安抚他："叶教练还是有这个把握，可以带你在第二个高峰取得好成绩，请相信我。"我不是空口许诺，而是确实有这样的自信，教练生涯这么多年，我自认为对运动员第二个峰值的节奏把控有经验。从齐晖到宁泽涛都可以证明，以宁泽涛为例，2014 年亚运会爆发，之后转战全国锦标赛，他又打破了全国纪录和亚洲纪录。我带的其他运动员，也大都有过这样的经历。

按照既定的思路，我们紧锣密鼓地备战，一切都在掌控之中。但是，在全运会前的训练中，我们也会面临困难和考验，其间有一堂课让我特别纠结。按照备战中逐步提升的强度指标，覃海洋需要执行高强度，但他的完成情况并不理想，下一堂课如果坚持原计划，可能会适得其反，会让覃海洋陷入疲劳状态，且短时间无法恢复，得不偿失。可是，一旦放弃，我又担心他此前的训练是否会功亏一篑？这个问题，我从下午、晚上到第二天上午，一直在反复琢磨、权衡，直到训练前的最后时刻，我根据覃海洋的种种表现，最终决定放弃原计划。我认为，有时候运动员会不自觉地喊累偷懒，这种情况比较普遍，但他们的身体、技术和神态等表征却很真实，不会说谎。覃海洋的训练比较自觉主动，即使他没有叫苦叫累，我还是根据他的实际表现进行评估，并做出调整，这样做的不利一面是训练无法实现突破，不能完全执行计划，但有利的一面是避免了冒进后可能引发的伤病和疲劳，也是对运动员的保护。

全运会比赛前两天的训练，我看覃海洋游得比较辛苦，根据他的状态临时改变了计划，把 2 组 8 个 50 米，改为游 1 组 8 个 50 米。从覃海洋的全运会表现来看，我很庆幸自己在那两堂课中果断改弦易辙，没有僵硬刻板地执行原计划。作为资深教练，运动员的每个技术动作都像电脑程序一样刻在我的脑子里，队员在技术改造阶段属于摸索，到了技术成熟阶段，我只要看运动员的动作节奏，就能知道他的身体状况，预判他的成绩，我不用秒表就能估计游多少秒，误差不会超过 1 秒钟。这就是教练员的掌控力。

从教练员的角度讲，游泳个人项目与集体项目的挑战有所不同。游泳是运动员挑战自我的项目，教练员通过长期的观察、磨合、训练和积累，充分挖掘运动员潜在的优势。我注重技术训练，特别强调技术的合理及效率，不一味地追求训练数量。我认为，个人项目日常训练到位了，再加上赛前训练的精心安排和适度调节，比赛时运动员就可以以更佳的状态，放开手脚去拼搏。集体项目对于教练员的最大考验，则是临场作战能力、战术指挥和团队配合。

当然，我觉得，一名优秀教练除了丰富的教学经验和绝对掌控力，还必须体现自身的优良作风。我平时偶尔发烧感冒，但只要不是高烧，还有力气走路，我都不会耽误训练课，总会按时出现在训练场上，有时甚至发烧挂好了吊瓶，仍然坚持到训练场，做到轻伤不下火线。

2017 年 8 月 31 日，第 13 届全运会游泳比赛在天津奥林匹克体育中心游泳馆拉开帷幕。覃海洋参加的第一项比赛是 100 米蛙泳，我的思路是：第一仗要打出气势，以壮士气；第一仗打好，之后的 200 米肯定成功。结果他的 100 米蛙泳收获银牌，成绩是 59 秒 57，游出了个人最好成绩；获得该项目冠军的是全国纪录保持者、湖北选手闫子贝，成绩为 59 秒 23。在接下来的 200 米蛙泳比中，他的对手还是闫子贝，在前 150 米，闫子贝一直领先，到最后 50 米，覃海洋频率加快，一马当先，最终以 2 分 07 秒 35 的成绩加冕冠军。令人欣喜的是，覃海洋的这个成绩，不仅打破了全国纪录，如果对标不久前的世锦赛成绩，那可是亚军的水平！覃海洋的第三个项目是 200 米混合泳，继续排在老大哥汪顺之后，以 1 分 57 秒 71 的成绩收获银牌。另外在男子

4×100米混合泳接力中，覃海洋还摘得一枚铜牌。一金两银一铜，覃海洋完成了第一次全运会之旅。

这里想说一个小插曲：本届全运会颁奖仪式有一个新规，获奖运动员的教练可以一起登上领奖台，共同接受掌声和鲜花。

覃海洋与教练一起登上全运会最高领奖台

此举一出，受到教练们的热烈欢迎。我和覃海洋一起站上冠军领奖台，这也是我从运动员退役40多年来第一次站上领奖台，令我思绪万千，似乎回到了青春年少的岁月。

全运会落幕后，我问覃海洋："世锦赛前我说，你会有第二波高峰，我没骗你吧？"海洋连连点头。从世锦赛到全运会短短一个月的蜕变成长，我认为他的200米蛙泳具备了冲击世界水平的实力。

全运会上的成功，给了覃海洋以巨大的信心，面对媒体，他罕见地放出"豪言壮语"。2017年9月6日新华网以"覃海洋：想给男子蛙泳带来突破 希望能欣赏自己"为标题作了报道：

新华社天津9月5日电（记者周欣／韦慧／夏亮） 迈着"四方步"，18岁的覃海洋不慌不忙地走进泳池，看似闲庭漫步，谁也无法预料到跃入泳池内的他会有多么大的杀伤力——继4日以改写全国纪录的成绩摘取男子200米蛙泳桂冠（如果放到世界游泳锦标赛上将获得亚军），他又在5日拿下200米个人混合泳银牌。

自我评价"性格腼腆"的覃海洋，其实内心十分强悍："我欣赏的人，希望是我自己。我想给中国男子蛙泳带来突破。"

覃海洋是湖南株洲人，来自海军队，师从名帅叶瑾，身高1.90米，训练扎实系统，技术悟性好，比赛发挥稳健。他在2015年首届青运会上包揽男子100米和200米蛙泳两枚金牌。今年4月的青岛全国比赛中他改写了200米蛙泳全国纪录和世界青年纪录。

对于"200米蛙泳成绩可以获得世锦赛银牌"的假设，覃海洋认真地予以拒绝："可惜我在世锦赛没有游出这样的成绩。因为200米蛙泳决赛和200米混合泳半决赛是在同一个晚上举行，以后比赛我需要在这两个项目有所取舍才行。现在我的200米蛙泳距离世界顶尖水平更近一点，但是，这两个项目都不好游。"

其实，覃海洋的200米蛙泳还创造了新的世界青年纪录，相比拿金牌，他认为打破纪录更值得高兴。"对每个想在世界舞台证明自己的运动员来说，全运会金牌没什么非常特别之处，创造最好成绩才更有意义。"

一个月前，覃海洋参加了游泳世锦赛，在男子200米混合泳中以1分57秒06获得第六名，打破世界青年纪录。"世锦赛我最大体会就是外国选手的肌肉非常发达，体能特别充沛，我在这方面还需要加强。"

从世锦赛归来到参加全运会，短短一个月的时间，覃海洋自认为休息好、练得好。"有人从国外回来需要倒时差，我倒是没什么感觉，反而特别能睡。再加上我是小将，身体恢复快，训练按照教练计划就可以了。"

叶瑾教练指出，她对于接连两次比赛间的训练有所准备，再加上覃海洋正处于上升趋势，所以她预计弟子能够在全运会上有好的表现，果然覃海洋的100米和200米蛙泳成绩均提高了1秒多，让她非常开心。

叶瑾说："覃海洋的蛙泳技术流畅连贯，比赛中敢于拼抢。200米蛙泳决赛前，我还想让他前半程悠着点，没想到他直接就冲出去了，坚持到最后就是胜利。"

覃海洋自评："我算是技术型的选手，平时很注重技术，也游过很多次比赛，我最了解自己，比赛中很大一部分是按照我自己的感觉。不过昨天一个晚上接连游了两个 200 米比赛，今天 200 米混合泳确实有点累了。"

作为国内男子 200 米蛙泳游得最快的人，覃海洋认为自己有责任为中国男子游泳做贡献。"中国男子蛙泳在世界上还没有获得 100 米和 200 米蛙泳金牌，我想做点突破。"覃海洋坚定地说。

同年 9 月底，亚洲室内运动会短池游泳比赛在土库曼斯坦举行。代表国家队出征的海军队选手有覃海洋、王立卓、陈秋宇和张晨瑶，共获得 4 金 5 银的优异成绩，并打破四项男子赛会纪录和两项全国纪录，每个运动员都登上了领奖台。

2018 年 1 月 10 日，2017 年度"全军体育新闻人物"出炉，小将覃海洋名列榜单。覃海洋凭借着天津全运会的 1 金 2 银 1 铜和 3 次打破世界青年纪录，

亚洲室内运动会短池游泳比赛，海军队 3 名运动员获 4×100 米混合泳冠军（左起陈秋宇、王立卓、覃海洋、王鹏）

当选年度最佳新人。

看到徒弟获奖，我更是坚定了未来的目标。我跟海洋说，我们要再接再厉，继续努力，一步一步踏踏实实地走向世界泳坛的领奖台。

在中国游泳的历史长河中，男子蛙泳曾经有过辉煌的昨天，从 1956—1961 年间，戚烈云、穆祥雄、莫国雄曾相继创造 100 米蛙泳世界纪录，震惊世界。1991 年，在第 6 届世界游泳锦标赛男子 50 米蛙泳比赛中，中国选手陈剑虹以 28 秒 67 的成绩夺得金牌，成为中国男子游泳选手登上世界冠军领奖台的第一

人。最新的"蛙王"是曾启亮，他在 1998 年珀斯世锦赛中摘取 100 米蛙泳银牌。自从他退役后，中国男子蛙泳没能在世界舞台上登上领奖台。如今，湖北名将闫子贝在 100 米蛙泳中屡屡突破，覃海洋在 200 米蛙泳中不断以"破纪录"的方式刻下成长轨迹，我很希望他们能够联袂冲击男子蛙泳最高水平，成为新一代蛙王。

覃海洋的 200 米蛙泳成绩和世界纪录相差 0.68 秒，这个距离不是很大，可以全力争取，但因为对手也在同步提高，世界纪录也在不断刷新，所以难度还是非常之大。竞技体育的魅力在于充满悬念，竞技体育的残酷在于竞争的激烈，没有预定好的输赢，全都是比赛场上尖锐对峙，奋力拼搏。

喜忧参半亚运会

第 18 届亚洲运动会将于 2018 年 8 月 18 日至 9 月 2 日在印度尼西亚首都雅加达举行。为了备战本届亚运会，我们于 7 月底来到北京，与国家游泳队一起训练。

其实，国家队要求我们于 7 月初到北京集中，但那时候，我原定的训练计划正持续上强度，运动员如果在这阶段搬家到北京，需要用几天时间来适应环境的变化，那样势必会影响训练节奏和效果。为此，我特地向国家游泳队有关领导请示，要求延迟进京时间，领导非常理解和支持，特批我们在完成阶段训练后报到。

到北京后，国家队公寓基本都安排满了，只能安排我一个人入住，其他教练和队员须在附近快捷酒店入住。考虑到队伍管理，我就和其他教练、运动员一起入住快捷酒店。没想到酒店设施非常简陋，除了一个床、一个橱和一个写字台，连一个柜子都没有！我的房间又在一层，光线阴暗，紧挨着马路；窗户竟然没有锁，存在安全隐患；房间里面一层土，孩子们进屋后一脸嫌弃。

我赶紧找酒店服务员协调，带领孩子们打扫卫生，整理行李。

7月的北京热似蒸笼，即使不动都是一身汗。我们打扫完卫生，衣服都湿了，大伙非常难受，稍做冲洗后，全队集中坐班车去国家队游泳馆训练。我为了快捷自由，找出钥匙，把存放在那儿的"坐骑"推了出来，擦去灰尘，再给自行车打气，想骑车去游泳馆。队员们看着毒辣的太阳，怕我中暑，将我拦下，纷纷劝我坐班车过去。我跟队员们说："瞧我装备齐全，帽子、围巾和臂袖一个都不少，骑着我的'宝马'，比你们的班车强。我在游泳馆等你们。"说完，我就一骑绝尘。

不管是在南京部队还是海军队，艰苦奋斗是我们军人的光荣传统，而以苦为乐是我们战胜困难的法宝。我把这些细节拍成一组照片，晒在我的朋友圈，在家人朋友们面前展示我们在北京的"快乐生活"。经过精心打扮的"酒店式公寓"品位提高了，简洁的床、简易桌子、打扫干净后变得整洁的空间——这是简洁之美；自制收纳筒是废物利用的成果，精品小抽屉是原学生赞助的，这里到处都是心灵美的体现！想不到，这组朴实无华的照片收获了满屏的点赞，许多人主动@我，问我们国家队真的有那么"悲惨"？

不过，窗户关不上，安全隐患可不是闹着玩的，我就自己想办法用搭扣卡住。没有窗帘，我就剪下纸板，挡住路人的视线，防止蚊子的偷袭。房间没有沐浴设施，需要到浴室。想不到没什么现代化设施设备的所谓"酒店"，浴室淋浴居然有智能的插卡设备，老板也真够精明的。

从8月开始，我们开始按照雅加达时间进行

叶瑾在国家队训练时的交通工具

叶瑾在宿舍自制的收纳筒

训练和生活，别看雅加达只比北京早一个小时，但也需要做好预案，提前准备。正常情况下，大家都坐早上8点的班车去训练，要求亚运会选手都在大池训练，没有亚运会任务的选手去小池训练。可我们长期在小池训练，如果赛前太早到大池训练，可能会让运动员提前兴奋，所以我就要求运动员提前一小时出发，到小池来训练，就当是提前为雅加达比赛倒时差了。这样的好处，还可以与别的组错峰训练，互不干扰。果不其然，我提前到了小池后，发现并没有其他组来训练，我可以放心大胆地安排队员训练了。外教、美国人马克·舒伯特也一早就来到了游泳馆，看到我的提前部署，向我竖直大拇指，还让翻译告诉我："你是个聪明教练！"

那几天，我总是夜里12点多躺下，到凌晨两三点才睡着，脑子里总在盘算着训练和比赛的事。记得有一次，凌晨好不容易睡着了，7点钟的闹钟吵醒了我，脑袋有点沉沉的。这天上午的训练是调整课，队员们可以自主安排训练，教练可以不到场。我听着外面的雨声，真想继续睡过去，可是再一想，比赛前的每一堂课都很重要，只要我在训练场上，运动员训练的精神面貌就不一样。于是，我硬着头皮爬起来，而且我要表现得状态上佳，不让运动员们看出我的异常。

其实，我知道运动员不易，我们教练也一样不易，每天有各种各样的琐事、烦心事缠身，身心俱疲，但你是统帅，一支队伍的精气神都受你的影响。俗话说"兵熊熊一个，将熊熊一窝"，你必须挺着。

8月18日是亚运会开幕日，我们随中国体育代表团大部队来到了印尼首都雅加达，迎来了我执教生涯的第五届亚运会。

亚运会运动员村距离亚运主场馆群不远，约30分钟车程，村内由7座东南亚风情的塔楼组成，可以容纳14000人住居。亚运村每套公寓面积较小，堪称"迷你型"，通常是由一个双人间、一个单人间和一个起居室组成。篮球、游泳等项目的运动员身材较高，大家都反映床太短太小了，需要加床才能完全躺下。我们所住的两室一厅套房，单人间的面积约 9 平方米，我身高不高，为求清静，就选了这个"迷你"单间。反正，各种困难经历多了，现在最重要的是马上适应环境。

叶瑾在亚运会开幕式现场接受央视采访

8 月 20 日晚，第一次参加亚运会的覃海洋迎来了200混合泳决赛，与之并肩作战的是老大哥汪顺，主要竞争对手是日本选手萩野公介。男子 200 米混合泳是日本队的传统强项，自 2002 年以来，该项目的金牌从未旁落，而且萩野公介作为世界级选手，曾获 2014 年短池游泳世锦赛 200 米混合泳冠军，也是 2016 年里约奥运会 400 米混合泳冠军。比赛开始后的前 50 米处，覃海洋曾有过短暂的领先，但在大部分时间，领先的是萩野公介，汪顺和覃海洋紧追不舍。到了 175 米处，汪顺冲刺有力，覃海洋也全力以赴。结果，汪顺以 1 分 56 秒 52 的优异成绩摘得桂冠，萩野公介获得亚军，覃海洋抢到了一枚宝贵的铜牌。

8 月 21 日晚，覃海洋进入男子 200 米蛙泳决赛，挑战的对手是日本队的小关也朱笃和世界纪录保持者渡边一平。在比赛过程中，覃海洋对两位日本的世界级选手造成很大压力，覃海洋在最后 30 米，几乎与小关也朱笃并驾齐驱，最终以微弱劣势再次获得铜牌，成绩是 2 分 8 秒 07。

覃海洋对自己在亚运会上的表现做了总结：

"经过和高手角逐，自己还是'经验不足'。我觉得稍微有点儿遗憾，不管是成绩还是名次，都没有达到自己的预期。赛前，我原本希望可以突破自己的最好成绩。我的游程肯定是不差的，差的是我的转身技术，没有日本选手处理得完美，这是我以后要提高的。不过，我总体还满意吧，其实，转身技术和以前相比还是进步不小，平时训练的东西都用上了，只是还须

2018 年亚运会叶瑾与覃海洋赛
后合影

精益求精。"

我始终认为，年轻运动员经历一些挫折是好事，可以从差距中寻找前进的方向，也需要时间去成长。

比赛后，覃海洋接受了媒体的采访，我发现他有了显著的进步。以前，他总是喜欢用"还可以""还不错"的三字经回答，这一次，覃海洋学会了幽默，在记者提问"赛前，教练给你布置什么战术"时，他竟然玩起了太极，幽默地回答："我的目标没有实现，战术就不说了吧！"战术当然是不能泄露的，这个回答让大家啼笑皆非。我想，这小子还知道"没有实现的战术要保密"，还有点儿军人的素养，不觉掩嘴笑了。

在记者面前，平素一向不擅言辞的覃海洋还展望起东京奥运会：

"我要时时刻刻对自己有要求，希望能在 200 米混合泳和 200 米蛙泳两个项目上有进步。"

奥运会可不是亚运会，是世界所有顶尖高手的对决，覃海洋能够自觉地从亚运会"远眺"奥运会，说明他有想法，有目标，也对自己有要求，值得肯定。

杭州短池世锦赛

亚运会回来后，我们没有放假休整。一个月后，是国庆 7 天假期，我们依然不放假。对我们来说，成功来自积累，我们已习惯了训练、备战和比赛，休假是奢侈的。

在训练阶段的空隙，我们利用一切资源抓好队伍建设，特别是虚心接受各方专家的诊断和帮助。在国家队时，国家队的科研团队请来了专业水下摄像师，帮助我们拍摄训练情况，然后专家们讲解分析运动员出发及水下技术，通过慢镜头回放，让运动员直观地看到自己技术上存在的问题。同时，又通过视频资料对比，分析顶尖运动员的技术动作，大家受益匪浅。回上海后，在海军队迷你游泳馆里，我们请来上海体育学院郑闽生教授，对覃海洋的转身技术进行专业的指导。可以说，运动员的点滴进步，除了运动员自身的努力和教练的创造性工作外，与各级领导的关心、保障团队的通力合作和方方面面的支持是分不开的。

2018 年，根据中央军委的总体部署，中央军委对军队非作战体系进行改制，涉及的有专业文工团、体工队、出版社、电影制片厂和解放军艺术学院等文体机构。海军游泳队并入八一游泳队，并将首次代表八一游泳队参加 10 月 13 日—18 日在山东日照举行的全国游泳锦标赛。

郑闽生教授指导覃海洋蛙泳转身技术

10 月 13 日—18 日，全国游泳锦标赛在山东日照举行，我组队员获得了 4 金 3 银 3 铜的不俗战绩。其中，"领头羊"覃海洋一人夺得 200 米蛙泳、4×100 米男女混合泳和男子 4×100 混合泳 3 枚金牌。除此之外，女弟子索冉以 31 秒 50 获得女子 50 米蛙泳冠军。山东籍队员燕宇翔也收获惊喜，摘得男子 100 米蝶泳银牌。特别需要表扬的是燕宇翔，他来海军队还不到 9 个月，首次出现在我面前时，还是一个胖嘟嘟的孩子，身材完全不像运动员。如今，再看他健硕的身材，简直是换了一个人，让我刮目相看。让我欣慰的是，他在短时间内，完成了从"要我练"到"我要练"的自觉转变。别看是银牌，但我也给了他一个大大的拥抱，我要告诉孩子们：冠军固然可贵，但你的进

出国训练在宿舍与覃海洋沟通技术

步就是应该得到鼓励。在平时，我总是激励孩子们，运动员就是要有梦想，为了实现自己的梦想，你就得去努力、去拼搏、去攀登！

全国游泳锦标赛后，我们组赴美国圣地亚哥，跟随著名教练马修训练。比较马修和布朗的训练理念、手段，我发现，布朗教练更突出水上极限练习和冲刺能力；马修则更重视水上、陆上的各种体能及技术的综合能力，特别重视完善出发、转身等细节。不同阶段跟随不同的外教，也让我和运动员不断寻求突破，继续攀登高峰。

完成了为期四周的国外训练，我们回国参加 12 月 11 日至 16 日在杭州举行的第十四届短池世锦赛。本次大赛，吸引了 180 多个国家和地区的 1000 多名选手报名参赛，规模空前。

2018 年的冬天好像比往年冷，南方频繁降雪。12 月 8 日，杭州下了今冬的第一场大雪，雪花洋洋洒洒下了一天一夜，到了 9 日早上，推开窗户，外面是一片银装素裹。都说瑞雪兆丰年，我相信这是个好兆头。

杭州是我的福地，2001 年齐晖就在这个美丽的城市打破了世界纪录；而 12 年前的世界短池锦标赛在上海举行，齐晖获得三枚金牌。这次世界短池锦标赛再次在中国举办，我的队员又将有怎样的表现？

能够在家门口参加世界顶级比赛，我们十分珍惜这个机会。短池世锦赛 200 米蛙泳高手如林，世界纪录保持者、德国名将科赫，俄罗斯双雄普里格达和多里诺夫，还有日本选手小关也朱笃、美国选手普莱诺特都是强劲对手，实力不容小觑。可以说，这个阵容基本就是世锦赛和奥运会的最强对手了。覃海洋的报名成绩仅排在第 10 位，所以我对他的要求是：比出水平，争取获得奖牌，最好是把亚洲纪录给破了。

从预赛开始，覃海洋就全力以赴，不敢有任何懈怠，唯恐提前出局。覃海洋被安排在第五组出发，他游的战术很清楚，前程保持均衡，最后一个转身后全力加速。在这一组中，他与俄罗斯选手普里格达展开激烈厮杀，最终以 2 分 01 秒 64 获得小组第一，总排名亦是第一，提高了他自己的最好成绩。此前的全国纪录，就是由覃海洋保持，成绩为 2 分 04 秒 18。

覃海洋在杭州短池世锦赛领奖台上

决赛时，世界排名第一的俄罗斯名将普利格达一马当先，离台时间仅用了 0.59 秒，覃海洋用了 0.69 秒。前 100 米覃海洋排在第三位，上届短池世锦赛冠军、德国选手科赫则稍稍领先于覃海洋，到最后 50 米，覃海洋冲刺有力，追到了第二位。普利格达实力超群，整个游程，始终压着世界纪录线，最终普利格达以 2 分 0 秒 16 的成绩摘得金牌，也创造了新的世界纪录；覃海洋将成绩定格在 2 分 01 秒 15，这个成绩不仅打破了自己在小组预赛中创造的新的全国纪录，也打破由日本选手濑户大也创造的亚洲纪录，获得银牌。

在回答记者提问时，覃海洋谈了心得：

"或许是习惯吧，我一般都是晚上的比赛比较兴奋，成绩也会更好一些。决赛前，我就期待能够比预赛游得更快一点，游出我的最好成绩。当然，能够有所突破的主要原因，还是我最近的训练比较系统，十分专心，所以成绩提高得比较快。"不过站在领奖台上的覃海洋还是流露出了一丝遗憾的表情，毕竟他距离冠军只有一步之遥。

"感觉有点可惜，只要是比赛，大家都希望拿冠军，但能拿到银牌也不错，毕竟我也提高了那么多。"覃海洋补充道。

亚运会时，覃海洋承认自己由于经验不足和技术细节处理不够完美而失去登顶机会。雅加达回来后，我专门强化了他的体能和转身技术。短池就是转身多，从200米蛙泳7个转身的数据来看，覃海洋比以前有了很大的进步，这也是他大幅度提高成绩的关键因素吧。对高水平运动员来说，提高0.01秒都不容易，他能够一下子提高这么多，确实让我很高兴。而且他的训练劲头十足，身体状态好，随着他的年龄增长，我还特意给他增加了体能训练，他也全盘接受，肌肉线条比以前更清晰、更具流线型，和国外选手的身材相比毫不逊色。

实力到了，打破亚洲纪录自然水到渠成。用一枚短池世锦赛银牌来告别2018年是一个很好的结局，毕竟覃海洋在同池竞技中战胜了日本名将小关也朱笃，三个月内实现反超，对他的自信心来说是极大的提升，也证明了我的训练思路是对头的。

我的女弟子索冉在短池世锦赛最后一天的4×50米混合泳接力中出战蛙泳那一棒，以打破亚洲纪录的成绩获得银牌。也许很多人对这枚接力银牌并不看重，但对训练多年的24岁的索冉来说，能够站上世界比赛的领奖台，她的努力、坚持和付出都在这一刻得到了回报。

我们海军游泳队人才济济，或许是别人的光环过于耀眼，使得索冉那样的女孩有点暗淡。其实，2009年来自河南的她，在蛙泳方面非常有天赋，她在2014年全国游泳冠军赛女子50米蛙泳比赛中拼下冠军，又在同年的仁川亚运会女子50米蛙泳比赛中拿到亚军，并且在2015年喀山游泳世锦赛女子50米蛙泳中，取得第6名的佳绩。此后，她也一直保持较高的水准，2018年全国游泳冠军赛暨亚运会选拔赛中，她又一次拿下女子50米蛙泳金牌。

索冉在训练上始终对自己有要求，随着年龄的增长，她的求知欲不减，平时爱学习，不断充实自己，出国训练能用流利的英语直接与外教对话。

索冉是一名党员，在一次党支部组织生活会上，大家交流思想，开展批评和自我批评。索冉说："我给叶练提一个意见。"大家都安静地等着她说下文，"叶教练要多注意身体。"大家都笑了，以为她在开玩笑，

索冉获短池世锦赛女子 4×50 米混合泳银牌，并打破亚洲纪录

索冉很严肃地说："我是认真的，叶教练有时候身体不舒服，还在坚持带课，而且这种情况不是一次两次。"我听了后很惊讶，让我感动。说实话，在海军队这个集体里，我的精力不可能做到平均分配，重点运动员会得到更多的关注和指导，对成绩一般的弟子用的心思相对少很多，但他们内心懂得体谅我、理解我，这是对我最大的支持。

还有一件事让我记忆深刻。去美国外训期间，有一次周日放假，孩子们去好莱坞星光大道"打卡"，细数那些成为传奇的娱乐界明星。上面有 2000 多颗镶有好莱坞名人姓名的星形奖章，像喜剧大师查理·卓别林、导演阿尔弗雷德·希区柯克、老牌女歌手莎丽·贝希、影后妮可·基德曼等，以纪念他们对电影、电视、唱片、广播、现场戏剧等娱乐工业的贡献。其中也可以找到中国人的名字，如黄柳霜、李小龙、成龙、吴宇森等具有国际影响的娱乐圈明星。没想到索冉与众不同，回到驻地时，她手里多了一座奥斯卡小金人奖杯。大家很好奇，她

索冉赠送的小金人奖杯

这是要给自己颁奖吗？都争着拿过来看。她却笑着双手捧着小金人走到了我的面前："这是'最佳教练'奖，送给叶练，是我在橱窗里挑了好久才选定的。"我接过这不同寻常的小金人奖杯，果然，底座镌刻着一行英文"BEST COACH"（最佳教练）。这是队员送给我的，让我好欣慰！好幸福！有孩子们的认可，这比什么奖杯都重要！

2019 再出发

2019 年，我们将迎来两场重要战役：7 月中旬在韩国光州举行的世界游泳锦标赛，10 月中旬在武汉举行的世界军人运动会。然后，我们就要全力准备东京奥运会了。

覃海洋荣立二等功留影

在迎新联欢会上，我用一段网络流行语勉励大家："对于现在的你，青春是用来奋斗的；对于将来的你，青春是用来回忆的。你的负担将变成礼物，你受的苦将照亮你的路。"

我对覃海洋的希望是：做一个"静悄悄的实力派"。

2019 年，我对自己的新年期待是：让我心无旁骛地坚守在热爱的泳池旁吧，我愿意陪伴帮助孩子们实现梦想，这将是我最大的幸福。

2019 年 1 月 28 日，中国共产党中央军委训练管理部军事体育训练中心举行第一次代表大会，对在 2018 年表现突出的有关人员进行表彰，覃海洋第一次荣获二等功，经受了一次精神上的洗礼。看着他身着戎装、英姿飒爽地站在台上接受表彰，我在想：只要你努力，还有更高的荣誉在等着你！

大年二十九，我们在进行了 15 公里的大运动量训练后全组测验，多数队员的成绩都有所提高，让我开心极了。我对运动员们做了简短的总结，并期待新的一年有更大的突破。这是农历新年前的最后一堂课，我和队员们在泳池畔留下了难忘的合影。

7月12日至28日，第十八届世界游泳锦标赛在韩国光州举行，游泳项目的角逐从7月21日开始。别看韩国距离中国并不远，从北京飞到仁川也仅需两个小时，但算上提前候机和出关的时间，再加上从仁川坐大巴到驻地光州的4个多小时，整个一天时间也就消耗在路上。好在仁川是小城市，我们在光州的吃、住、行的安排都不错。本届游泳世锦赛的一个显著进步是第一次有了运动员村，而且这是我多年来出国比赛住过的最宽敞的公寓。公寓套间客厅很大，有环形的吧台，房间有20多平方米吧，两张床之外，中间很空旷，我把房间内的一个柜子拖到中间，作为我的专用电脑桌，感觉还蛮有设计感和创意的。

在之前的整个备战过程中，我和覃海洋就参赛项目进行过反复的研究，

大年二十九上完最后一课，叶瑾与孩子们留下难忘的合影

决定放弃 200 米个人混合泳，力保 200 米蛙泳。这个决定是基于赛程、覃海洋现有的能力和以前的经验教训而做出的，我上报给了国家队，获得批准。

两年前的布达佩斯世锦赛时，覃海洋就是身兼 200 米蛙泳和 200 米个人混合泳，但是赛程重叠，坦白地说，他的实力还不足以让他在世界顶级大赛里，两天内连续作战 5 个 200 米距离，所以这次世锦赛，我们把目标锁定在 200 米蛙泳。此外，纵观世界泳坛，混合泳和蛙泳兼项的冠军非常罕见，大多数是自由泳或者蝶泳选手霸占混合泳冠军宝座，无论是男子的菲尔普斯，还是女子的霍苏和叶诗文，都是如此。齐晖当年就曾经遇到过这样的两难抉择，如今覃海洋也面对这个难题。我们仔细分析了他在混合泳和蛙泳两个项目的世界排名，以及与排名第一的成绩差距后，最终做出了选择。另外，必须考量的一个问题是，在混合泳项目中，老大哥汪顺实力强劲，而在 200 米蛙泳中，覃海洋是国内头号选手，和国外高手的差距相对比较小，我们有机会去冲击世界高手。当然这并不是说蛙泳的竞争小，相反，俄罗斯、英国、日本等蛙泳选手，实力都非常强。

比赛是残酷的，俄罗斯选手楚普科夫最终以 2 分 06 秒 12 夺走 200 米蛙泳冠军，并创造了新的世界纪录。原世界纪录 2 分 06 秒 67 是日本选手渡边一平创造。澳大利亚选手马修·威尔逊在半决赛中游出了平世界纪录的成绩，状态也是好得出奇。相反，只冲击这一个项目的覃海洋反而在比赛中调动不起来，身子发沉，半决赛以 2 分 09 秒 11，名列第 14 位，无缘决赛。

覃海洋在光州世锦赛只游了两枪，我很难根据他在项目中的表现来判断，他的状态失常到底是什么原因造成的，这让我觉得很遗憾，但又觉得正常。年轻运动员的成长就是伴随着跌宕起伏和突破，每一道展示在众人面前的光彩，背后都隐含了无尽的难以述说的辛酸苦楚。而我参加了多少届世锦赛，经历了风风雨雨，教练的职责就是在不断摸索中陪伴着一批又一批运动员的成长！

平心而论，本次世锦赛男子 200 米蛙泳的水平超强，对手不但多，而且强大，而海洋又没能拿出最佳状态。不管比赛什么结果，我们都要坦然面对，查找问题，继续勇敢地挑战自我！从我的分析来看，200 米蛙泳比赛日期是第五天，从我们抵达光州，到覃海洋开始比赛，准备时间长达 10 天，运动员可能过了兴奋点。该怎样科学合理地安排赛前训练，这需要我总结，在以后的比赛中进行摸索和调整。

在光州世锦赛前，我们在美国圣地亚哥马修教练那里外训。马修指导的各国运动员很多，训练计划以短距离项目为主。100 米需要速度支撑，以爆发力为主；200 米是速度耐力，偏向有氧的支撑。在两个不同的距离中，运动员所消

在美国圣地亚哥训练时合影（左起：张廷志、谭律、叶瑾、马修、覃海洋、刘绍峰）

耗的能量不一样，故训练手段和安排也有非常大的区别。200 米要求能量的积累更高，还有长池的能力要求远比短池高。在世界泳坛中 100 米、200 米项目的长池和短池世界纪录，基本不会出自同一名运动员。

当覃海洋 200 米蛙泳在世锦赛比赛结果出来后，马修给我发来信息：Yes，I'm sorry he did not do better－I know he has much better in him.(我很抱歉，没有让他做得更好，我知道他有很多优点。)

在我看来，马修教练思路开阔、有智慧，他用各种手段，让每堂课的计划不重样，运动员训练时充满乐趣，他有很多值得我们学习的训练理念。运动员能在大赛中创造好成绩，是综合的表现，比赛是对训练的检验，还受到

赛前环境及各方面变化的因素影响。

结束一场无果的大战，多少有些辛酸和伤感，但作为成熟的运动员，必须马上振作起来，准备迎接另一场战斗。9 月份的第七届世界军人运动会就在眼前，对一名军人运动员来说，这也是一次证明自己、为国争光的机会。

世界军人运动会第一次在中国举办。回想自己当兵 47 年，执教 43 载，从第一届军运会至今，我以教练员的身份，先后参加意大利罗马、克罗地亚萨格勒布、意大利卡塔尼亚、印度海德拉巴、巴西里约热内卢、韩国闻庆和本届中国武汉，总共七届，真可算是世界军运会的老兵了。在连续七届世界军人运动会上，我所带的运动员共获得 24 枚金牌。让我不禁唏嘘，时光太过匆匆，但也庆幸能够坚守泳池，从事自己最喜欢的事业，发自内心地感恩部队对我的关爱、帮助、培养和支持。

作为东道主，我感到无比自豪，连走路都是虎虎生风。本届赛会共设置射击、游泳、田径、篮球等 27 个大项、329 个小项，来自 109 个国家的 9308 名军人报名参赛，是世界军人运动会历史上规模最大、参赛人员最多、影响力最广的一次运动会。可以毫不夸张地说，无论是运动员村的条件、比赛场地设施、赛事组织各个方面，中国都是世界一流的。

世界军人运动会四年一次，这是覃海洋的第二次军运会。对入伍五年的覃海洋来说，这次比赛意义重大，作为一名军人，这是为我们中国人民解放军争得荣誉的机会。为了报好项目，我们做了认真的分析。根据成绩分析，200 米蛙泳有俄罗斯楚普科夫，他兼世界冠军及世界纪录于一身，地位难以撼动；100 米蛙泳、200 米混合泳，国内有高水平运动员参加，他没有优势，且夺金点重叠。经再三考虑，400 米混合泳的金牌没准可以成为覃海洋的突破点。当我与他沟通时，覃海洋很淡定地回答："可以啊！"在短短两个月的训练中，我重点围绕 400 米混合泳，安排了与以往不同的训练计划及手段，他都能很好地按我的要求去完成。

最终，此次比赛，覃海洋报名参加了四个单项，比赛作风也一如既往地顽强，收获 3 银 1 铜，他自称为"覃三亚"——在 200 米、400 米个人混合泳和 200 米蛙泳比赛中收获银牌，100 米蛙泳则名列第三。

总结本次比赛，一方面我为他没能夺得金牌而惋惜，另一方面我又为他含金量十足的成绩而自豪。尤其是他第一次出战游泳项目中最艰苦的 400 米混合泳，就取得了 4 分 10 秒 41 的漂亮战绩，这个成绩如果放到 3 个月前的光州世锦赛上，可收获银牌。他的表现让我们坚信，努力没有白费，一切皆有可能！对他自己而言，他已经赢得了胜利！看台上传来排山倒海的欢呼声，那是我们的解放军在为运动员加油助威，更激励了我们在困境中奋进的决心。竞技体育如此残酷，世界泳坛高手林立，我对覃海洋说：只要你有目标，我就会全力护航。

400 米混合泳是覃海洋第一次尝试的项目，以前没有游过，比赛前我们心里也没底，不知道到底会游出个什么样的成绩来。从实战效果来看，四种泳姿，他的蛙泳是强项，仰泳是短板，蝶泳和自由泳不够强。200 米混合泳比赛时，每种泳姿都是 50 米，不会有太大的差距，但 400 米混合泳，每种泳姿都是 100 米，主项和短板力见高下。赛前我给他分析和设计了每

武汉世界军人运动会上，覃海洋与教练合影

100 米的分段成绩，比赛过程中他不但精准完成，还超水平发挥：蝶泳和蛙泳时他领先，但仰泳和自由泳中处于劣势，尤其是在最后 100 米蛙泳转自由泳时，他还领先对手，但在最后冲刺时功亏一篑，以 0.28 秒的半臂之差被逆转。

覃海洋已经非常努力了。400 米混合泳是游泳项目中的"铁人三项"，以

296

前齐晖也游过，叫苦连天。在谈到这场艰苦的比赛时，覃海洋这样说：

"这是我第一次比 400 米混合泳，确实不太会游，比如转身和后程能力等很多细节都有不足，真的很遗憾在最后时刻被逆转。我心里非常想拿到这一块金牌，其实游完前 300 米，我就已经没力气了，但是脑子里'坚持'的想法一直在支撑着我，只是最后可惜了。"

覃海洋说，他从来没有过"再也不想游这个项目"的念头，但是在第一次游完 400 米混合泳后，这个想法油然而生。"实在是太辛苦了。"这是他的真实想法。

覃海洋嘴上喊着艰苦，但是没有一丝一毫的懊恼和怨恨，反而头脑清醒地分析问题，调整目标。他总结道：

"总体而言，我对自己的第二次军运会表现很满意，不过打分的话只能打 70 分，因为拿了三块银牌，一块银牌要扣 10 分。游出世锦赛前三名的成绩，只是一个参考，但给了我极大的信心，也帮助我找到了前进的方向。通过比赛，我发现我的混合泳也有竞争力，尤其是 400 米。今后，我的训练和比赛重心会向 400 米混合泳倾斜，但是蛙泳始终是我的最爱。蛙泳的竞争对手多，实力强，但是我就是要去挑战，决不放弃！亚运会铜牌、短池世锦赛银牌、军运会银牌……这些能够让人更加珍惜收获金牌的感觉，那是来之不易的胜利。"

领奖台上覃海洋永远有军人的荣耀和使命感

当我从媒体报道中听到了覃海洋的这番总结后，我知道：海洋成熟了！作为教练员，我认可他的训练自觉和教练配合的默契度，更认可他心志坚定、无所畏惧的思想品质。说实话，我也为自己感到幸运，遇到了这样一个有目标、有理想的运动员，我只有全力以赴，才能不辜负这份遇见。多年来，我始终把教练员和运动员的关系定义为"千里马和伯乐"，两者是相辅相成的关系，作为教练员，我要发现、培养、使用人才，更要理解、珍惜、爱护人才，助力"千里马"驰骋万里。

临近年底，25 岁的日本选手濑户大也接连创造佳绩，在 11 月的东京游泳公开赛中，200 米混合泳突破 1 分 56 秒，又在 12 月短池的 ISL 总决赛 400 米混合泳中游出了 3 分 54 秒 81 的成绩，超过了美国名将罗切特在 2010 年短池世锦赛创造的 3 分 55 秒 50 世界纪录。当我把这个消息告诉覃海洋，本意是"刺激"一下他，没想到碰上了"铜墙铁壁"。他看了我一眼，好似不屑，又仿佛在笑我小题大做，慢条斯理地说："有什么了不起，我又不是没有战胜过他。"这是实话，濑户大也并非所向披靡，别看他在光州世锦赛赢得 200 米和 400 米混合泳金牌，还有 200 米蝶泳亚军，但他在雅加达亚运会 200 米混合泳的战场中不敌汪顺、萩野公介和覃海洋，名列第四，没能站上领奖台。覃海洋的不服输心态和气势让我为之一振，我应该给他一个大大的赞！

12 月初，我们回到了北京国家队训练基地。运动员公寓又是满员，无法安排我们入住，我们只能住在旁边的快捷酒店。虽然每天吃饭、训练都要走一段路，但国家队伙食好、训练设施先进、后勤保障充分，运动员们一个个兴高采烈。我有点心疼他们，毕竟在冬日里迎着寒风、冒着霜雪，生怕他们着凉。从上海到北京气候不适应，刚到两天，海洋身体就有点不适，我考虑给他减量或者休息，但是他不肯放松自己，一丝不苟地执行我制订的训练计划。他私下告诉我：

"叶练，我自信，没有一个人像我这样'要拼'！"

他确实是在用自己的实际行动告诉我：他非常努力！

体工队领导看到覃海洋训练后也一再感叹："这孩子有一股稳、准、狠、百折不挠的劲头。"

先贤孟子说："天将降大任于斯人也，必先苦其心志，劳其筋骨，饿其体肤，空乏其身，行拂乱其所为，所以动心忍性，曾益其所不能。"覃海洋的游泳事业不能算是一帆风顺，但他总是在挫折坎坷中前行，一步一个脚印地提升，不负使命，无惧未来。

2019 年 12 月 10 日，我收到了迟到一年的奖章和证书，由国家体育总局颁发"中华人民共和国体育运动一级奖章"和证书，证书签发的时间是 2018 年 12 月 18 日。

有道是"男儿不展风云志，空负天生八尺躯"。我想，覃海洋一定在心里默念：东京奥运会，我们再见。

沉寂中的坚守

告别喜忧参半的 2019 年，我和海洋迎来了五味杂陈的 2020 年。

由于武汉疫情的蔓延，各种消息满天飞。上海严防死守，防疫成为压倒一切的政治任务。聊以安慰的是，我们在上海体育局安排下来到了上海崇明训练基地。崇明是上海最安全的地方，主要得益于相对独立的地理条件，另外，基地对防疫工作也制定了严苛的规章制度和各类应急预案，把运动员的安全放在了前所未有的重要地位。

由于与外界隔绝，除了物资保障方面出现短暂问题之外，训练场馆保障得力，我们的训练按部就班地开展。不过坏消息一个接一个，在严峻的疫情防控形势下，上面传来各种坏消息：先是春季全国比赛取消，接着是东京奥运会延期，再后来，全国短池比赛、全国游泳冠军赛等常规赛事全部取消。

本来，这一年我们的训练和比赛是围绕奥运会来设计安排的，东京奥运会一推迟，所有赛前的比赛和外训也都取消了。这样，我们绷着的弦，不得不放了下来。对我们来说，虽然没有比赛，但我们和对手都在进行着无形的竞争，要想比赛取得好成绩，我们必须保持系统的训练，只要我们训练水平不降，那就比别人领先一步。反过来，如果我们松懈了，别人就会超越你。比赛是残酷的，你要在赛场上有尊严，就必须在平时有百倍的努力。

2020 年就这样在无声无息中过去了。2021 年是奥运、全运会年，上半年有两项比赛，一项是 3 月份的全国游泳争霸赛，另一项是 5 月份在青岛的全国游泳冠军赛。在那两次比赛中，覃海洋先后在 100 米蛙泳和 400 米混合泳中获得亚军。之后，覃海洋入选奥运会名单，7 月底将代表中国队出征东京奥运会。

因为疫情的持续影响，我的家庭发生了很大的变化。由于父母年迈，两老都已九十多岁了，身体状况急剧下滑，先后都被送入不同的医院治疗。以前，照顾父母的事情都由我哥哥包揽，但哥哥不幸于 2019 年 9 月因病过世，这样，照顾父母的重担自然落在了我的肩上。为了尽量减少两老的孤独和伤感，我还一直隐瞒哥哥去世的消息。从内心来讲，自 1972 年离家从军，因为部队工作和岗位的特殊性，我几乎没有为这个家承担过什么义务。对父母而言，哥哥的去世是白发人送黑发人的悲痛，我封锁了消息，同时我必须尽己所能，尽到做子女的责任。所以那段时间，我经常穿梭在崇明和市区的两家医院之间。

5 月份全国游泳冠军赛后，按计划我应该带海洋去国家队，参加奥运会赛前的集训，但因父亲病情加重，我只能委派队医张廷志陪覃海洋去北京。我向海洋说明家庭存在的特殊困难，海洋是一个明白事理的孩子。我为他制订了训练计划，那么多年来，他对我训练计划的理解执行没有问题，但赛前根据每天的训练状况做必要的调整，以及如何逐步将最佳状态调整到奥运大赛期间，他心中就没有底了。在

叶瑾与 93 岁高龄的父母合影

我身不由己的情况下，海洋独自出征，让他经历了难以言表的首次奥运之行。

出战东京奥运会，我的分析是：海洋应该可以进入决赛，但没有拿牌的把握，因为近一年多来，没有任何比赛的刺激，本来呈波峰状渐进的训练节奏没有了，各方面的能力储存有不足，因而他与世界顶尖选手是有差距的。不过，就海洋以往200米蛙泳2分07秒35最佳成绩而言，如果临场发挥得好，也是有机会的。

令人意想不到的是，东京奥运会上覃海洋还是出现了意外。预赛中，海洋在第五组出场，前100米是立陶宛选手领先，但在最后50米时，覃海洋开始发力猛追，一路冲刺，连续超越多位选手，最终以2分08秒48的成绩夺得小组第一。这个成绩是覃海洋近两年的较好成绩，如果半决赛和决赛发挥得好，还可以更上一层楼。但是，最终的结果是，裁判通过水下摄影机拍摄的镜头，判定覃海洋蛙泳腿部向下打腿犯规，取消成绩，无缘晋级半决赛，实在令人扼腕叹息。

东京奥运会后，海洋回到我身边，马不停蹄地准备一个月后就要开始的陕西全运会。

我和海洋需要面对的最大问题是，"技术犯规"动作必须立刻整改。可是，短短几周就要参加全运会，这又给我出了一道难题！我对他说："奥运会你都能出现这么低级的错误，让世人笑话，你是在考验我的智商啊，马上就要全运会了，我们必须尽快纠正错误的技术。"说实在的，赛前改技术，这绝对是一次冒险，万一不适应，成绩就会明显下滑，这种情况以前遇到过，是大忌。但是，不改也是不行的，奥运和全运裁判尺度原则上是一个要求，现在水下都有高清摄像头，画面的清晰度很高，覃海洋已经成为大家关注的焦点，决不能存有侥幸心理。为此，我们教练、运动员和科研人员针对他的技术进行专题研讨。我们通过观看水下拍摄的视频，明确了覃海洋蛙泳腿部向下打腿的问题。为了让海洋有更直观的认知，我甚至拿了一根棍子放在他腿上做陆上示范，要求腿部蹬腿完成后，应尽快收腿。通过不懈的努力，终于完成了对覃海洋腿部技术的改造。

事后，覃海洋说道："东京奥运会上的犯规是我成长道路的一次磨炼，让我时刻提醒自己，要专注技术，要精益求精。"

2021年9月20日，在西安举行的第十四届全运会游泳比赛男子100米蛙泳决赛中，冠军被老对手闫子贝夺走，覃海洋以1分0秒25的成绩夺得季军，为上海游泳队在本届全运会上夺得首枚奖牌。100米蛙泳并不是覃海洋的强项，海洋的成绩还算在正常的范围。

叶瑾纠正覃海洋蛙泳腿部犯规动作

100米蛙泳摘铜之后，覃海洋又与上海游泳队队友王舟、罗达、邱子傲一起，参加了男子4×200米混合泳接力比赛，最终摘得这个集体项目的一枚宝贵的铜牌。

9月23日，覃海洋迎来了自己的主项男子200米蛙泳。比赛前100米，闫子贝先发制人，一直领先，100米后覃海洋展示后程能力，实现超越，终以2

覃海洋在第十四届全运会上收获宝贵的200米蛙泳金牌

分9秒01的成绩锁定了这块金牌，实现了在全运会上蝉联该项目冠军的目标。次日，海洋又摘取了男子200米个人混合泳银牌。1金1银2铜，三彩俱全，海洋实现了赛前的预定目标。

比赛结束后，裁判长告诉我说："我们摄像回放专门看覃海洋的水下腿部动作，没有问题，腿部技术干净利索，这么短的时间能改过来真是不容易！"

在媒体采访时，我做了如下表述：

覃海洋在全运会上能够取得这些成绩，要感谢上海市体育局对我们运动员、教练员的大力支持！一年多来，上海市体育局把我们团队安排在崇明训练基地，无论是训练设施，还是后勤保障都是一流的。我也希望，在上海市体育局一如既往的支持下，我们能够走得更远。

需要补充说明的是，2020 年 10 月因部队改制，海军体工队隶属关系发生了变化，覃海洋从部队转业后归属到了输送他的城市上海，正式成为上海游泳队的一员，备战第十四届全运会。

四年一届综合性的全国运动会是各省市最重视的赛事，它让我有太多的回忆。在我任教期间，近几届的金牌我没有旁落过，他们分别是：

承 浩 2001 年九运会 200 米蛙泳冠军

曲敬宇 2005 年十运会 200 米混合泳冠军

齐 晖 2005 年十运会四项冠军

女子 4×100 米混合泳接力冠军

女子 200 米蛙泳冠军

女子 200 米个人混合泳冠军

女子 400 米个人混合泳冠军

2009 年十一运会三项冠军

女子 100 米蛙泳冠军

女子 200 米个人混合泳冠军

女子 200 米蛙泳冠军

宁泽涛 2013 年十二运会 100 米和 50 米自由泳两项冠军

2017 年十三运会 100 米和 50 米自由泳两项冠军

覃海洋 2017 年十三运会 200 米蛙泳冠军

2021 年十四运会 200 米蛙泳冠军

登世界之巅

每个有追求的教练员和运动员都会遇到灵魂的拷问：我的目标是什么？我的瓶颈又是什么？我如何才能走出困境？

经历了奥运会的失利，全运会的回归显得格外珍贵。我和覃海洋都在思索着如何突破瓶颈、在国际赛场上有所作为。

岁月易逝，时光匆匆催人老。2021 年 4 月，我已年满 65 周岁了，在部队服役整整半个世纪。于我而言，这是一个极其重要的节点，虽然对这一身戎装依依不舍，但理智告诉我，人总有到站的那一天。虽然我离开了熟悉的海军基地游泳馆，但为了保持所带运动员训练的延续性，我的教练岗位并没有马上卸下，我还需要陪伴孩子们，因此训练、外出比赛的日程仍然排得满满当当。

当奥运会、全运会全部落幕，我感到有点累，特别是照顾父母的事，让我心力交瘁。面对当时的处境，海洋有自己的想法，他在参加完 2021 年底的短池世锦赛后，向我提出希望得到国家队外教的体能指导，目的是补一下自己的体能短板。我觉得这个想法可行，毕竟随着各方面环境条件的变化，这是他积极求变的选择。

2022 年 1 月，覃海洋进入了崔登荣教练团队，回到国家队。由于疫情的袭扰，海洋有很长一段时间停止了水上训练，只能靠陆上训练来维持训练能力，修复体力，并最终熬过了最艰难的时期。

2023 年 5 月，全国游泳冠军赛在青岛举行。在赛场上，我遇到了离开我的海洋，他走到我的身边，主动告诉我说：

"叶练，我体重增加了 5 公斤。"

我仔细打量他，说道："长那么多体重啊！我可没看出来，你是长肌肉了吧？"

体重是我非常关注的一个指标，一般情况下，运动员增体重或降体重我看一眼就知道大概！我的眼睛是一杆秤，我向来对体重是严格把控的，谁该长体重，谁该减体重，我都要做出判断。海洋的体能有明显突破，是因为力量提高了，肌肉的横截面增加了，故长体重是在正常范围。

在本次全国游泳冠军赛中，覃海洋的 100 米蛙泳突破了 58 秒大关，并打破亚洲纪录，给人惊喜，为世锦赛留下了想象的空间。

时隔俩月，7 月举行的福冈游泳世锦赛，覃海洋迎来了巅峰之旅。

对覃海洋和中国游泳队而言，第 19 届福冈游泳世锦赛是一届载入史册的世锦赛。在本届世锦赛上，覃海洋先后在 50 米蛙泳、100 米蛙泳、200 米蛙泳和男女 4×100 米混合泳接力比赛中豪取四枚金牌。当他以三破 100 米蛙泳亚洲纪录获得金牌后，我根据他在游程中表现的技术状态，就与身边一直陪伴他的队医张廷志说："后面 50 米蛙泳、200 米蛙泳，覃海洋应该能拿下全部金牌。"张廷志觉得，200 米蛙泳世界冠军、原世界纪录保持者澳大利亚选手库克很强势，不太好赢。最终，比赛见证了奇迹，库克被覃海洋一路压制，甩在身后，并以破世界纪录的成绩夺冠，让所有的中国观众都热血沸腾。

覃海洋成为游泳世锦赛 51 年历史上第一位在单届世锦赛上包揽 50 米、100 米和 200 米蛙泳项目的全部金牌选手。他能够取得如此骄人、辉煌的成绩，原有的训练基础和他本人的努力是重要的方面。另一方面，在较短的时间内取得重大突破，我认为主要有两点：其一，体能上的突破，在国家队体能教练团队的帮助下，强化了海洋的陆上基础力量及核心力量的训练，肌肉的维度增加了，力量提高明显；其二，训练手段上的突破，崔教练的训练计划在负荷掌控方面给了海洋新的刺激，让他在原来能力的基础上提升了一个台阶。

人们常说"性格决定人的命运"，覃海洋的成功，他的性格也是导致他能在众多运动员中脱颖而出的因素。他专注、努力，主动思考求变，使得他在面对不同阶段的教练时有非常好的兼容性，能够用心揣摩，日臻完善。另外，在大赛上他能够不受外界干扰，从容淡定，表现出很强的心理素质。

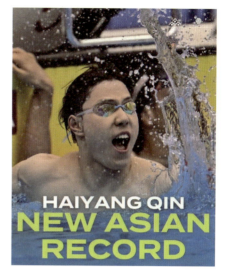

呐喊！福冈世锦赛上，覃海洋打破200米蛙泳世界纪录

经历了大赛的考验，覃海洋变得越来越成熟。面对记者采访时，他显得非常谦虚：

"走下领奖台要一切从头开始。金牌拿过后就挂在那里了，而不是一直戴在身上，我不会让它成为压力。每一次比赛都是全新的挑战，因为别人也一直在努力，在进步。"

2024年巴黎奥运会，覃海洋又面临新的征程。

最后，我想对海洋说：

9岁时，当你离开长沙，走进海军队大门的时候，你是父母的骄傲；12年后，当你离开部队时，你已写下作为一名军人的光辉篇章，你是解放军的骄傲；现在，你创造了中国游泳的历史，你是我们中国乃至亚洲的骄傲。愿你继续为国争光，勇攀高峰！

我们永远为你加油！

第八章 纷纷记忆

生日记忆

在我的记忆中，小时候也过生日，但全然没有现在这样隆重，把生日看成是极其重要的日子。进入南京军区游泳队，大家来自天南海北，很多人也没有过生日的习惯，即使有，也是悄悄的，没有生日蛋糕，没有鲜花。

随着时代的进步，特别是新千年开始，过生日成为年轻人的时尚，在这股风尚"裹挟"之下，我这个落后于时代的"老古董"，成了香饽饽，学生们争着为我过生日，成为一年中队内的常规活动。

一开始，我也是反对孩子们为我过生日，怕带坏了风气，也怕孩子们花冤枉钱。不过，我的生日是 4 月 16 日，全国游泳冠军赛大都在 4 月中旬举行，

2013 年叶瑾生日集体照

因为繁忙的比赛任务，大家都专注比赛，我的生日往往被繁杂的事务覆盖和遗忘，有心的弟子会送上一束鲜花来表达真诚的祝福，有时，我们也会在食堂加几个菜，热闹热闹，觉得也挺好。

2013年的全国游泳冠军赛被推迟，4月16日那天，我们在海军游泳馆训练完毕后，我和队员们就在游泳队食堂用餐，每人一份和平时一样的饭菜，桌子上只是多了一个队员们送的蛋糕，我们全体一起合影留念，开心极了。每个队员还送我一张写着暖心祝福语的精美贺卡，我把这些卡片都珍藏起来。我觉得，这些贺卡凝结着弟子们的心血，寄托了他们美好的情感，比送我任何贵重的东西都好。

2015年4月16日，我是在陕西宝鸡过60虚岁生日。那一天，正好在全国游泳冠军赛暨里约奥运选拔赛期间，宁泽涛在前一天的比赛中夺得男子50

米自由泳冠军，春风得意。让人欣慰的是，他没忘记我的生日，给我送来了鲜花。更让我感动的是，宁泽涛还精心制作了贺卡，用心良苦，尤其是那颂扬我的三句话，把赞美教练与自己的姓名巧妙地联结起来，把我的心也融化了。他是这样写的：

敬重您治队正规严谨，宁缺毋滥；

感激您育人以诚相待，福泽众生；

钦佩您事业永攀高峰，涛澜翻涌。

由于没有合适的地方拍照，我们就以游泳池为背景拍集体照，并分享生日蛋糕。

2017年4月16日，全国游泳冠军赛在青岛举行，我算是破例了一次，特地在青岛某酒店请弟子们吃饭。

2015年叶瑾生日，宁泽涛精心制作的贺卡

　　2018 年 4 月 16 日，是我 62 岁生日。那天全国游泳冠军赛又是在青岛举行，在赛场的热身泳池边，孩子们把蛋糕和鲜花摆在了按摩床上，我戴着生日帽对孩子们说："每年过生日是我最开心的事情，因为有你们在我身边，我也有幸陪着你们成长。"

　　那天生日，正好被新华社记者捕捉到，于是他们写了一篇新闻稿——《44 年的执守——海军游泳名帅叶瑾泳池边庆生》。据统计，这篇报道的浏览量达 120 万之多。以下是全文：

　　新华社太原 4 月 16 日电 新华社记者周欣 孙亮全 刘扬涛

　　62 岁的海军游泳队教练叶瑾，执教生涯 44 年，亲手培养了齐晖、宁泽涛、曲敬宇、赖忠坚等多位世界冠军、亚洲冠军和全国冠军，正在打造覃海洋等新星，至今仍然活跃在中国游泳第一线。

　　作为中国游泳界一线队伍中年龄最大的教练，叶瑾是弟子眼中的神奇教练。"叶教练善于创造奇迹，带领着队伍从一个胜利走向另一个胜利。我们期待她能够继续创造奇迹！"海军游泳队队长王强说。

在太原举行的汾酒杯全国游泳冠军赛暨亚运会选拔赛，当 16 日的比赛全部结束，叶瑾的弟子们先是集体登上领奖台进行全队大合影，用刚刚获得的男女 4×100 米混合泳接力金牌，庆祝恩师 62 岁生日，然后再到热身池边摆上生日蛋糕和鲜花，轮番唱生日歌，为叶瑾举行小型生日会。路过的教练和队员也都纷纷为这位功勋教练送上祝福。

作为海军游泳队总教练，叶瑾多年来带领运动员训练和比赛，几乎每一年的 4 月 16 日，都是在比赛期间、在泳池边度过，没有家人陪伴，却有队员们的鲜花、金牌和祝福。

戴着生日帽的叶瑾在泳池边说："每年生日都正好在全国比赛期间，孩子们都会跟我一起过生日。我的先生几次打电话说要过来给我过生日，被我拒绝了，我说我在这里很忙，有孩子们在我身边，我最高兴。"

叶瑾表示，生日蛋糕是几位教练和孩子们一起买的，在上海的家里也有众多弟子为她送来鲜花、蛋糕和礼物。

对叶瑾来说，62 岁的生日还收到个"意外惊喜"，因为经过她排兵布阵的男女混合泳接力夺得了冠军。混合泳接力变数很大，每个队上场的阵容和男女排序都不一样。"我心里很想拿这个冠军，也计算了好几天的阵容。今天覃海洋的 100 米蛙泳最为不易，此前他刚游了 100 米蛙泳决赛，休息了一会儿又上场，表现出了最高水平，追得挺狠。后面运动员的表现也都非常好。我们是一个团结、齐心协力的战斗集体。这就是给我最好的礼物！"

叶瑾的运动员生涯比较短暂，7 岁时，她曾经在清晨训练后顶着结了冰碴儿的头发去上学；9 岁时她在瑟瑟寒风中横渡黄浦江。她的执教生涯非常辉煌：20 岁时因为受伤而转为前南京军区体工队最年轻的教练；22 岁时为了挑选新队员，独自一人勇闯白洋淀；42 岁时，在中国游泳最为艰难的岁月里，带着齐晖三次打破世界纪录；59 岁时，率领弟子宁泽涛参加世锦赛，夺得男

2018 年 4 月 16 日，众弟子在游泳池旁为叶瑾过 62 岁生日

子 100 米自由泳世界冠军……

再多的辉煌和成绩，在叶瑾心里也没有孩子们渴望进步的眼神重要。

……

叶瑾潜心培养的覃海洋去年接连打破世界青年纪录。成为 18 岁以下 200 米蛙泳和 200 米混合泳世界上游得最快的人。本次全国冠军赛上，覃海洋也收获了 200 米蛙泳和接力冠军、100 米蛙泳和 200 米混合泳银牌。叶瑾的其他弟子也都有不同程度的收获。

老骥伏枥，志在千里，对叶瑾来说，下一次辉煌，正在路上。

2019 年 4 月 16 日的生日也非常特殊。因为全国游泳冠军赛提前到了 3 月底举行，所以我的生日不用在外地过了。让我感动和开心的是，昔日弟子们克服了各种困难，从不同的地方一起赶到我的身边，让我好开心。这批孩子是当年海军队战斗力最强的阵容，有全国冠军、全国纪录保持者乃至世界冠军、世界纪录保持者。他们在赛场上舍我其谁，总能创造佳绩，展示风采，但他们在训练和平时生活中，也会给我出难题，让我生气，有时逼着我当侦探，考验我的智慧，与他们斗智斗勇……我与他们之间有很多很多故事，但我发自内心地喜欢这些孩子。如今的他们，在国内外仍活跃在游泳界，都有了可爱的宝宝，我曾经开玩笑地说过，"等你们有了孩子后，都送到我这个'幼儿园'来，我是他们的教练"。眼看着"幼儿园"的人数越来越多，我就想到，我们未来的游泳新星群体就会更加壮观，更加熠熠生辉。

其实，2019 年的生日，我本想着和家人一起过，但因为 4 月底要参加广州国际泳联冠军系列赛，我们没有在上海训练，所以我继续和孩子们一起过生日。收到的鲜花和祝福让我幸福得想落泪，平时再苦再累，在这一刻，所有烦恼也都烟消云散，这是我作为教练最大的欣慰！谢谢孩子们给我带来的快乐！而我最开心的是，我依然在最热爱的泳池边，依然陪伴着这些可爱的队员，这是我最大的幸福！弟子又一次绞尽脑汁给我写祝福文字，我发现，

2019 年 4 月 16 日，昔日弟子在青岛游泳比赛期间为叶瑾过生日

他们的文字能力一年比一年有长进。

谭律的祝福是："叶练，愿所有的幸福都陪伴着您，仰首是春，俯身已秋。愿所有的欢乐都追随您。月圆是诗，月缺是画。祝叶练生日快乐，天天快乐！"

毕磊写道："您是一棵挺拔的树，曾结过成熟的果子，岁月不曾在您身上镌刻下苍老的年轮，但您的身傍却崛起一片树林，郁郁葱葱。我们搜寻那些美丽而又耐人寻味的回忆，祝福您永远健康快乐！叶练生日快乐。"

东北爷们曲敬宇给我来了一组排比句："有一种精神叫奉献；有一种品质是无私；有一种比喻为蜡烛；有一种职业是教师。儿时不识师恩重，长大才知老师亲。叶练，我代表全家祝您生日快乐，万事如意。"

来自广西的阿赖让我刮目相看，赋诗一首：

年少无知幸逢师，

教我为人与泳技。

如若不曾入师门，

哪有今日赖忠坚。

千恩万谢不曾道，

借此吉日言心声。

举杯庆贺须纵酒，

吾祝恩师永青春。

微信千里一线牵，

健康长寿伴您旁。

看到孩子们热情洋溢的祝福，我的心都要融化了。离别多年，这份师徒情谊却与日俱增。特别欣慰的是，孩子们都长大了，有了小家庭，在事业上也都能开拓一方，而我这个在常人看来理应在家领着孙辈的老奶奶，却还能够整天陪伴年轻人在泳池边挥洒汗水，这是何等幸运！

是啊，放眼全国游泳界，以我的岁数，依然奋斗在训练第一线的教练真的屈指可数，但我对这一池碧水痴心不改。我为能够继续帮助孩子们实现梦想，感到由衷地自豪。

2020 年因为疫情管控严格，所以我也没准备要过生日。不过，队里的小伙伴们却不能没有这个属于他们的节日。队医张廷志在网上预订了鲜花、蛋糕，难办的是要取这个快递却颇费周章。鲜花因为轻便，小张找了一个墙角，让快递小哥从外墙扔到了院子内。蛋糕就不能扔了，小张想了两个方案：一是从后门爬上屋顶穿越去取，结果看到的是防盗栏；二是想从边门传递，可铁门又很高，也是无法传递。最终，小张决定还是走正门，让传达室阿姨收转蛋糕！根据规定，快递被统一摆放在大门外，并且要接受工作人员的统一检查和消杀，经过规定的程序后，才由工作人员放到住地内。当所有的程序走完后，小张拿到蛋糕已经是晚上 9 点多了！

海军队，难说再见

2017 年 12 月 30 日，国内各大媒体爆出新闻，一则八一体工队改制的消息传遍体坛。此番完成隶属关系转化的不只是八一体工队，同为部队体系的海军体工队也在同一天确认完成隶属关系转化，统一转隶中央军委训练管理部军事体育训练中心。

海军体工队诞生于 1951 年 8 月，由当时的海军司令员张爱萍将军批准正式成立，比中国人民解放军八一体工队成立还早一个月。由于"文化大革命"，海军体工队曾暂停训练和招生，1972 年重建；2006 年，海军体工队改为海军游泳跳水队；2017 年 12 月底，海军游泳队转隶中央军委训练管理部军事体育训练中心八一游泳队。

随着隶属关系的转化，有着 66 年光荣历史的海军体工队就此走进历史。按照相关条例，凡是带有"海军游泳队""海军跳水队"字样的名称今后也不再使用，海军队的辉煌历史成为过去。

腾讯体育是这样报道的："曾经是一支享誉海内外的优秀的专业体育队伍，为国家培养出了一批优秀游泳运动员，齐晖、曲敬宇、赖忠坚、赵涛、宁泽涛、覃海洋等，都是其中的佼佼者……事实上，部队系统体育专业队伍的改制由来已久。2006年，随着沈阳军区、济南军区和空军直属篮球队陆续被收购、撤编、解散，八一篮球队成为仅存的一棵独苗。而在2016年军队改制，七大军区变四大战区的大环境下，部队系统体育专业队的隶属关系和名称亦在逐步调整中。"

作为中国军队系统的体育孵化车间，八一体工队是新中国体育界一个特殊的符号，在所创办的竞技体育项目上都打造出过精锐之师，在中国体坛各领风骚，足球、篮球、排球、乒乓球、游泳、羽毛球、田径、体操……每个运动项目中都有来自解放军队伍的佼佼者，刘国梁、王治郅、林丹、王皓、隋菲菲等优秀运动员为中国体育留下了太多的无以复制的辉煌时刻和巅峰成就。

海军游泳队隶属关系的转移，意味着海军游泳队使命的结束，但是，由于具体工作的交接还需要一个过程，所以，在2018年初，我们还是单独训练，备战2018年4月举行的全国游泳冠军赛，而这一次比赛也将成为我们海军游泳队的最后绝唱。

4月13日至18日，"汾酒杯"2018全国游泳冠军赛暨亚运会选拔赛在太原举行，除了来自全国22个省市的参赛选手，还有各大学和俱乐部的运动员，而代表部队参赛的有八一、海军和南部陆军三支代表队，共24名运动员。我们海军游泳队有7男4女共11名运动员，占解放军参赛运动员的46%。最终，海军队以6金、2银、4铜的战绩完美收官！在金牌榜上，我们海军队在所有28支代表队中高居第二，新锐覃海洋收获3金2银。

最难忘的是最后一个比赛日，那是一个星期三，天气晴好。4×100米男女混合泳比赛是一个全新的项目，每个队必须是 3 女 1 男上场，比赛除了泳姿先后顺序规定一样之外，男女运动员的排序可以自由选择。我的想法是，上午预赛确保出线，晚上决赛拼奖牌。经过深思熟虑，我做了一个冒险的安排，上午预赛派出的 4 人和晚上决赛的 4 人阵容完全不一样。所以，由于在上午参赛的选手相对较弱，我们海军队仅以第 8 名的成绩惊险进入决赛。晚上决赛，我们派出最强阵容。比赛开始后，仰泳比赛有男有女，男女差距很是分明，但第二棒的覃海洋在蝶泳比赛中迎头赶上，形成赶超之势。最终，没想到预赛中仅列第 8 的海军队居然游在最前面，获得冠军，成绩是 3 分 50 秒 21。其实，第二棒的覃海洋前面刚游完 100 米蛙泳决赛，又在接力中再度出击，表现出了他的最高水平。这充分证明我们是一个团结一致、齐心协力的战斗集体。

本次比赛的最后一个项目是男子 4×100 米混合泳接力，经过全力合作，奋勇拼搏，海军队也拿下了最后一块金牌，为比赛画上了圆满的句号。

当参加接力比赛的队员们走上最高领奖台的时候，台下海军队所有教练、工作人员和队员们冲着他们齐声高喊："海军队，好样的！海军队，好样的……"这是我们最后一次以"海军队"的名义参加全国性游泳比赛。大家心里明白：这次比赛之后，赛场上再也没有海军队了，这将是我们最后一次为海军队呐喊！我们每一个人真的是满含热泪，声嘶力竭！

前一天的晚上，覃海洋妈妈碰到我，认真地对我说："叶练，明天我要使劲喊：海军队，加油！我怕以后再也没有机会喊出这三个字了。"当时，本来我还在一心想着明天比赛的事情，经她这么一说，眼前立刻模糊了，鼻子酸酸的。应该

海军啦啦队最后的呐喊

说，这种对海军队的留恋和不舍，不仅仅是我一个人，而是这个群体中的每一个人，甚至是他们的亲属！那一夜，我几乎是一夜无眠！

从军半个世纪，我经历的全军两次大裁军，往事历历，感触良深。1972年，16岁的我穿上军装，坐火车到南京部队游泳队报到；1990年，34岁，我选择了这身蓝白相间的海军制服，重启梦想；2018年底，我已年届62岁，未曾解甲，转入了中央军委训练管理部军事体育训练中心，梦还在继续。从懵懂少年到花甲皓首，时光飞逝，却初心依然，我甚至难以想象，让我离开泳池，离开这些青春年少的弟子，会是一个怎样的状态？

感恩所有帮助过我的领导、战友、朋友！感谢你们的支持、信任、关爱！我也感激部队，是部队给我展现最大潜力的舞台，让我一辈子能够从事自己喜欢的事业，不管怎么改革，环境怎么变化，我都会坚守着碧蓝的泳池，帮助孩子们实现梦想，快乐幸福地当好"幕后导演"。

海军队的名字可能不复存在，但海军游泳队的精神长存！

海军游泳馆醒目的六个大字自信、霸气、拿下"

在我们海军游泳馆的墙上，挂着三面旗子，正中间是中华人民共和国国旗——五星红旗，国旗两侧分别是我们中国人民解放军军旗和中国人民海军的军旗。中国人民海军军旗呈长方形，红色，左上角有金色五角星，星下有同色"八一"字样，下方有蓝白相间条纹。在三面庄严的旗帜下是六个大字：自信、霸气、拿下！对每一个身处海军游泳队的孩子来说，三面旗帜和六个大字已经融入了他们的血液，铭刻在他们的心间，激励他们"泳"往直前！

我相信，我们在这里分手，我们一定会在另一个目的地相遇！因为我们有一份勇敢和执念，我们才会有无数次的出发和相遇。愿这蓝白相间的底色，成为我们生命的底色，不惧风浪，不畏前程，永远向前。

众人眼中的"冠军妈妈"

人生就这么匆匆，用孔老夫子的话来说，就是"逝者如斯夫"。

青春年少时，我们误以为可以有大把的时间供我们挥霍。其实，青春是短暂的，短得恍若一梦。

我真正的专业运动员生涯只有四年，从 16 岁到 20 岁；20 岁那年，正当我入选国家队，向新的征程迈出第一步时，伤病这个不速之客，结束了我的梦想。但是，我的躯体内有一种本能，那就是对延续梦想的渴望。也是机缘巧合，我成为一名教练，从此，我把自己未竟的梦想寄托在我的弟子身上。

回首过往，最令我庆幸的是，我选择了最能锻炼人的部队。部队是革命的熔炉，可以百炼成钢。在部队做运动员，也必然受到部队思想的熏陶，培养了优良的作风。八一体工队在中国体坛曾经写下了那么多轰轰烈烈的篇章，就是一个明证。我们海军体工队也是不辱使命，是"冠军之师"。我们有优良的传承，有铁的纪律和意志，我们用智慧和汗水，以只争朝夕的精神面貌，换来了一面面金牌，一次次地创造历史。我们无愧于军人的称号。

可以说，每一个从海军游泳队走出的战士，都心怀感恩——尽管，他们鲜有在长辈膝下承欢的美好记忆，也缺少人生中风花雪月般的浪漫故事，但他们用每一天的积累，用每一天的坚守，让他们在回首往事时，不留下遗憾。

或许，你可以说我是自私的，但我内心真正把弟子当作是自己的孩子。当孩子们还不懂得规划人生时，我这个做妈妈的，必须去为他们规划未来，并且严格地督导他们。这让我想起我在读初中时，我母亲替我着急，而去找邓老师求助的情形。于是，她去找邓老师，让我继续游泳训练。

其实，人生中，你只要勤于播种、勤于管理，你不必担心那些播下的种子不会开花结果。

2018年12月，短池世锦赛在杭州举行，弟子覃海洋和索冉双双打破亚洲纪录。当时，《新民晚报》记者陶邢莹来采访我，并在《新民晚报》上发了采访稿《孩子好样，妈妈更棒！听金牌教练叶瑾讲过去的故事》。我本以为，和往常一样，这是一篇普通的采访，却不料，一石激起千层浪，弟子和亲友们纷纷发来微信，为我点赞。

以下是发在《新民晚报》上的全文并留言。

记不清，这是自己的多少届世锦赛；记不清，多少次亲眼见证自家弟子打破纪录；更记不清，弟子们多少次将奖牌挂在自己脖子上。

叶瑾曾培养出齐晖、宁泽涛两位世界冠军，62岁的她说，暂时还没有想过离开泳池。在杭州短池游泳世锦赛上，弟子覃海洋获得男子200米蛙泳银牌、索冉获女子4×50米混合泳接力银牌，两人双双打破亚洲纪录。

下一个纪录，在路上

两天前，叶瑾和弟子们已经圆满完成了比赛任务。然而，她依旧保持着每天早晨7点起床去训练池，凌晨1点躺下睡觉的作息。这样的生活，叶瑾已经日复一日，过了整整43年。

覃海洋此番的突破，令外界大吃一惊，其实，叶瑾是最有把握的人。"这一年来，他又长了3厘米，重了5公斤，我们在海外训练中，特意改善了他的转身和出发。当天上午打破全国纪录后，我们立刻调整目标，晚上向亚洲纪录发起冲击。"叶瑾告诉记者。

覃海洋夺得银牌后，有一句话触动人心，"感谢叶教练，她给予我的帮助，是从零开始的"。

43 年的执教生涯，叶瑾早已桃李满天下。总有人将好苗子带到她面前，覃海洋就是其中之一。"因为年纪太小，覃海洋在海军队三进三出，我带了他四年，进步真的很大。"

叶瑾说，每一个她带教过的弟子，都是她的孩子。

告别宁泽涛 再出发

提起前些年最知名的孩子——宁泽涛，"说不难受是假的。"叶瑾缓缓说道，"毕竟我在他身上付出了极大的心血。"不管外界如何评价他，叶瑾只相信自己眼里所看到的。"从训练角度来看，我和他的配合没问题，在训练中他很听我话。"

2015 年喀山世锦赛，宁泽涛成为第一个站上男子 100 米自由泳最高领奖台的中国人。在粉丝经济时代，因为俊朗的外表、突出的成绩，宁泽涛迅速在文体圈走红。但随后，由于广告代言等风波，宁泽涛退出海军队、离开国家队，近年来跟随外教训练，成绩平平。

鲜为人知的是，宁泽涛在国家队后期经历起起伏伏时，叶瑾一直陪伴其左右。2016 年里约奥运会前，叶瑾特意买了一个电饭锅，骑着自行车带到宁泽涛的住处，给他煲鸡汤、补营养。

回忆往事，叶瑾的眼里，分明闪烁着点点泪光，但她却微笑着说："我一直将他当作自己的孩子。路要自己走，他有自己的选择，祝他好运吧。"师徒之前的情谊，点点滴滴还有很多。令她欣慰的是，今年 62 岁生日，宁泽涛在沉寂一年之后，再次给她发来祝福短信。"将他从小带到大，他从来都不会忘记我的生日。"叶瑾说。

……

牵挂游泳池，一辈子

在叶瑾看来，再多的辉煌和成绩，也够不上孩子们渴望进步的眼神。"我真的舍不得这些孩子，只要我在游泳池，我就愿意帮助他们实现他们的愿望和理想。"叶瑾说。除了覃海洋和索冉，叶瑾自豪地说："我手上还有两三个好苗子呢。"

叶瑾7岁时在长乐路第三小学游泳，冬天晨练后顶着结了冰碴儿的头发去上学；8岁时就在瑟瑟寒冬中横渡黄浦江，并登上了《新民晚报》。"说起来，我同《新民晚报》很有缘分，它见证了我从运动员到教练员整个游泳生涯。"

因为整编，叶瑾早早转行，进入部队机关工作。原本，她获得了一份稳定的工作，每天坐坐办公室，挺清闲。可她始终心系泳池，直到海军游泳队向她抛出橄榄枝，她毫不犹豫接下了这份工作。

从此，叶瑾开启了辉煌的执教生涯。28岁时，作为全军英模代表，登上1984年国庆观礼台；42岁时，在中国游泳最为艰难的岁月里，带着齐晖三次打破世界纪录；59岁时，率领弟子宁泽涛问鼎男子100米自由泳世界冠军……

如今，叶瑾每次带孩子们去外训，外教都会竖起大拇指，称赞这位国家游泳队的巾帼教练很认真。"我喜欢向国外优秀教练请教，不断更新自己的知识储备。"叶瑾坦言。

回顾这43年，叶瑾感觉，亏欠家人很多。带覃海洋和索冉在美国特训期间，94岁的老母亲生病住院，多亏了家人的照顾才转危为安。"出门在外，真的很牵挂家人，但我打完电话后，就会立刻投入训练。"叶瑾感慨道。

不过令她欣慰的是，2008年北京奥运会后，她回到上海工作了一阵子，"就在那段日子里，我女儿结了婚、生了小孩，我的人生没有遗憾了"。

快乐·坚守

生活中的叶瑾，形象气质俱佳。平日里，她会抹个口红、化个淡妆，精致、精神。

不过，一旦站到比赛场和训练场，她一定穿运动装，将两块秒表挂在脖子上。她说："我觉得，这是一种职业态度。"

几十年如一日，为了让弟子们轻装上阵，她就像妈妈一样，帮孩子们分担后勤工作。

作为国家游泳队年龄最大的教练，出现在大家面前的叶瑾，却从来没有疲倦的面容，因为她快乐。"只要站在泳池边上，看着孩子们，我就很快乐。"叶瑾如是说。

……

孩子们陆陆续续从她这里"毕业"了，她却始终坚守在泳池边。在业内人士看来，叶瑾是不折不扣的国家游泳队"巾帼英雄"。她的金牌之路，没有终点。

以下是叶瑾微信中收到的部分留言。

【弟子篇】

好想回到以前在队里的日子，无忧无虑，和弟兄们开开心心，没有烦恼。祝叶教练身体健康，祝海军队越来越强大！

——毕磊

昨天去看了叶练，一句最朴实的话又一次打动了我。她说："我喜欢和孩子们在一起。"这句话蕴含着叶练对游泳事业的热爱，对事业的执着，对信念的坚守。短暂的相聚让我仿佛又回到了二十多年前，黄寺老楼走廊尽头的超大寝室里，藏着一群青葱少年久远的往事，和永远迟到一天的《新民晚报》。

——邵飞

"叶妈妈，为师为母！"

——陈晓彤

【家长篇】

每每有人问我"海洋那么小，你怎么就忍心把他送到离家那么远的地方，为什么？"为什么，答案就在这里。父母对于孩子的爱是以分离为目标的，而在这个过程中，我希望我能找到一份柔软而坚定的爱，来指导海洋成长的路。海洋很幸运。我想每一个人的路不是开始就设定好了，而是因为过程中的坚持和努力，心中的目标也渐渐清晰和明朗起来，并为之不懈奋斗。2000 年，是叶瑾教练奥运之路的开始，2020 年，是海洋奥运之路的开始。我在这里坚定地为你们鼓掌，加油。

——覃海洋妈妈

被她高雅的气质和开阔的视野深深折服！

——小狄妈妈

叶练，霸气！

——小朱爸爸

叶教练你真是我最尊敬的好朋友！你对运动员的关爱真是无微不至，你能培养那么多出色的国字号队员，为国争光……我由衷地敬佩你。

——队员妈妈

【战友篇】

孩子有出息，父母教育培养有功；孩子有出息，更因为有好老师。有一个好老师，那真是上辈子修来的福分！珍惜，祝贺，羡慕！！！

你一路走来的故事特别真实，同时也感慨你的不容易，光环背后的艰辛与付出，才成就了"事业成功"四个字。"恩师"冠名绝对名副其实。为你骄傲自豪，你是众人羡慕的幸福之人，是我们战友中的佼佼者。有你真好！祝福！前进路上多多保重身体，在喜爱的泳池里翻起浪花朵朵，静候东京奥运会的佳音。

——新娟

作为你的战友和朋友，我感到自豪。从我 1984 年到体工队至今 35 年，你的成绩，全国、全世界都知道。让我最惊奇的是，你一点没变化！为你骄傲，祝你永远年轻漂亮！祝你和父母家人身体健康，快快乐乐！

——塞兰

了解了您不寻常的教练生涯，从教几十年，先后培养了大批优秀人才，谈何容易！您的热爱、执着、坚守和成绩，给予什么奖励都当之无愧，为您骄傲。

——海平

女将军刚柔并济，我的榜样！

——小熊

叶瑾教练近 45 年的执教生涯，培养了多名世界冠军。今年两次率弟子来美国加州训练，我们去看望你，在泳池见到覃海洋和索冉等。此次两位小将均获殊荣。记得两年前你曾跟我说过，正在训练有潜力的覃海洋。今天你又一次实现梦想，祝贺你们！继续加油，超越梦想，期待再创辉煌。

——苏东

幸福是奋斗出来的，冠军是拼搏出来的。那气势，那氛围，那场面，那心血，那汗水，那叫一个团结战斗，那叫一个奋勇向前，那叫一个努力拼搏，那叫一个扎扎实实！致敬努力攀登世界体育高峰的指战员们，致敬！

——谢

【亲友篇】

长期以来都以你为骄傲，但你确实不容易，一生为国培育英才，让全世界都看到你为国争光的荣誉，更是全中国女性的楷模！

——秀霞

这一路上走来，你确实非常不容易，能够带出这么多优秀运动员，是对你工作的肯定，你丰富的执教经验，应当传授给年轻教练。你是他们学习的楷模，尤其是你待人处事的方式，和化解压力的超强能力。祝贺你，叶瑾！

——素娟

四个字评价您：强，赞，温暖！

——小霞

心中感慨万分，"坚守"二字在叶练身上体现得淋漓尽致。在外人眼里，面对一群孩子，面对四四方方的泳池，面对每天周而复始的训练，那是多么痛苦而枯燥的生活啊，43年的坚守，难能可贵的毅力，上帝都感动了，出成绩是必然的，恭喜你，祝福你。

——宏宪

每一名成功的运动员身后，都有一位默默付出的称职的教练。能培养出这么多优秀运动员的教练也一定是有自己独特的训练方式，为祖国培养了栋梁之材的我的亲亲亲小舅妈！给您点赞！

——外甥女蕾蕾

金牌教练，默默耕耘，坚持坚守，成就梦想，活出精彩！

——长三小学同学

【教练篇】

为你骄傲、感动。特别是教练员帮助运动员实现目标的观点，对现在的年轻教练太重要了，20世纪80年代我省请过澳大利亚的一个教练来培训全省教练，当时她就讲运动员训练很辛苦，教练员要帮助运动员实现共同的目标，她的观点在当时的师生关系来看是颠覆性的，对我执教终身受益。您手下的年轻教练真幸福！你把一份热爱传递给了你的弟子，也成就了你的弟子们，我由衷地为你高兴。

——季教练

叶教练是国家游泳队不折不扣的巾帼英雄，她的金牌之路没有终点。

——许教练

前几天叶教练笑着对我说：我搞不懂自己，每天早上又没人监督，我6

点多就赶往训练场，就这样年复一年、日复一日。冠军不仅仅是站在领奖台上的那刻荣耀，更是每一次挑战自我的艰辛！致敬叶练，致敬每一个正在为理想奋斗的人！

——赵教练

一辈子有故事，而且是有非常棒的故事的人不多，游泳界的大国工匠！

——鲁教练

中国泳坛上一位奇才，伟大的教练，是我们学习的榜样。您笑傲在游泳舞台的金字塔尖上，超凡的能力、水平、颜值，真是巾帼不让须眉！等您以后闲下来时，请把您丰富的经历写本书吧，一定大受欢迎！

——周教练

不能不说，这些溢美之词，让我受宠若惊。我并非如此完美。我收下这些话，权当是大家对我的鼓励和鞭策吧。

让我意外的是，有一位在我手下训练时间并不长的弟子，居然给我写了长文，让我万分感动。她是这样写的：

"大海的骄子，冠军的摇篮！"这是第一次来到海军游泳队时印在我脑海中的口号。2005年12月，我有幸被海军游泳队的教练选中，从家乡的集训运动员转为专业运动员。迄今为止，年龄不大，却也在游泳池里摸爬滚打了近20年，童年、少年和青年几乎全部记忆都在海军军营里，部队的军事化管理与充满正能量的人文精神培养出了一代又一代的优秀运动员，而我能有幸在这个大家庭中茁壮成长，要感谢很多人，其中，最想感谢的就是每天陪伴我们训练、生活的"冠军妈妈"——叶瑾教练。

1956年出生的叶教练，如今已经63岁了，作为现役军人的她，仍然战斗在一线，她总调侃自己是全中国泳池边上最年长的女教练，可在队员们的眼中，叶教练有时可爱得像个孩子。赛场上的战绩军功早已数不胜数，世界冠军齐晖、宁泽涛，全国冠军赵涛、曲敬宇、赖忠坚、覃海洋等。那么多的冠军、那么多的世界纪录、世界青年纪录、全国纪录，我曾经问过叶练：是什么让您几十年如一日守在泳池边上，不顾辛劳地全心全意为运动员付出？她笑着说："是热爱，我喜欢孩子们。"她热爱游泳这项事业，更热爱努力拼搏的运动员们，她说，"只要有一个孩子想努力，我都愿意尽百分百的能力去帮助他实现梦想"。

生活中叶教练也一直是这样在做的。看见哪个队员训练中遇到挫折时，她总会循循善诱，耐心劝导，千方百计去打开队员的心结，尽可能帮助提高认识，解决游泳时遇到的实际问题。孩子们都在这样的教导下，从失落到重燃希望，又通过不懈的努力之后，终于收获信心和成绩，一次次超越自我，登上了最高领奖台。很有意思的是，在赛场上，很多叶教练的学生都有一个"通病"，就是赛场上必须时时看到叶练。我也是这个"通病"患者中的一员，每次不论大赛还是测验，去检录处前要跟叶教练打招呼，希望获得她的鼓励；上场时眼睛一定会看向观众席的海军队方阵，偷偷观察叶教练有没有在关注自己，好像看见叶教练，我们就能安心一样。为此，她与我们形成默契，每次比赛时，她都会穿红色的短袖坐在观众席，只为让运动员们一眼就能看到她。每当我们夺冠领奖时，我们捧着鲜花，想的却是要赶快拿去送给叶练。我们的这些小心思看起来很笨拙，却很真实。这些细节让我们感受到，原来自己是那么依赖这位美丽又严厉的教练。泳池训练中精细准确的技术指导，比赛中灵活高效的战术布置，生活中无微不至的关心、爱护，她更像我们的全能妈妈，一位驻守在泳池边上的解放军体育队伍中级别最高的妈妈。

叶教练的生日是 4 月 16 日，恰逢每年全国游泳冠军赛繁忙的赛程，在我的印象里，好像每年都是在赛场上给叶教练过生日。大家偷偷订好蛋糕、鲜花，在那一天整齐地摆放在海军游泳队的休息区，给她送去惊喜。每个路过的运动员或者工作人员都不由自主地发出"哇"的声音，人都往前走出去好几米了，眼睛却还留在我们摆设的惊喜上，这时候海军队的小朋友们个个扬着小脑袋，仿佛在说，"看，我们多用心哪！叶教练一定会高兴的吧。"那一天比赛的队员也像吞了火箭一样，在赛场上拼命游出好成绩。把自己和教练共同努力换来的金牌，戴到她的脖子上，然后笑嘻嘻地求表扬。最后，我们在泳池边上与她拥抱，祝她生日快乐，集体唱生日歌。正所谓铁打的营盘流水的兵，每年都是这样却又年年不同，因为老队员退役，新队员出彩，人员更迭却始终在为同一个人做同一件事，也是很神奇的吧。这可能也是竞技体育附加的魅力，在赛场之外、竞技之外的情感互动，使我们回想起来备感温暖。运动员吃的是青春饭，十几年的运动生涯能遇到这样优秀的教练是运动员们的福气，能在这样优秀的队伍里快乐成长，我们感到由衷骄傲。许多圈外人只看到鲜花和奖牌，或许只有真正在这个圈子里的人才知道冠军或者金牌背后蕴含的是什么。还好我们不负青春，还好我们茁壮成长，还好我们没有令她失望。又是一个大赛季，祝愿我们可爱的"冠军妈妈"叶教练：身体健康！工作顺利！继续为中国游泳带去更多的中国力量！

——一个兵娃娃心声

我始终觉得，我能够取得一点成绩，只是我这个人运气好罢了。我们这一代人，生于20世纪50年代，与共和国共同成长，你说哪一个青年不怀有强烈的责任感和使命感？哪一个青年不愿意付出和牺牲？这一代人热烈、单纯，心怀理想；他们上山下乡，到祖国最需要、最艰苦的地方去；他们脑海中也同样会有保尔·柯察金的形象，以及那句铭刻于心的名言："一个人的生命应当这样度过：当他回首往事的时候，不会因虚度年华而悔恨，也不会因碌碌无为而羞愧！"但是，他们没有我的机遇，而我能够在自己最擅长的领域，做最专注的工作，耕耘我的花园，看着我的孩子们成长，真是何其有幸！

我爱你们，我的孩子们！

2007 年 8 月 1 日，陆海空三军女英模代表在庆祝建军 80 周年暨全军英模代表大会后登上天安门城楼并合影留念（居中者为叶瑾）

后 记

当我在键盘上为本书敲下最后一行文字的时候，有一种如释重负的感觉：庆幸完成一段美好的旅程，虽然艰辛，但备感欣慰。

本书的撰写是一场接力赛，历时九载。作为一名陪跑者，心中因为有光的照耀，才会让一段艰辛的旅程变得舒缓有致，而那束光，便是本书的主人公叶瑾。

在此之前，自以为只是一个局外人，一个在赛场看台上喝彩鼓掌的人。

突然有一天，我有幸走到这位海军游泳队传奇教头的面前，注视，聆听，记录，讨论。一个原本抽象模糊的形象，在我的心中渐渐地丰满、生动、神采飞扬。

她是体坛勇攀高峰的神奇教头，是军界铁血柔情的尖兵，骨子里却也是知性优雅的"上海女人"。

一、意外之遇见

有道是"有缘千里来相会，无缘对面不相逢"，人与人之间的相遇是一种缘分。

当齐晖三破世界纪录，当宁泽涛上演喀山奇迹，当覃海洋横空出世，叶瑾这个名字也如雷贯耳，在体育界可谓"天下谁人不识君"。

海军游泳队驻地就在我们水电路上，只隔了一条广中路。但是，由于它藏身部队驻地，非常神秘。虽然两家都是体育单位，但序列不同，分属军队和地方，故鲜有往来，关于叶瑾和宁泽涛、覃海洋，那都是传说。

但没想到，作为一个仰望者，若干年之后，我有幸与叶瑾联系在一起，并能够为她尽一份绵薄之力。只是在接受任务的同时，我也有一种巨大的压力，毕竟写好人物传记，需要全方位了解人物和背景，怕笔力不逮，辜负了期望。好在叶瑾极具亲和力，对我的采访要求并未排斥，还对我一番谬赞，让我信心倍增。她相信，在我的努力下，这本书的写作会有圆满的结局。

事情还要追溯到 2022 年 6 月初，上海疫情虽然结束封城，但防疫政策依然严格，封街区、封马路、封小区、封楼栋仍有存在，人被分割在各个格子里，走在小区里，也要保持警惕，互相审视。考虑到疫情期间的安全，我们约定到 6 月底再见面。

叶瑾住在离我家不远的某部队小区，当我按响门铃时，叶瑾和她的先生热情地欢迎我，在客厅简单寒暄之后，叶瑾引我到她另一个会客室入座，为我沏茶，并端上了水果拼盘。在一番忙碌之后，她坐到了沙发上与我交流。

大约过了两分钟，她发现，由于我俩的沙发是并排着的，需要侧身交流，有些不自然，于是，她索性搬了个小矮凳，坐到我的对面。我有些诧异和不安，因为这样，我似乎显得居高临下，但叶瑾毫不在意，对我提出的问题，她聊起来滔滔不绝，沉浸在对过往的回忆中。我发现，她的普通话很标准，嗓音柔美，思路清晰，有超强的语言表达能力。

她是一个极其平易近人的人，真诚、谦逊和令人如沐春风的谈吐，让我初次感受到叶瑾的人格魅力。

大约三个月后，我修改好了书稿的前三个章节，便约她当面校审，并讨论后续工作。她约我在平型关路的某家咖啡店见面，由于风雨骤至，我迟到了10分钟。叶瑾引座，叫服务员，询咖啡的口味，然后下单，抢着支付，熟练的操作流程，一点没有大咖做派。我们大约讨论了两个多小时。临别时，我说，我为你叫车吧，但我已有近一年没打过车，手机上滴滴打车也找不到。没想到，叶瑾马上为我解围："周老师，叫差头我'牢句'（上海方言，普通话"在行"的意思），我来的时候，就是自己叫差头过来的！"她在手机上一捣鼓，车就叫好了。我自愧不如，与这个鲜活的世界有一种脱节的感觉，而人家大咖名流，却与这个世界无缝衔接，让人唏嘘。

二、时代的"泳"者

1956 年 4 月，叶瑾出生于上海巨鹿路的一幢石库门房子里。

这一年，首都人民英雄纪念碑落成，中国第一个自主设计施工的现代化深水港（湛江港）投入运营，中国人自主研发的解放牌汽车试制成功，解放军举重选手陈镜开首次在世界纪录簿上写下中国人的名字。这一年，国家体委首次公布体育比赛的全国纪录，这也预示着新中国体育的大幕已徐徐拉开。

叶瑾与水结缘是在 7 岁。她是大时代下的一叶小舟，时代向前她向前，时代停滞她彷徨，时代勇敢她无畏。

20 世纪五六十年代，游泳运动是新中国群众体育蓬勃发展的象征。从这项运动的本身来讲，20 世纪 50 年代中后期至 60 年代初，中国游泳在个别项目上取得重大突破，戚烈云、穆祥雄、莫国雄先后打破 100 米蛙泳世界纪录，为中国体育争得荣誉。同时，毛泽东主席喜爱游泳，以身垂范，大力倡导这项运动。据统计，1956—1966 年间，毛主席曾 18 次畅游长江，他勉励广大青年：游泳是同大自然做斗争的一种运动，你们应该到大江大海里去锻炼。就这样，一项本身需要严苛条件的运动项目，被人为地创造条件，无限地推到了极致的高度。叶瑾所在的长乐路第三小学没有游泳池，但学校将游泳列为重点项目，成立了游泳队。体育老师带他们到上海游泳馆训练，到郊区的河道上实训；他们还组队多次参加上海市横渡黄浦江的大型活动。

红旗漫卷，观者如潮。这是叶瑾的回忆，也是时代的记忆。

一个时代定义了这项运动，这项运动也走进了新中国的历史。

随着 20 世纪 60 年代 "文化大革命" 的深入，游泳和其他体育项目一样，遭遇停训、解散，大家自找出路。随后，其中的很大一部分人加入了"上山下乡"的行列，遗憾地告别他们钟爱的专项运动。好在历史峰回路转，迎来了历史转折的重要窗口期。叶瑾初中毕业那年，专业运动队、体育类学校相继恢复招生，叶瑾被南京军区体工队和上海市少体同时录取。

机缘垂青，叶瑾搭上时代的专列，选择了南京军区体工队。从此，她正式开始了与游泳事业相守相伴的一生。那一年，她 16 岁。

四年之后，叶瑾因身体原因被迫结束游泳生涯，人生又面临抉择。当时，南京军区游泳队因缺少教练，亟须培养教练，而叶瑾凭着一份勇敢，毛遂自荐，成为游泳队最年轻的教练。那一年，她 20 岁。

一年之后，中国历史也迎来了惊天裂变，改革开放的种子悄然播下。

1979 年，中国重返奥林匹克运动大家庭，中国体育的航船也蓄势起航，奋力向前，中国体育波澜壮阔的画卷就此拉开帷幕。

回首过往，中国奥运之路何其艰辛！从刘长春参加 1932 年洛杉矶奥运会始，中国体育人经历了近半个世纪的艰难跋涉，屡败屡战，在别人的鄙夷中自强不息。有多少中国体育人，终其一生，未能走上国际体育的大舞台。但是，叶瑾和她同时代的体育人，在历史机遇面前，有幸融入国际体育舞台。"海阔凭鱼跃，天高任鸟飞"，你心有多远，你的舞台就有多大。

叶瑾是大时代的幸运儿，她的人生是一面时代的镜子，时代的进退、彷徨、率性、转折和崛起，都在她的人生里。当然，她的成功也是源自个人的意志品质、人格素养和路径选择。

三、荣誉和荆冠

在叶瑾的荣誉档案里，随便拿出其中的一项，都足以荣耀一生。

四次一等功，五次二等功，七次三等功，每一枚军功章的背后都有一段鲜为人知的奋斗历程，熔铸着一名中国体育人的梦想、意志和无数的心血。

这一枚枚军功章贯穿了叶瑾的一生，铺就了她通向成功的红地毯。令人惊奇的是，在叶瑾游泳生涯的每个阶段，她都能出类拔萃；她的人生没有低谷，只有高和更高！

8 岁横渡黄浦江，这是她人生画卷的开篇。

16 岁从军至 20 岁，作为运动员，她从籍籍无名到闪耀泳坛，登上全国冠军的领奖台。

20 岁执教，在南京军区游泳队凭一个小教练的角色，7 年之后，蝶变为南京军区游泳队总教练；执教期间，她率领游泳队异军突起，在全国比赛中获得女子团体总分冠军 2 次，单项冠军 13 次。

1990 年，34 岁的叶瑾执掌海军游泳队教鞭。两年后，因执教成绩突出，晋升为高级教练。10 年后，叶瑾出任海军体工队副队长（授衔大校）和海军游泳队总教练，成为海军游泳队的定海神针，相继培养出齐晖、宁泽涛、覃海洋等一大批优秀运动员，在泳池中刮起"叶氏旋风"，一次又一次地打破全国纪录、亚洲纪录和世界纪录，海军游泳队也成为军体界的先行者和排头兵，声名鹊起。

但成功从来就没有捷径。能够站上最高领奖台，听国歌响起，看五星红旗冉冉升起，那是体育人长途跋涉、披荆斩棘，经历过无数的艰难坎坷之后，才会走到这光辉的一刻。正如一位先哲所说，"世界上所有荣誉的桂冠，都是用荆棘编织而成的。"

故欲戴皇冠，则必承其重。选择竞技体育，你也就选择了充满荆棘的艰辛之路。

顾拜旦在他创办的《体育评论》发刊词中把竞技比赛比作是一场战争，他说："体育的本质是和平年代的战争。但是，这是更加文明和进步、合理而且合法的战争。"

在改革开放的历史背景下，中国体育人忍辱负重，以"为国争光"为不二使命。作为体坛尖兵的叶瑾，让我们看到了在奥林匹克的战场上，中国体育人坚定的信念、高超的智慧、无比的英勇和巨大的能量。

训练条件是取得运动成绩的物质基础。今天，我们可以自豪地说，厉害了我的国，但通过叶瑾和她弟子的故事，我们看到的是一部中国体育人艰苦奋斗的创业史。在南京军区游泳队，他们都是借场地深夜训练，还长期异地训练。1990 年，叶瑾满怀希望来到海军游泳队，但挂着堂堂"海军"大名的游泳队，居然和南京军区游泳队一样，连游泳池的影子也没有！叶瑾只能将队员拉到北京，借总政游泳池训练。几年后，海军领导也觉得对不住这批体育兵，就下决心花钱在上海就地租泳池，杨浦的，虹口的，市体育局的，他们像一路迁徙的吉卜赛人。因为场地是租的，首先要满足本单位的训练，故海军游泳队的训练时间被挤压。直到 2000 年，海军才筹措经费，建起了自己的游泳馆，但也仅仅是 25 米的短池！这个泳池，规划中只有 5 条泳道，是叶瑾的坚持，才算勉强建了 6 条泳道。即使宁泽涛红极一时，海军队的训练条件依然十分艰苦。特别是遇到连续 40 摄氏度左右的高温天气，泳池边站着也是大汗淋漓、呼吸困难，用来降温的冰块一入泳池就很快消融，宁泽涛和他的小伙伴们就在这样极端恶劣的环境下训练。全运会决战前夕，河南省体育局领导来慰问宁泽涛等河南籍运动员时，看到海军游泳队训练条件如此艰苦，当场拍板赞助空调，海军游泳馆才算装上了空调。

"何以百炼钢，化为绕指柔。"从难、从严、从实战出发和坚持大运动量训练"三从一大"的训练原则，被实践证明是中国体育实现突破的"黄金法则"。叶瑾重视运动员的大运动量训练和极限训练，并把它看作提升意志品质的必然途径。在她的精心培育下，一棵棵稚嫩的幼苗茁壮成长，即便是那些原本行为懒散、想"偷奸耍滑"的小神兽也个个被"炼"成金刚。

如果说"三从一大"是一种通用训练法则，那么面对不同个体的训练，更多考验的是教练员的智慧和能力。叶瑾的"神奇"或许就在这一点吧。叶瑾的训练特点是，不用一个模式一套方法去培养运动员，而是善于根据不同个体的特点，迅速找短板，开处方，扬长补短，在力量训练、技术改进、训练和比赛策略等方面因材施教，循序渐进，凡事讲究一个科学。如齐晖和宁泽涛，先天条件不一，施教策略不同。齐晖身体条件好，训练递进的速率可以加大，甚至安排与男运动员一起训练。宁泽涛的先天身体素质差一些，需要"养"，适当控制训练量。在实践中，叶瑾发现，宁泽涛的爆发力强，比较适合短距离项目；训练中虽然也要大运动量训练，甚至极限训练，但要观察效果，及时调整，状态好就加码练，状态不好就要收一收。其实，科学训练绝不只是口号，优秀教练长期积累揣摩形成的宝贵经验往往与科学训练规律高度吻合，这是他们的过人之处。

叶瑾选择游泳，也就意味着选择勇敢，选择不平凡，选择牺牲。少小离家，全年无休的高强度训练、备战和比赛，伤病的困扰，这些都是运动员需要面对的。终于在一次体检中，因心电图"T波倒置"，叶瑾接受医生的忠告，结束了自己热爱的游泳梦想。在这本书中，叶瑾弟子齐晖、屠峰、宁泽涛等，面对伤病的态度，也可以从不同运动员的成长角度，让读者朋友们看到优秀运动员在困厄磨难中的涅槃重生。

成为教练以后，叶瑾面临择偶、结婚、生育和陪伴孩子成长等家庭责任，但体育行业的特殊性和她所在部队训练环境的特殊性，让她始终是一个漂泊不定的人。

叶瑾第一次用QQ邮箱给我发邮件时，她用的网名是"回不了家的人"，我觉得有些突兀，心想她为何用这个有点潮的昵称？然而，当我进入她的故事后，我才明白其中况味：表象是无奈、迷茫、歉疚，实质是自嘲、自励和坚定。

四、匠心、师爱与军魂

在写作的过程中，我总在思考一个问题：叶瑾何以如此优秀？是机遇，是运气，是勇敢的性格，还是过人的能力和素养？

我觉得，叶瑾成功原因是多方面的，但最主要的，来自匠人精神，来自一个为师者的大爱，来自一个军人高度的责任感和使命感。

任何一项工作都需要工匠精神。工匠精神是一种职业精神，它是职业道德、职业能力、职业品质的体现，是从业者的一种职业价值取向和行为表现。工匠精神的前提是对事业充满乐趣和热情，最重要的表现是敬业、专注、精进和创新。叶瑾从事教练工作敬业专注毋庸置疑，难能可贵的是虚心好学，她永远是一个在寻找的人。当她第一次接触到美国游泳传奇教练康西尔曼《游泳新科学》一书时，如获至宝，如饥似渴地学习；这本书像一个万花筒，打开了她对游泳教学的思路。另一方面，叶瑾又有极强的独立思考能力，善于洋为中用，特别是在与国外优秀教练的合作中，取长补短。如国外的短期集训，外教的教学方法令人耳目一新，但他们大运动量的实战训练，常常超出了运动员的实际能力，造成运动员成绩不进反退的局面，有时还会造成严重的伤病。对此，她的策略是尊重—辅助—反思—研讨—修正。赴国外训练，尊重外教、配合外教的工作是合作的基本逻辑，但问题也会接踵而来，如果不能及时应对，或应对不当，那么训练效果可能大打折扣，甚至得不偿失。我发现，叶瑾这种解决问题的方法、能力是卓越的。

笔者也是一位体育教育的园丁，切身的感受是，教育不是单纯地打磨器具，不是单一的某项指标的提高，而是要着眼于人的素质的全面提升。师生是一个共同体，也是一对矛盾体，你要快马加鞭，他却意兴阑珊，特别是一些"问题学生"，他们正值青春期，焦躁不安，思想叛逆，是专门来跟你"搞脑子"的。叶瑾手下的每一个孩子也都会遇到"成长的烦恼"。对此，她很少会劈头盖脸地训斥，她的办法是以柔克刚，先是冷处理，先让孩子自己反省，改弦易辙。有人曾问叶瑾：金牌的秘诀是什么？叶瑾回答：金牌的秘诀是管理，管理出金牌！是啊，运动员的思想引领、作风建设、生活规范和文化学习等，叶瑾往往亲力亲为，和运动训练一样，牢牢抓在手里。

"随风潜入夜，润物细无声"，教育最好的方式是"爱"的浸润。屠峰是男孩，诨名"猴儿精"，一直麻烦不断，叶瑾为他费尽心血，但从不放弃。有一段时间，屠峰患有严重的肩关节积水炎症，抽积液时，屠峰总会发出撕心裂肺的喊叫，这让叶瑾心都碎了。叶瑾看在眼里，急在心里，想方设法治疗屠峰的伤病。在回忆文章中，屠峰是这样写的：

"叶练看在眼里，疼在心里，那段时间训练一结束，她就叫司机开车出去，很久才回来，而回来的时候总是带回来一些神医，什么气功大师、点穴大师、催眠大师、针灸大师……"

在海军游泳队，小运动员进队时只有十来岁，叶瑾既当爹，又当妈。叶瑾的日常工作是：督促起床洗漱，督促整理内务，水陆训练，集中讲评，督促用餐，督促文化学习，批改学生日记，个别谈话；从早到晚，一天十五六个小时的工作时间，几乎天天如此，月月如此，年年如此。学生训练比赛她在场，学生生病看护她在场，学生过生日唱生日歌她在场；甚至学生思想上哪怕出现一点点波折的时候，她也在场。

但是，形成明显对比的是，在万家团圆、欢度中国传统新年佳节的时候，她不在场；在女儿生病及成长中几乎每一个重要节点，她不在场；甚至，在疼爱她的外公病危逝世的时候，她也不在场。

除了教练、园丁的角色，叶瑾更是一名军人。16岁从军，直到65岁退休，经历了半个世纪部队生活的锤炼；从1972年部队体工队重建，到2020年部队体工队撤销，叶瑾见证了中国人民解放军竞技体育的全过程；从第一届世界军人运动会至第七届世界军人运动会，每一届都有她的身影。这在中国军体界，是历史第一人。在她心中，也早已铸就了不朽的军魂。

叶瑾有着军人的英勇顽强，无畏无惧。从小横渡黄浦江的经历，培养了她"不管风吹浪打，胜似闲庭信步"的气质和底蕴。在她每个人生阶段都能够正视困难，迎难而上。在海军游泳馆的墙上有六个大字："自信、霸气、拿下"，这是海军游泳队的"亮剑精神"，是海军游泳队的精神写照。

珍爱荣誉，永葆初心本色，这是叶瑾的高贵之处。一个人奉献一阵子不难，难在奉献一辈子。在现实世界中，多少人功成身退，选择明哲保身。反观叶瑾，虽然肩章已是橄榄枝缠绕的将星，功成名就，但不忘军人使命，恪守为国争光、永远奋斗的初心，始终以奔赴山海的热情，毕生战斗在体育前沿，体现了一名中国军人的崇高信仰和精神追求。

据业内人士介绍，在中国游泳界，作为一名女教练，叶瑾是任职时间最长、级别最高，而至今依旧在游泳一线执教的女性教练。

叶瑾是一个不着家的人，但没有人知道她比任何人更渴望家的回归。本书中有这样一个情节：她有一次（也是仅有的一次）带女儿学游泳，把女儿放在嘈杂的训练池边，忙于指导运动员训练，而就是短短的几分钟，女儿掉入小池中，险些酿成大错。显然，她内心的愧疚是刻骨铭心的。或许是推己及人、爱屋及乌吧，她甚至常常对马路上一对母女投去赞赏的目光。有一次，她带队去美国比赛，在训练池边，有慕名而来的华裔家长雪瑞带着一对即将参加高考的双胞胎兄弟，向她讨教游泳的技巧。叶瑾非常喜欢两个孩子，耐心指导他们。后来，叶瑾回国后，雪瑞还通过视频向叶瑾请教问题。结果，在叶瑾的点拨下，两个孩子游泳成绩有了质的提升，分别被芝加哥大学和霍普金斯大学录取。雪瑞在微信中感谢叶瑾，称赞她是一个"神奇教练"。

在讨论本书的题目时，叶瑾希望体现两个元素：一是水，一是海军。叶瑾一辈子与水打交道，一泓碧池映出她少年的梦想、青春的激荡和教练生涯的绚烂。从军半个世纪，叶瑾在海军的时间长达30多年，在她军旅生涯的末期，海军体工队转隶中央军委训练管理部军事体育训练中心，但她的心永远属于那一片蔚蓝色。她还专门为我科普海军军旗的知识：海军的军旗上面八分之五，是以红色为底色、绣着五角星和"八一"字样的八一军旗；旗面的下部八分之三部分，为横向的海蓝色和白色条纹相间，象征万里大海和海浪；海军军旗表明，人民海军是中国人民解放军的组成部分，为保卫社会主义祖国的万里海疆而乘风破浪。

叶瑾的心，不仅融入了那一池碧波，更是融入了那蔚蓝而辽阔的大海。作为一名时代的"泳者"，一名军人，她自觉地把个人融入体育强国和实现中国梦的伟大事业之中。我们仿佛看到，在中华民族实现伟大复兴的航程中，她独立船头，目视前方，神情坚毅，风华卓绝。

初心依旧——匠心、师爱和军魂

图书在版编目（ＣＩＰ）数据

碧海初心：叶瑾和她的弟子们 / 周玉甫, 周欣, 沈
轶伦著. -- 上海：文汇出版社, 2024. 10. -- ISBN 978-
7-5496-4303-5

Ⅰ. K825.47

中国国家版本馆CIP数据核字第2024EG2919号

碧海初心

——叶瑾和她的弟子们

作　　者 / 周玉甫　周　欣　沈轶伦
责任编辑 / 乐渭琦　周卫民
书名题字 / 赵　强
装帧设计 / 吴嘉祺

出版发行 / 文匯出版社
　　　　　上海市威海路755号　邮政编码：200041
经　　销 / 全国新华书店
照　　排 / 上海庆芬文化发展有限公司
印刷装订 / 浙江经纬印业股份有限公司
版　　次 / 2024年10月第1版
印　　次 / 2024年12月第2次印刷
开　　本 / 787×1092　1/16
字　　数 / 290千
印　　张 / 22.5

ISBN 978-7-5496-4303-5
定　价 / 96.00元

启事：本书所选用图片，多数已取得原作者授权。
部分图片作者由于信息不详，敬请这些作者发邮件与我们联系（610658414@qq.com），以便做出妥善处理。